Das Reich der Zaren

Claudia Weiss

Das Reich der Zaren

Aufstieg, Glanz und Untergang

Vorwort

Betrachtet man die Geschichte des russischen Zarenreiches, so entsteht der Eindruck, als bewege es sich »zwei Schritte vor, einen zurück« durch die Zeit. Phasen der Modernisierung wechseln sich ab mit Zeiten der Erstarrung und wachsender Distanz des Herrschers zu Volk und Reich. Die autokratisch herrschenden Zaren standen in einem dauerhaft schwelenden Konflikt zwischen dringend gebotenen Reformen und Restauration zum Zwecke des Machterhaltes. Während die Reformen häufig gewaltig, groß und eine regelrechte Herausforderung für das Reich waren – quasi aus dem Stand in den Galopp –, folgten ihnen dann umso heftigere und enttäuschende Bremsmanöver auf dem Fuße. Oft schien es, als ob die Zaren Furcht vor ihrem eigenen Mut bekämen oder dem ihrer Vorgänger.

Wenn auch langsamer als andere europäische Staaten, entwickelte sich das Russische Reich weiter und musste sich Neuerungen öffnen. Diese brachten auch eine intensivere Kommunikation innerhalb der Gesellschaft mit sich und führten zu immer komplexeren wirtschaftlichen, gesellschaftlichen und politischen Strukturen. An dieser Komplexität, so gebremst sie sich auch in Russland entwickelte, scheiterte schließlich die autokratische Herrschaftsform, da ihr auf Dauer kein Alleinherrscher gewachsen sein konnte.

Dieses Buch erzählt die 370-jährige Geschichte des Zarenreiches von seiner Entstehung bis zu seinem Untergang, der die Welt veränderte. Es stellt seine großen Herrscher vor, erzählt über das Leid seiner Bauern, das luxuriöse Leben seiner Adligen und die Verzweiflung seiner Intellektuellen. Doch vor allem spürt es dem Rhythmus des »zwei Schritte vor, einen zurück« nach, der Russland bis heute prägt. Denn auch die Nachfolger der Zaren fanden keine überzeugende Lösung, das riesige Land auf gesellschaftlich und politisch effektive Weise zu regieren, sondern neigen bis heute zu dem bewährten Schrittmuster, das gleichzeitig frustrierend und so typisch russisch ist. Doch das ist eine andere Geschichte.

Claudia Weiss

✤ *Katharina die Große*
Gemälde, um 1794,
von Johann Baptist Lampi
(1751–1830).

Inhalt

✤ Am 11. Juli 1613 wird in Moskau der erste Zar aus dem Haus Romanov gekrönt. Als Ivan Golovin und Sergej Vaškov 1912 – vor dem 300. Jubiläum der Herrscherdynastie – dieses Plakat anfertigen, das alle elf Romanov-Zaren von Michail bis Nikolaus II. zeigt, bleiben noch fünf Jahre bis zum Untergang des Reiches.

Die Expansion des Russischen Reiches
40° östl. Länge
80° östl. Länge
SVALBARD
SEVERNAJA ZEMLJA
NOVAJA ZEMLJA
Karasee
Barentsee
TAJMYR-HALBINSEL
JAMAL-HALBINSEL
GYDAN-HALBINSEL
Putorana-gebirge
Lappen
KOLA-HALBINSEL
Samojeden
Archangelsk (1584)
Karelier
SCHWEDEN
FINNLAND (1809)
Ostsee
Helsinki
St. Petersburg (1703)
Narva (1700)
Novgorod
Pskov
Borodino (1812)
Tver
Moskau
Riga
Königsberg
Vilnius
(1812)
Smolensk (1667)
Beresina
Berlin
Leipzig (1813)
Warschau
Brest-Litovsk
Dnepr
Kiev
Poltova (1709)
Charkov
Don
Wien
Kišinev
Prut
(1711)
Odessa
Rostov
Asov (1695/96)
Sevastopol (1855)
Schwarzes Meer
Konstantinopel
Kaukasus
Vladikavkaz (1784)
Tiflis
Dvina
Mari
Uralgebirge
Nižnij Novgorod
Kazan
Volga
Perm
Ufa (1585)
Baschkiren
Samara (1586)
Saratov (1590)
Orenburg (1743)
Ural
Astrachan (1667)
Kalmücken
Kaspisches Meer
Turkmenen
Krasnovodsk (1869)
Wogulen
Pelym (1592)
Ekaterinburg
Samojeden
Beresov (1593)
Westsibirisches Tiefland
Ob
Surgut (1594)
Ostjaken
Tataren
Tobolsk (1587)
Tjumen (1585)
Tara (1594)
Omsk (1716)
Transsibirische Eisenbahn
Tobol
Ishim
Petropavlovsk (1792)
Akmolinsk (1830)
Turgaj (1845)
Kasachen
Arys
Aralsee
Balchaschsee
Semipalatinsk (1718)
Irtyš
Chiwa (1873)
Usbeken
Taškent (1863)
Samarkand
Buchara
Gök Tepe (1881)
Tadschiken
Kirgisen
PERSIEN
Mittelmeer
Indus
Ganges
Mangaseja (1601)
Turuchansk (1607)
Enisej
Tungusen
Narym (1596)
Ostjaken
Enisejsk (1619)
Angara
Tomsk (1604)
Novonikolaevsk (1893)
Kusnezk (1618)
Barnaul (1738)
Krasnojarsk (1628)
Bratsk (1630)
Tataren
Kirgisen

120° östl. Länge
160° östl. Länge
80° n. Breite
Laptevsee
NEUSIBIRISCHE INSELN
Ostsibirisches Meer
Tungusen
Mittelsibirisches Bergland
Lena
Verchojansker Gebirge
Jakuten
Indigirka
Jukagiren
Kolyma
Kolymagebirge
TSCHUKTSCHEN
nördlicher Polarkreis
TSCHUKTSCHEN-HALBINSEL
Anadyrsk (1649)
Korjaken
ALASKA
Beringsee
Jakutsk (1632)
Olekminsk (1635)
Aldan
Ochotsk (1646)
Džugdžurgebirge
Stanovojgebirge
KAMTSCHATKA
Nižne-Kamčatsk (1703)
Ochotskisches Meer
Baikalsee
Bargusin (1648)
Burjaten
Nerčinsk (1654)
erchneudinsk (647)
Nikolaevsk (1850)
Aleksandrovsk (1853)
SACHALIN
Amur
Petropavlovsk (1740)
ALEUTEN
KURILEN
MANDSCHUREI
1900 bis 1905 von Russland besetzt
Südlicher Teil 1905 japansch
Charbin
Vladivostok (1860)
NA
40° n. Breite
Port Arthur (1904/05)
Shanghai
Wendekreis des Krebses
Die Expansion des Russischen Reiches
Russland 1551
bis 1600
bis 1725
bis 1856
bis 1914
Grenze 1914
zeitweilige Verluste
Transibirische Eisenbahn
Expedition Berings (1728 bis 1730)
(1897)
Datum der Gründung, des Erwerbs oder der Schlacht
Schlacht
0 500 km
N
© Theiss Verlag

Auf dem Gemälde von Michail Avilov von 1913 stürmt der junge Ivan IV. auf einem weißen Pferd selbstbewusst durch die Tore des Kreml hinaus in sein Reich. In Wirklichkeit prägte Angst das Leben des ersten russischen Zaren – und das seiner Untertanen.

Das Moskauer Zarenreich

1547–1682

Mit Ivan IV. bestieg der erste Zar von ganz Russland den Thron. Ivan bescherte seinem Reich und seinen Untertanen zwar einige notwendige Reformen, vor allem aber unermessliches Leid. Der ambivalente, ja wahnsinnige Zar stürzte das Land in Jahrzehnte währende Wirren und Kriege. Die jahrhundertealte Herrschaft der Rjurikiden über die Russen – jenes Geschlechts, dem Ivan angehörte – kollabierte schließlich, und der erste Romanov bestieg den russischen Thron.

Der Aufstieg Moskaus

Am Morgen des 16. Januar 1547 läuteten die Glocken der Uspenskij-Kathedrale im Moskauer Kreml zur bedeutendsten Krönung, die das Moskauer Reich je gesehen hatte. Großfürst Ivan IV. Vasilevič aus dem Geschlecht der Rjurikiden sollte zum Zaren von ganz Russland gekrönt werden. Da war er gerade einmal sechzehn Jahre alt. Acht Jahre zuvor war Ivan Vollwaise geworden, hatte aber bereits als Dreijähriger beim Tod seines Vaters Vasilij III. die Großfürstenwürde erhalten. Die praktische Herrschaftsausübung des Moskauer Reiches, eines der größten europäischen Territorialstaaten, lag in den Händen verschiedener mächtiger Bojarenfamilien, dem russischen Erbadel, der sich aus den Nachfahren der einstigen Gefolgsleute der ersten Kiever Fürsten gebildet hatte. Aber auch der Moskauer Metropolit Makarij, das faktische Oberhaupt der Russisch-Orthodoxen Kirche, übte starken Einfluss auf die Geschicke des Moskauer Reiches und besonders auf seinen Großfürsten aus.

Makarij hatte lange auf diesen Tag hingearbeitet. Die Krönung Ivans sollte seinen lang gehegten Traum erfüllen: Das Fürstentum Moskau sollte aufsteigen vom unbedeutenden Randgebiet der Kiever Rus zum größten und mächtigsten russischen Großfürstentum, das in der Lage war, das Jahrhunderte währende Tatarenjoch abzuschütteln wie auch das Erbe des untergegangenen Byzanz anzutreten.

Der Sieg über die Tataren

Das 1147 erstmalig urkundlich erwähnte Moskau lag von dichtem schützenden Wald umgeben an einem Schnittpunkt mehrerer wichtiger Verkehrswege zu Wasser und zu Lande, sodass sich Handel und Gewerbe rasch entwickeln konnten. Seinem kontinuierlichen Aufstieg kam zu Gute, dass es weitab von den Einfallsstrecken der Tataren lag, die in regelmäßigen Abständen die von ihnen beherrschten Gebiete der alten Kiever Rus mit Plünderungszügen heimsuchten. Wichtiger aber noch als seine günstige geographische Lage

✤ *Zar Ivan IV. Grosny, der Schreckliche, auf einem Gemälde des Künstlers Viktor Vasnecov. Sein Reich krempelte er radikal um, sein Volk lehrte er das Fürchten.*

an der damaligen Peripherie der Macht waren das Geschick und die Fähigkeit der Moskauer Fürsten, an einmal erworbener Macht zäh festzuhalten und diese konstant auszubauen. Sie erweiterten ihren Besitz durch geschicktes Heiraten, gezielte Landkäufe und skrupellosen Umgang mit dem tatarischen Souverän. Und sie profitierten von ihren wenigen Nachkommen, die eine Zersplitterung des Fürstentums verhinderten, bis sich die Primogenitur als verbindliche Erbfolge etablieren konnte.

Ivans Großvater, Großfürst Ivan III. Vasilevič, hatte drei entscheidende Hürden auf diesem langen Weg genommen. Er hatte in zweiter Ehe Ivans IV. Großmutter Zoe-Sofija, die Nichte des letzten oströmischen Kaisers Konstantinus XI. Palaiologus, geheiratet und damit in gewisser Weise das Erbe des 1453 von den Türken eroberten Byzanz angetreten. Russland übernahm zum einen die Rolle des Hüters der Orthodoxie, was zur Idee von Moskau als dem Dritten Rom führte, zum anderen übernahm es die byzantinische Kaiserwürde, die sich im russischen Titel Zar niederschlug.

Allerdings ließ sich Ivan III. noch nicht zum Zaren krönen, und auch seinen Sohn Vasilij II. Ivanovič machte er aus Vorsicht und aus Zurückhaltung gegenüber den anderen gekrönten Häuptern Europas nur zum Großfürsten von Moskau. Allerdings verlangte er zunehmend, von den anderen russischen Fürsten nicht mehr nur als *gospodin,* Herr, sondern als *gosudar'*, als Herrscher, angesprochen zu werden. Diese Forderung erhielt noch mehr Gewicht, als Ivan III. die zweite Hürde nahm und das seit Jahrhunderten auf Russland lastende tatarische Joch abschüttelte. 1480 hatte sich die einst so mächtige Goldene Horde derart in verschiedene Chanate zersplittert, dass der verbliebene Rest für das erstarkende Moskauer Großfürstentum kein ernst zu nehmender Gegner mehr war. Es kam

✤ Pferdeschlitten auf der zugefrorenen Moskva und berittene Schützen vor der Stadtmauer: Frans Hogenberg schmückte die Moskau-Karte des deutschen Gesandten Sigmund von Herberstein von 1549 mit kunstvollen Zeichnungen und veröffentlichte sie im »Civitates Orbis Terrarum«, dem ersten Städteatlas der Welt.

Die Moskauer Gesellschaft

✤ Die Angehörigen des russischen Erbadels, die Bojaren, trugen im 16. Jahrhundert lange, reich bestickte Kaftane und bedeckten ihre bärtigen Häupter mit pelzverbrämten Hüten oder Kappen.

Das Moskauer Reich war in erster Linie ein Agrarland. Nur ein kleiner Teil der Menschen war kaufmännisch oder handwerklich in den Städten beschäftigt, ein noch geringerer zählte zum Adel. Damit unterschied sich die Bevölkerungsstruktur in Russland kaum von der mittel- oder westeuropäischer Länder. Die kulturellen Einflüsse, die sich in Kleidung, Sitten und Traditionen der Russen widerspiegelten, waren zum einen von Byzanz als geistlichem Zentrum, zum anderen von den Tataren, die über Jahrhunderte die politische Herrschaft über die russischen Länder ausgeübt hatten, geprägt. Diese Unterschiede traten allerdings eher bei den Wohlhabenden zutage, die ihnen durch ein repräsentatives Äußeres und einen entsprechenden Lebensstil Ausdruck geben konnten.

Die überwältigende Mehrheit der Bevölkerung, die einfachen Bauern, lebte in bedrückenden und ärmlichsten Verhältnissen und konnte kulturelle Eigenarten nur sehr begrenzt ausleben. Eine Bauernfamilie wohnte normalerweise zusammen mit ihrem Vieh in einer *isba,* einer mit Stroh oder Schindeln gedeckten einfachen Hütte, die von einem großen Ofen beheizt wurde. Auf diesem schlief im Winter die gesamte Familie. Ansonsten wies die *isba* meist nur einfache Tische und Bänke aus Holz auf, bei wohlhabenden Bauern auch noch eine Truhe, in der sie ihre Kleidung aufbewahrten. Diese bestand im Winter meist aus Jacken und Mänteln, die aus Schaffellen gefertigt waren, sowie Hosen aus grobem Tuch, im Sommer aus Tuniken und weiten Hosen aus Leinwand. Das Geschirr war meist aus Holz oder Ton gefertigt; Kessel und Pfannen aus Eisen oder Kupfer waren für einfache Bauern Luxus. Als Nahrung diente vor allem Brot und *kaša,* Getreidebrei. Daneben gab es viel Kohl, Gurken, Möhren und Rüben, manchmal Fisch, selten Fleisch. Neben Wasser trank man Bier oder *kvas,* vergohrenen Getreidesaft.

Wohlhabende Bauern sowie Handwerker und Kaufleute in den Städten besaßen in der Regel Höfe und Werkstätten und verfügten über Haushaltsgeräte aus Kupfer, Eisen und Zinn. Bei vermögenden Familien, die im *possad,* der Handwerkervorstadt, lebten, fanden sich auch Luxusgüter wie mit Silber und Ornamenten verzierte Ikonen. Auch Kaftane, edlere Pelze und Tuche besaßen sie als Ausdruck ihres Wohlstands. Großkaufleute in Moskau wohnten häufig in großen Steinhäusern im Viertel *kitaj gorod,* was wörtlich Chinesenstadt heißt, tatsächlich aber aus dem Alt-Mongolischen kommt und die Stadtmitte bezeichnet. Die Novgoroder oder Smolensker Großkaufleute lebten allerdings weiterhin in Holzhäusern, ebenso die mächtige Kaufmannsfamilie Stroganov, deren Unternehmergeist die Öffnung Sibiriens durch die in ihrem Dienst stehenden Kosakenverbände Ermaks zu verdanken war. In den Haushalten solcher überaus wohlhabenden Leute wie auch in den Häusern des Hochadels, der Bojaren und Fürsten, fanden sich zahlreiche Luxusgüter wie wertvolle Ikonen, meist auch silbernes oder gar goldenes Geschirr, orientalische Stoffe aus feinstem Material, Seide, Brokat, Samt. Auch Zobel gehörte hier zur Garderobe. Männer trugen reich bestickte Kaftane und bedeckten ihre bärtigen Häupter mit pelzverbrämten Hüten oder Kappen. Die Damen legten der Schicklichkeit halber mehrere weite Kleider aus edelsten Stoffen übereinander, um ihre Körperformen zu verhüllen. Ihre Häupter waren züchtig mit Kopftüchern bedeckt, die auch ihre Haare verbargen. Die Lebenswelten der weiblichen und der männlichen Elite – des Adels und der reichen städtischen Kaufmannsfamilien – waren vor den Reformen Peters des Großen weitgehend getrennt. Die Damen lebten in den Frauengemächern, *terem* genannt, zu denen die Männer keinen Zutritt hatten. Am öffentlichen Leben hatten sie kaum Anteil, ihre Ehen wurden von den Vätern, Onkeln oder Brüdern arrangiert, ihre wesentlichen Aufgaben waren die Haushaltsführung und Versorgung der Kinder sowie das fromme Gebet. Sämtliche Entscheidungsgewalt lag bei den Männern. Ein Spiegel der Sitten und Moralvorstellungen im Moskau des 16. Jahrhunderts war der *domostroj,* ein Hausbuch mit Umgangsregeln für die gehobene Moskauer Gesellschaft. In 64 Kapiteln gab er einen Verhaltenskodex vor, der die Ausübung christlich-orthodoxer Riten ebenso ansprach wie ordentliche Haushaltsführung, Gastfreundschaft, angemessene Kindererziehung, Führung von Dienstboten und Züchtigung von Familienmitgliedern einschließlich der Ehefrau.

In ihrem Gesamtbild zeigt sich die Gesellschaft des Moskauer Reiches als typisch vormodern, geprägt von der historischen und geographischen Lage zwischen zwei großen Kulturräumen. Gerade an dieser traditionsgeprägten Mischung nahm Peter I. Anstoß und bewertete sie als Hemmschuh für die moderne Entwicklung seines Reiches.

1503 Rjasan unterwarf. Rund 2,8 Millionen Quadratkilometer – vom Eismeer und der nordischen Tundra bis nach Galizien im Süden und vom Finnischen Meerbusen im Westen bis zum Ural – umfasste nun das Reich, und es war an Ivans Enkel Ivan IV. Vasilevič, der erste gekrönte Zar und Selbstherrscher Russlands zu werden.

nicht einmal mehr zu einer Schlacht, als Chan Ahmed 1480 ein letztes Mal versuchte, seine Herrschaft über die russischen Gebiete zu erneuern. Das russische und das tatarische Heer standen sich wochenlang an den Ufern der Ugra gegenüber. Als diese im Winter zuzufrieren begann, zogen beide Heere kampflos ab. Für Ahmed sollte dies der endgültige Rückzug aus Russland sein. Und schließlich vollendete Ivan III. während seiner Regierungszeit faktisch die Einigung Russlands, indem er 1478 Novgorod, 1485 Tver, 1489 Vjatka und

✤ *Bereits 1476 verweigert Ivan III. den Tataren den Tribut. 1480 endet die Herrschaft der Goldenen Horde über Moskau und seine Fürstentümer endgültig. Nach zweimonatigem »Stehen an der Ugra« zieht das tatarische Heer kampflos ab.*

Die erste russische Zarenkrönung

Unter dem Geläut der Glocken versammelten sich im Hof des Kremls die Würdenträger des Reiches sowie die Angehörigen des Herrscherhauses und übergaben die Krönungsinsignien – die Monomach-Kappe, das Barmen und das Kreuz des Metropoliten Petr – an den Beichtvater Ivans, der sie von einem Ehrengeleit umgeben in die Uspenskij-Kathedrale brachte.

Die Monomach-Kappe war eine mit feinstem Goldfiligran und kostbaren Edelsteinen sowie Perlen besetzte Kappe, gesäumt von Zobelfell. Auf ihrer Spitze thronte ein Kreuz. Der Sage nach war sie ein Geschenk des byzantinischen Kaisers Konstantin IX. Monomachos (gest. 1055) an seinen Enkel, den Kiever Großfürsten Vladimir Monomach, gewesen. Sie galt somit als Beweis für den rechtmäßigen Anspruch der russischen Zaren auf das byzantinische Erbe. Tatsächlich handelte es sich eher um eine mittelasiatische, eventuell tatarische Arbeit aus dem 14. Jahrhundert. Dieser Umstand tat der Legendenbildung um die Krone keinen Abbruch. Die Verwendung eines Herrschaftssymbols aus dem tatarischen Kulturraum zeigt aber, wie stark das Bewusstsein des aufstrebenden Moskauer Großfürstentums von den Tataren beeinflusst war. Schließlich hatte erst deren Niedergang Moskaus Aufstieg möglich gemacht.

Das Barmen war ein Schultergeschmeide entsprechend dem Schulterschmuck der byzantinischen Kaiser. Auch das Kreuz stammte aus Byzanz und umschloss angeblich ein Stück Holz vom Kreuz Christi. Metropolit Makarij nahm die Krönungsinsignien in der Kathedrale in Empfang und platzierte sie auf dem Altar hinter der Ikonenwand. Dann betrat unter Huldigungsrufen Ivan IV. mit seinem nach Rängen geordneten Gefolge die Kirche. In ihrer Mitte war ein zwölfstufiges Podest mit zwei Thronen aufgebaut, einem für den Großfürsten und einem für den Metropoliten. Nach gemeinsa-

✤ *Dem berühmten sowjetischen Regisseur Sergej Eisenstein ist es Mitte der 1940er Jahre gelungen, einen anderen Ivan zu zeigen: Verschüchtert schaut der 16-jährige Zar auf seine Untertanen. Sein Thron ist ihm zu groß, seiner neuen Rolle fühlt er sich nicht gewachsen.*

✤ *Die Krone der russischen Herrscher – heute ausgestellt im Moskauer Kreml – war eine Pelzmütze, geschmückt mit Gold und Edelsteinen. Unter Ivan IV. bekam sie den Namen »Monomach-Kappe«. Vladimir Monomach war Kiever Großfürst und ein Enkel des byzantinischen Kaisers Konstantin IX.*

mem Gebet bestiegen Ivan IV. und Makarij das Podest, und der Großfürst berief sich auf sein Recht, zum Zar gekrönt zu werden. Dann empfing der designierte Zar vom Metropoliten die Insignien der Macht. Zunächst legte Makarij ihm das Barmen und das Kreuz um, dann setzte er ihm die Kappe des Monomach auf das Haupt.

Anschließend belehrte der Metropolit in einer Rede den jungen Zaren über seine Pflichten und Rechte als von Gott gekrönter Zar und Selbstherrscher. Direkt an ihn gewandt sprach Makarij: »Und wiederum sage ich dir, Gott liebender Zar: Hüte mit Gott und schütze wachsam, was deine zarische Macht und Kraft regiert, bedeckt von den Rechten des Höchsten und geschützt von der Gnade des Heiligen Geistes, vor allen sichtbaren und unsichtbaren Feinden; denn der Herr spricht durch den Propheten: ›Ich habe dich mit meiner Rechten zum Zaren erhoben, ich habe dich an der Hand genommen und dich gestärkt; deshalb hört, ihr Zaren, versteht wohl, ihr Fürsten, dass euch von Gott gegeben war die Herrschaft und vom Höchsten die Kraft‹; denn Gott der Herr hat euch an seiner Statt erwählt auf Erden, er hat euch auf seinen Thron erhoben und darauf gesetzt …«

Diese Begründung des Zarenamtes war aufs Engste mit den Prinzipien des byzantinischen Kaisertums verbunden, dessen Wappentier, der Doppeladler, bereits Ivan III. übernommen hatte. Aber es gab auch wesentliche Unterschiede. Vor allem nutzte Makarij die Gelegenheit, auf die Pflicht des Zaren hinzuweisen, sich den Geboten der Kirche unterzuordnen, die Kirche zu schützen und für sie zu sorgen.

Gottesgnadentum und menschliche Grausamkeit

Bereits bei der Erziehung des jungen Ivan hatte Makarij seinen Einfluss geltend gemacht und das Kind streng religiös und ganz in der Gedankenwelt einer Moskauer kaiserlichen Theokratie erzogen. Damit konnte er die vielen ungünstigen Einwirkungen auf den jungen Großfürsten jedoch nicht abwehren, die seit dem Tod seiner Mutter in Form von Vernachlässigung oder zügellosem Verhalten der nun für seine Erziehung verantwortlichen Mitglieder des Bojarenrates zu Tage traten. So baute auch niemand gegen die wohl schon sehr früh erkennbare Neigung Ivans zu sadistischer Grausamkeit irgendwelche Hemmungen auf, was sich im Laufe seiner Herrschaft bitter rächte. Zunächst aber hatte der Moskauer Metropolit mit der Krönung des Großfürsten Ivan IV. Vasilevič zum Zaren von ganz Russland etwas Sensationelles erreicht: Moskau hatte den Rang einer Zarenstadt erlangt, und Russland nahm nun auch offiziell die Bezeichnung Zarenreich an. Das Selbstbewusstsein der zarischen Autokratie war um ein Vielfaches gestiegen und das Gottesgnadentum des Zaren deutlich sichtbar.

Nach der Huldigung verließ der erste gekrönte Zar von ganz Russland im vollen Ornat die Kathedrale und wurde vor der Kirchentür mit Gold und Silbermünzen überschüttet. Nachdem Ivan IV. in allen Kirchen des Kremls gebetet und seiner Vorfahren gedacht hatte, beendete ein Festbankett im Palast des Kremls die Zeremonien. Weitere Feste und Feierlichkeiten folgten. Um den noch nicht volljährigen Herrscher vollends zum Mann zu machen, wurde er bereits drei Wochen nach seiner Krönung – angeblich auf eigenen Wunsch – mit der jungen Bojarentochter Anastasija Romanovna-Sacharijna verheiratet. Seine junge Ehefrau war sicherlich das beste Geschenk, das der Mensch Ivan jemals erhielt. Solange sie an seiner Seite lebte, hielt er sein jähzorniges und brutales Wesen im Zaum und brachte dem Moskauer Zarenreich grundlegende und zukunftweisende Reformen sowie enormen territorialen Zuwachs.

Die Reformen unter Ivan IV. – und die Schrecken

Der Beginn der Herrschaft Ivans IV. fiel zusammen mit einem riesigen Brand im Juni 1547, der große Teile Moskaus einäscherte. 25 000 Höfe brannten nieder, ungefähr 2700 Menschen fanden den Tod. Die Feuersbrunst löste einen wütenden Volksaufstand aus, der sich auch gegen die Herrschaft der Bojaren richtete, die bis zu Ivans Krönung das Moskauer Reich regiert hatten. Die Folgen von Brand und Aufstand waren Hungersnöte und eine zerrüttete Wirtschaft. So stand der junge Zar vor gewaltigen Aufgaben, um sein Reich in eine bessere Zukunft zu führen und seine Herrschaft zu festigen.

Die Reformen, die Ivan IV. zusammen mit seinem »auserwählten Rat«, *izbrannaja rada* – einer Gruppe teilweise jüngerer Männer, die sich um den jungen Zar geschart hatte –, in den folgenden Jahren umsetzte, schufen die Grundlagen der neuen, zentral herrschenden Autokratie in Russland.

Eine erste wichtige Reform unter Ivan IV. war die Einführung eines einheitlichen Heiligenkalenders und die Kanonisierung der russischen Nationalheiligen in den Jahren 1547 bis 1549. Damit zentralisierte und vereinheitlichte der Zar – nicht ohne Makarijs intensive Unterstützung – die Kirche in seinem Reich und verknüpfte so das Russische immer stärker mit dem orthodoxen Christentum hin zu einer russisch-orthodoxen Identität.

Den Kanonisierungssynoden folgte 1551 die sogenannte Hundertkapitel-Synode, *stoglav,* die ausführlich auf hundert Fragen des Zaren antwortete und damit der jungen Moskauer Reichskirche ihre nötigen inneren und äußeren Normen gab.

Nahezu parallel zu diesem religiösen Fundament trieb Ivan IV. als nächste Reform 1550 eine Neubearbeitung des Gesetzbuches, *sudebnik,* von 1497 voran. Der alte *sudebnik* konnte nämlich den neuen Anforderungen der zentralisierten Monarchie nicht mehr genügen. Gleichzeitig leitete Ivan IV. eine Reihe von wichtigen Verwaltungsreformen ein – von der Einführung der dörflichen Selbstverwaltung bis hin zur Einsetzung von Statthaltern. Auf diese Weise erhielten lokale Adlige mehr Macht, da sie selbst die Richter der Bezirksgerichte wählen durften. Während hier Macht zugunsten vernünftiger und ortsnaher Entscheidungen auf der unteren Ebene dezentralisiert wurde, stellte man gleichzeitig das Durchfüttern, *kormlenie,* von dienstadligen Beamten auf Kosten der Bezirke ein. Stattdessen besoldete man diese zentral durch das Schatzamt, sicherlich auch in der Hoffnung, so lokale Verfilzungen zu lockern. Ebenfalls der Zentralisierung sowie der Erleichterung des überregionalen Handels und der Vereinheitlichung innerhalb des Zarenreiches diente die Reform von Maßen und Gewichten. Die Verwaltungsreformen gipfelten in der Errichtung von Zentralämtern, *prikazy,* unter anderem für Strafverfolgung, das Gefängnis- und Petitionswesen sowie für Außenbeziehungen.

Auch die Armee krempelte der Zar um. Ein entscheidender Eingriff war die »Verordnung über den Dienst«, *uloženie o službe,* von 1555. Gezielt sollte hier das Bojarentum in seinem Besitz getroffen werden. Die Zeit der Bojarenherrschaft vor Ivans Regierungsantritt hatte nämlich zu unrechtmäßigen Besitzvermehrungen in großem Umfang geführt. Eine neue Besitzaufnahme im ganzen Land sollte solche unrechtmäßigen Erwerbungen feststellen, sie zugunsten des Zaren einziehen und dann der Bildung von Dienstgütern zuführen, die der Zar an ihm genehme und direkt von ihm abhängige Dienstadlige vergeben konnte. Für jeweils Hundert *četvert'* »guten Ackerlandes« erwartete der Zar als Gegenleistung einen Mann, »beritten und in voller Rüstung, bei weiten Feldzügen mit zwei Pferden«. Außerdem ließ Ivan IV. eine neue, mit Feuerwaffen ausgerüstete Fußtruppe einführen, die Strelitzen. Sie stammten aus der nicht dienstverpflichteten, nichtadligen Bevölkerung, standen im festen Sold und lebten in ständigen Garnisonen. So waren sie die Keimzelle eines künftigen stehenden Heeres.

Aber auch das tägliche Leben seiner Untertanen, deren Sitten und Gebräuche wollten der Zar und sein »auserwählter Rat« im Sinne einer Heilung der orthodoxen Gesellschaft reformieren. So stellte der enge Vertraute und inoffizielle Beichtvater des Zaren, Protopope Syl'vestr, ein »Hausvaterbuch«, *domostroj,* zusammen, das als autoritatives Reglement festsetzte, wie ein begüterter Haushalt in streng christlichem Geist zu führen sei.

✤ Der Getriebene wird zum Jäger: Seit seiner Kindheit hasste Ivan IV. die machtbesessenen Bojaren. Als Erwachsener konnte er über deren Wohl oder Wehe urteilen.

Die Russisch-Orthodoxe Kirche

Die Orthodoxie, auf russisch *pravoslavie,* Rechtgläubigkeit, und die Russisch-Orthodoxe Kirche haben ihre Wurzeln in der oströmischen Kirche. Ihr war die Russisch-Orthodoxe Kirche bis zur Eroberung Konstantinopels durch die Osmanen im Jahre 1453 nahezu vollständig unterstellt. Ihre Metropoliten, vergleichbar mit Erzbischöfen in der Römisch-Katholischen Kirche, waren an die Weisungen des Patriarchen von Konstantinopel gebunden. Zu einem ersten deutlichen Bruch kam es allerdings bereits 1439 auf dem Konzil von Florenz, auf dem sich eine Annäherung von Rom und Byzanz abzeichnete, die Moskau als Verrat an der Rechtgläubigkeit ansah. Diese Differenzen zwischen Moskau und Byzanz führten zur Autokephalie, der kirchlichen Unabhängigkeit der Russisch-Orthodoxen Kirche, die durch den Untergang von Byzanz besiegelt wurde. Damit bildete sich auch die Idee von Moskau als dem Dritten Rom heraus. In ihrer vollen ideengeschichtlichen Tragweite setzte sie sich allerdings erst im 19. Jahrhundert durch. Doch bereits im späten 15. Jahrhundert legitimierte diese Idee Moskaus neue Führungsrolle in der orthodoxen Welt. In den Augen der »rechtgläubigen« Christen hatten sich West- wie Ostrom auf den Weg der Sünde begeben und es war somit an Moskau, das christliche Erbe anzutreten. Mit der Krönung Ivans IV. zum ersten Zaren Russlands verschmolzen kirchliche Traditionen mit neu eingeführten weltlichen Gegebenheiten und verbanden die Russisch-Orthodoxe Kirche und den russischen Staat fester miteinander. 1589 wurde als Abschluss dieses Konsolidierungsprozesses ein

✤ *Seit Ivan IV. ist die orthodoxe Kirche das ideologische Fundament der Zarenherrschaft. Heute sind Staat und Kirche wieder näher zusammengerückt. Die Ostermessen in der Christus-Kathedrale in Moskau, die 1931 zerstört und 1997 wieder aufgebaut wurde, werden im Staatsfernsehen übertragen.*

eigener russisch-orthodoxer Patriarch ernannt. Auf lange Sicht profitierte der Staat stärker von dieser Verbindung. Kirche und Staat verschmolzen zu einem Ganzen, in dem der Zar die Oberhand hatte und die Orthodoxie ihm das ideologische Fundament seiner Herrschaft lieferte. Schon Ivan IV. ließ einen seiner Widersacher, Fürst Kurbskij, wissen: »Wer sich der Regierungsgewalt widersetzt, widersetzt sich Gott.«

So wurde die Kirche zum Instrument der Zaren, nationale, kulturelle und politische Ambitionen durchzusetzen. Besonders deutlich trat dies unter Peter dem Großen zutage, der 1721 das Patriarchat zugunsten eines »allerheiligsten regierenden Synods« unter dem Vorsitz des Zaren abschaffte und damit die Kontrolle über die Russisch-Orthodoxe Kirche erlangte. Sie wurde zur Staatskirche, und als solche hatte sie karitativen und Bildungszwecken im Dienste des Zaren nachzukommen. Allerdings sah die Russisch-Orthodoxe Kirche anders als die lateinische ihre Aufgabe nicht im sozialen Engagement und im direkten Kontakt mit den Gläubigen, sondern eher im Mystisch-Asketischen und in der Liturgie. Das mystische Element stellt den Menschen außerhalb des Lebens und negiert die Realität, die Geschichte und die Unabwendbarkeit des Todes. Die Liturgie wiederum hat in der orthodoxen Tradition Vorrang für die Wahrnehmung der christlichen Wahrheit und ersetzt so regelrecht die Theologie.

Der orthodoxe Gottesdienst wird seit jeher in einem sehr sinnlich gestalteten Kirchenraum abgehalten, der zusammen mit den gesungenen Chorälen, den Ikonen, dem Weihrauch und den Gebeten der Gläubigen die eucharistische Handlung erfahrbar machen soll: den Wandel von Brot und Wein in Christi Fleisch und Blut. In der Kommunion nehmen die Gläubigen aktiv daran teil. Die religiöse Erziehung wurde hier durch die kirchliche Handlung erreicht und nicht durch Bücher, die Schule oder das Studium der Bibel außerhalb der Kirche. So verwundert es auch nicht, dass sich die Russisch-Orthodoxe Kirche nicht sonderlich darum bemühte, ihren Gläubigen das Neue Testament als Buch gedruckt in russischer Sprache nahe zu bringen. Erst 1876 wurde eine vollständige russische Ausgabe der Bibel im Zarenreich veröffentlicht. Die liturgische Sprache aber war und blieb das Kirchenslawisch.

Die synodale Phase der Russisch-Orthodoxen Kirche währte bis zum Untergang des Zarenreiches und hinterließ ein widersprüchliches Erbe. Einerseits erhöhte sich die Zahl der Kirchenangehörigen beträchtlich, weil auch das Reich wuchs. Andererseits verlor die Kirche aufgrund der staatlichen Gängelung und weil es ihr an eigenen Konzepten und Einrichtungen der Sozialfürsorge fehlte, an Einfluss in der Gesellschaft. Da es auch keine festen Kirchengemeinden gab, sondern die Gläubigen sich die Kirche, in die sie zum Gottesdienst gehen wollten, nach ihren Bedürfnissen aussuchten, entstanden um russisch-orthodoxe Kirchen keine Gemeinschaften im westlichen Sinne, die einen sozialen Zusammenhalt schufen. Die Russisch-Orthodoxe Kirche kannte auch keine Kirchensteuer, sondern wurde nach ihrer weitgehenden Enteignung durch die Zaren vom Staat alimentiert und ließ sich so fast alle Dienstleistungen von der Taufe über die Eheschließung, jegliche Weihung und Segnung bis zur Beerdigung in barer Münze von den Gläubigen bezahlen. Das förderte nicht unbedingt das Ansehen der Popen in der Bevölkerung. Trotzdem ist es der Russisch-Orthodoxen Kirche wohl als einziger christlicher Konfession gelungen, das religiöse Element gänzlich mit dem nationalen zu verschmelzen. Spätestens seit dem 19. Jahrhundert bedeutete »russisch sein« gleichzeitig auch »orthodox sein«. Selbst die sieben Jahrzehnte sowjetischer Herrschaft haben diese Verbindung nicht auflösen können.

Vom gepeinigten Kind zum grausamen Herrscher

Eine für Ivans Reformen immer wieder hervortretende Motivation war die Überwindung der in den Jahren vor seinem Regierungsantritt schier unerträglich gewordenen Bojarenherrschaft. Nicht nur die Bevölkerung seines Reiches, auch der junge Zar hatte als Kind unter den Bojaren gelitten. Nach dem Tod seiner Mutter 1538 entbrannte unter den Bojarenfamilien ein blutiger Machtkampf um die Regentschaft. Ivan musste damals die Ermordung einiger Kontrahenten mit ansehen. Niemand nahm sich behütend des verstörten Kindes an, niemand schien sich ernsthaft für Ivan zu interessieren. Stattdessen musste der junge Großfürst an politischen und religiösen Zeremonien teilnehmen, deren Sinn er nicht verstand. Die Bojaren bei Hofe begegneten ihm heuchlerisch, einige auch mit kaum verborgener Verachtung. Entwickelte das Kind doch einmal zu jemandem Zuneigung, vielleicht sogar Vertrauen, so wurde dieser Favorit umgehend von Ivan getrennt, da man eifersüchtig über die Machtverteilung bei Hofe wachte. Diese seelischen Misshandlungen prägten das intelligente und sensible Kind.

Als Heranwachsender entwickelte Ivan sadistische Neigungen, quälte Tiere, bald auch Menschen ungehemmt und ungestraft. Mit dreizehn Jahren befahl der Großfürst seinen Hundewärtern, den Bojaren Andrej Šujskij, seinen Vormund und einen der einflussreichsten Männer Russlands, auf offener Straße zu erschlagen. Dessen nackte Leiche blieb vor dem Kreml liegen. Das Blatt hatte sich nun gewendet, der Getriebene wurde zum Jäger, geprägt von Verachtung und Misstrauen gegenüber der Elite seines Reiches, die sich in späteren Jahren zu einem tief wurzelnden Verfolgungswahn auswuchsen. Niemand stellte sich dem Großfürsten entgegen, niemand wies ihn zurecht. Ganz im Gegenteil, eine Chronik berichtete: »Von da an begannen die Bojaren sich vor dem Herrscher zu fürchten, Furcht zu haben und Gehorsam.«

Auch Makarij hatte keinen Einfluss mehr auf den Tyrannen. Lediglich den historisch begründeten Anspruch auf Selbstherrschaft sowie die religiöse Lehre des Zaren von Gottes Gnaden ließ der Metropolit den jungen Großfürsten verinnerlichen, so dass seine Krönung einer ebenso unbeschränkten wie ungezügelten Machtfülle Tür und Tor öffnete. Bis zu autokratischer Willkür war es von dort nur ein Schritt. Einzig seiner Frau Anastasija schien es durch Liebe und Vertrauen zu gelingen, Ivan IV. zu besänftigen und seinen Jähzorn und seine sadistische Neigung im Zaum zu halten. Als sie aber im August 1560 erkrankte und nur kurze Zeit später starb, brachen auch die letzten den Zaren mäßigenden Dämme. Der misstrauische und von Verfolgungswahn gezeichnete Ivan war fest davon überzeugt, dass seine Frau von Männern aus seinem engstem Umfeld, der *izbrannaja rada,* vergiftet worden war. Zwar ehelichte Ivan IV. nach Anastasija noch sechs weitere Frauen – wobei die letzten vier von der Kirche nicht mehr anerkannt wurden, da nach kanonischem Recht nur drei Ehen möglich waren –, doch wohl zu keiner dieser Frauen entwickelte er eine tiefe innere Bindung. Die grausame Seite Ivans IV. brach sich von nun an vollends Bahn und sorgte dafür, dass ihm sein Volk den Beinamen *Groznyj* der Strenge, oder auch der Grausame, gab.

Der zarische Terror – *Opričnina*

Bereits kurz nach Anastasijas Tod verbannte Ivan IV. den Protopopen Sylʿvestr und Aleksej Adašev, beide verdiente Mitglieder der *izbrannaja rada*. In der Folgezeit wandte er sich mehr und mehr auch von den anderen Mitgliedern des »auserwählten Rates« ab. Selbst Metropolit Makarij verlor seinen Einfluss. Als er schließlich 1563 starb, verlangte der Zar auch seitens der Kirche vollen Gehorsam und reduzierte den russischen Episkopat wieder auf jene dienende Rolle, die er vor Makarij gehabt hatte. Den Durchbruch für seine neue Politik schaffte Ivan IV. mit einem spektakulären Akt: Unmittelbar vor dem orthodoxen Nikolaustag, dem Fest des in Russland am höchsten verehrten Heiligen, verließ er am 3. Dezember 1564 ohne jegliche Erklärung oder Ankündigung samt den Schätzen und Gnadenikonen die Hauptstadt seines Reiches und zog mit seiner Familie in die Festung Aleksandrovskaja sloboda. Erst kurz vor Weihnachten erfuhren die Moskauer von ihrem Zaren den Grund seines Auszuges: Weil man ihn daran hinderte, seine Feinde und die Verräter zu bestrafen, habe er sein Amt niedergelegt und sich zurückgezogen. Die Kaufmannschaft und das einfache Volk ließ er zugleich wissen, dass der zarische Zorn nicht ihnen galt, sondern allein dem Klerus und dem Hochadel. Die Reaktion des Volkes folgte umgehend. Eine Delegation eilte hinaus nach Aleksandrovskaja

✤ *»Wer sich der Regierungsgewalt widersetzt, widersetzt sich Gott«. Ivan, hier in der Darstellung Sergej Eisensteins, sah sich als Zar von Gottes Gnaden.*

sloboda und versprach alle Bedingungen des Zaren anzunehmen, ja selbst alle Feinde des Zaren zu vernichten, wollte er nur auf seinen Thron zurückkehren.

So trennte Ivan IV. für sich ein Sonderterritorium mit eigener Verwaltung und eigenem Heer aus dem Reichsgebiet heraus. Dieses Heer bekam den Namen *opričnina*. Sie wurde sein Machtinstrument zur Vernichtung des alten Hochadels seines Anhangs. Die *opričnina* bot alles, was der Zar dafür brauchte. Sie bestand aus neuen Personen, mit denen sich Ivan IV. von nun an umgab. Nicht Herkunft oder Rang waren seine Auswahlkriterien, sondern das glaubwürdige Versprechen blinden Gehorsams. Die Masse der gut 1500 Männer zählenden *opričnina* stelle der niedere Dienstadel, aber auch ausländische Abenteurer zählten dazu. Anfangs war die *opričnina* eine dem Zaren persönlich und direkt zur Verfügung stehende Spezialtruppe, welche die vornehmliche Aufgabe hatte, die angeblichen Verräter zu liquidieren und den gesamten Hochadel in Angst und Schrecken zu versetzen. Da alle Verbrechen, die bei der Erfüllung dieser Aufgabe verübt wurden, straffrei blieben, war *opričnina* sehr bald gleichbedeutend mit hemmungslosem, blutigem Terror.

Innerhalb der *opričnina* gab es eine besondere Kerntruppe, deren Angehörige schwarze Kutten trugen und als Kennzeichen Besen und Hundekopf am Köcher führten. Sie bildeten eine Art Männerbund mit Merkmalen eines religiösen Ordens. Sie hatten sich von Ivan IV. persönlich aufgestellten pseudo-klösterlichen Regeln und von ihm selbst geleiteten Ritualen zu unterwerfen, die im steten Wechsel mit Strafexpeditionen, Folterzügen und Gelagen stattfanden. Metropolit Makarij hatte Ivan IV. in der alten russischen Gedankenwelt erziehen lassen und ihm dabei auch die besondere Rolle der monastischen Lebensweise und die Berufung zum »gottgekrönten Zaren« nahegebracht. Nun pervertierten diese Vorstellungen bei Ivan zur Besessenheit des Strafens. Er schickte seine schwarze Spezialtruppe aus zu Raub, Schändung und Zerstörung von Kirchen, Klöstern, Palästen, zur Folterung von Mönchen, Adligen und einfachen Bauern.

Im Winter 1570 fielen die *opričniki* über Novgorod her, der Zar witterte Verrat unter den Obersten der Stadt. Beweise gab es dafür nicht. Hunderte von Menschen ließ Ivan IV. innerhalb weniger Wochen foltern, ertränken, abschlachten. Auch vor Frauen und Kindern wurde nicht Halt gemacht. Nachdem die Elite Novgorods vernichtet war, wandte sich der Zar den Klöstern zu. Unter seiner Aufsicht wurden sie von seinen Schergen ausgeplündert. Wer nicht zahlte, wurde mit Knüppeln geschlagen, manche wurden zu Tode geprügelt. Wochenlang dauerte das Grauen. Dann plötzlich, am 13. Februar 1570, rief der Zar einige Abgesandte der Stadt zu sich in sein Lager und erklärte ihnen würdevoll, dass er ihnen vergebe. Sie sollten sich nicht grämen und nach Hause zurückkehren. Gleichzeitig zog er seine *opričniki* ab. Zwei- bis dreitausend Tote – Männer, Frauen und Kinder – ließen sie im verwüsteten Novgorod zurück. Keinem von ihnen hatte der Zar kirchlichen Beistand im Tode erlaubt. Die Stadt erholte sich von dieser Heimsuchung nie wieder.

Der Zar aber setzte seinen Feldzug gegen all die in seinem kranken Geist wimmelnden Verschwörer fort. Im Juli 1570 erreichte seine Schreckensherrschaft ihren Höhepunkt. Auf dem Roten Platz von Moskau ließ er voller »sadistischer Raffinesse« in einer Serie von Folterungen und grausamen Hinrichtungen seine fähigsten und zweifellos völlig ergebenen Anhänger töten. Gemeinsam mit seinem Sohn wohnte er dem blutigen Spektakel bei.

Der blutige Verfall des Moskauer Reiches

Genau diese Menschen dürften Ivan IV. gefehlt haben, als ein knappes Jahr später der Chan der Krimtataren in Russland einfiel und Moskau am 24. Mai 1571 in Brand steckte. Die *opričnina*-Truppen mochten zwar foltern und morden können, zum militärischen Kampf taugten sie kaum. Innerhalb weniger Stunden war die von Truppen und Flüchtlingen überfüllte Hauptstadt vollständig niedergebrannt. Noch nicht einmal ein Pfahl, an den man sein Pferd hätte binden können, war in der Stadt zu finden, wie ein deutscher Augenzeuge das Chaos beschrieb. In der Folge galt das krankhafte Misstrauen des Herrschers auch den *opričniki* selbst, und die bewährtesten Liquidatoren wurden nun selbst liquidiert.

So löste sich die *opričnina* schnell und stillschweigend wieder auf. Aber die Folgen der *opričnina*-Politik für Russland waren gravierend. Zwar überlebten genügend alte Bojarengeschlechter den Terror, um zu Beginn des 17. Jahrhunderts wieder eine politische Rolle zu spielen, doch das Übergewicht des Dienstadels in der Elite des Reiches war unverkennbar. Es zog eine katastrophale Verschlechterung der Lage der Bauern nach sich. Sie wurden nun von den kleinen Dienstadligen ausgebeutet, weil sie häufig deren einzige Einnahmequelle darstellten. Außerdem war aufgrund der unsicheren Besitzverhältnisse nicht klar, wie lange die Adligen Zugriff auf sie haben würden. Diesem Raubbau an ihrer Arbeitskraft entzogen sich die Bauern häufig durch Flucht. Noch 1550 war im Gesetzbuch das Recht der Bauern verankert worden, zum St. Georgstag im November den Gutsherrn zu wechseln. Diese verbriefte Freizügigkeit schränkte Ivan IV. ab 1582 immer wieder durch Verbotsjahre ein, um dem Dienstadel seine Existenzgrundlage zu erhalten. So verschärfte sich zusehends der Prozess, die Bauern fester an die Scholle zu binden, und endete schließlich in der Leibeigenschaft.

✤ *In einem Anfall von Jähzorn erschlägt Ivan IV. 1581 seinen Sohn und designierten Thronfolger Ivan mit einem Eisenstab. Der berühmte Maler Ilja Repin gibt die Tragödie auf seinem Gemälde von 1885 eindrucksvoll wieder.*

Seinen persönlichen Tiefpunkt erreichte Ivan IV. wohl, als er 1582 in einem Anfall von Jähzorn seinen Sohn und designierten Thronfolger Ivan mit einem Eisenstab erschlug. Die Reue zerfraß den Zaren, und die Familientragödie leitete zugleich eine politische Katastrophe ein, da nun Ivans dritter Sohn Fedor, geistesschwach und so sein Leben lang auf die Regentschaft von Bojaren angewiesen, Thronfolger wurde. Am 18. März 1584 starb Ivan IV., körperlich und seelisch stark von Krankheit und Verfall gezeichnet, in dem Wissen, dass eben jene Menschen, die er am meisten gehasst und bekämpft hatte, über die Zukunft seines Sohnes und seiner ganzen Dynastie entscheiden würden.

Die imperiale Expansion

Nicht nur Ivans innenpolitische Reformen und seine Grausamkeiten am Volk gingen in die Geschichte ein, parallel dazu erweiterte er sein Imperium in einem noch nie da gewesenen Ausmaß. Von seinem Vater hatte er bereits ein Großfürstentum geerbt, das die bisherigen territorialen Besitztümer russischer Großfürsten um ein Vielfaches übertraf. Unter dem ersten gekrönten Zaren von ganz Russland verdoppelte das Reich sein Territorium auf ungefähr 5,4 Millionen Quadratkilometer und schluckte erstmals in der russischen Geschichte nicht-russische Siedlungsgebiete.

Ivan IV. und sein »auserwählter Rat« besaßen zu Beginn der Reformperiode genügend Selbstvertrauen und Entschlusskraft, um eine offensive Politik gegen die Nachfolgereiche der Goldenen Horde einzuleiten. Ivans erster Gegner wurde das Chanat Kazan' an der mittleren Wolga. Drei Feldzüge unternahm der Zar persönlich gegen das Tatarenreich: den ersten im Winter 1547/48, den zweiten im Winter 1549/50. Zu früh einsetzendes Tauwetter verhinderte beide Male einen russischen Erfolg. Erst in einem gut vorbereiteten Sommerfeldzug 1552 bezwangen die Russen Kazan', weih-

✤ 1552 erobert Ivan der Schreckliche das Chanat Kazan – hier dargestellt auf einem Gemälde von Aleksej Kivšenko –, weiht die Stadt christlich und siedelt verstärkt Russen an.

✤ *1555 empfängt der Zar den britischen Seemann Richard Chancellor, der auf der Suche nach einer Nordostpassage nach Indien an der russischen Weißmeerküste landet. Durch ihn schließt Ivan ein Handelsabkommen mit England ab – ab 1557 herrschte regelmäßiger Güterverkehr zwischen den beiden Ländern.*

ten die Stadt christlich und siedelten verstärkt Russen an. Vier Jahre darauf, 1556, eroberte der russische Zar das Chanat von Astrachan an der Wolgamündung. Damit war dem Russischen Reich der direkte Zugang zu den zentralasiatischen Märkten eröffnet und jede Flankenbedrohung gen Osten in Richtung Ural hinfällig. Zum ersten Mal herrschte nun ein russischer Zar über die Tatarenreiche und erweiterte seine Titulatur um zwei Zarentitel, denn der tatarische Titel Chan lautet im Russischen ebenfalls Zar. Zugleich hatte Ivan IV. durch den Sieg der russischen Waffen eine große Zahl christlicher Sklaven befreit und damit seiner vornehmsten Pflicht als neuer christlicher Kaiser Genüge getan, das Reich der Christen zu vergrößern und das der Ungläubigen zu verkleinern.

Der Krieg gegen die »Gottlosen«

Nach den Erfolgen im Osten beschloss Ivan IV., die ganze Offensivkraft des Moskauer Reiches gegen die »gottlosen Könige« im Westen zu richten, die Katholiken,

Ikonen – die Kunst der Mönche

Seit über tausend Jahren haben die Ikonen enorme Bedeutung in der russischen Kirche. Diese Heiligenbilder machen den Unterschied zwischen Orthodoxie und westlichem Christentum sinnfällig. Ein Chronist warnte anlässlich der Christianisierung der Rus' vor den »Lateinern«, welche die Ikonen nicht richtig verehrten. Die Ikone, russisch *ikona* oder auch *obraz,* ist die malerische Abbildung des Göttlichen, das menschliche Gestalt angenommen hat wie Gott in Jesus. Dabei steht nicht die Abbildung im Vordergrund, sondern die innere Verbindung zwischen Bild und Abgebildetem. So ist die Ikone vorrangig eine Offenbarung des Heiligen, zugleich aber auch ein Zugang zu Gott. Daher wird sie von den Gläubigen auch »Fenster zur Ewigkeit« genannt. In ihrem Wesen aber ist und bleibt die Ikone ein Stück Holz – nur wenn Heiliges sich in ihr oder durch sie offenbart, darf es verehrt werden. Hier spiegelt sich das für die Orthodoxie typische Element des Mystischen, der sinnlichen Erfahrung des Göttlichen, die ohne intellektuelle Auseinandersetzung auskommt. Entsprechend sind für die orthodoxe Kirche Ikonen keine Kunstwerke, sondern Heiligtümer. Auch der konservative, ein Schema erfüllende Grundzug in der malerischen Gestaltung der Ikonen ist gewollt: Sie sind die Vervielfältigung eines bereits existierenden Bildes. So werden alle Marien-Ikonen auf ein mythisches Bild zurückgeführt, das der Evangelist Lukas gemalt haben soll. Die bekannteste Marien-Ikone ist die Vladimirskaja. Sie ist byzantinischen Ursprungs und gilt als Schutzikone des Russischen Reiches. Ihr wird Wundertätigkeit zugesprochen. Als 1480 das russische Heer unter Ivan III. den Tataren an der Ugra gegenüberstand, wurde die Vladimirskaja an die Front getragen. Die Heere trennten sich kampflos, und das tatarische Joch war für immer von den Russen abgefallen.

Aber nicht nur die Motive wurzeln in mythischen Bildern, auch die Attribute der Darstellungen sind tief im christlichen Symbolsystem verwurzelt. So haben auch die Farben Bedeutung: Gold symbolisiert den Himmel und die himmlische Glückseligkeit, Hellblau steht für die Unendlichkeit, dunkles Rot für Majestät, Weiß für die Unschuld. Eine Besonderheit der Ikonenmalerei ist, dass sie keinen Fixpunkt im Bild kennt, sondern die Perspektive umgekehrt auf den Betrachter zuläuft. Der Standpunkt des Betrachters ist der Endpunkt, die sich ihm in der Ikone offenbarende Welt ist der offene Raum.

Ikonen standen schon immer in engem Zusammenhang mit anderen Formen der Frömmigkeit und des Kultes. Im Kirchenraum sind sie mit den Ikonostasen, den Ikonenwänden, in den Gottesdienst eingebunden. Der Ikonostas grenzt in der Kirche den Versammlungsraum vom Altarraum ab und symbolisiert so zugleich eine Wahrnehmungsgrenze: Er macht sichtbar, dass das Eigentliche am gottesdienstlichen Geschehen nicht sichtbar ist. Aber auch in den Häusern gläubiger orthodoxer Russen fand sich häufig ein *krasnyj ugol,* eine schöne Ecke, in der die Familienikone hing, vor der gebetet wurde.

Ursprünglich wurden die Ikonen von Mönchen gemalt, die sich durch Kontemplation und Fasten auf diese Arbeit vorbereiteten. Mit wachsendem Bedarf wandelte sich das Ikonen-Malen zu einem Handwerk. Es entstanden Ikonenwerkstätten auf großen Gütern, häufig mit leibeigenen Meistern, wie etwa die Stroganov-Werkstatt, die schulbildend wirkte. Ende des 19. Jahrhunderts wurden auch Malerdörfer für die Ikonenproduktion bedeutsam. Mochten sich auch die Schaffensorte ändern, die Technik blieb über Jahrhunderte unverändert. Ein Holzbrett wurde innen ein wenig vertieft und mit Leim grundiert, auf den man dann eine Stoffschicht und eine Kreideschicht auftrug. Diese wurde geglättet und poliert, sodass die nur dünn aufgetragenen Temperafarben das Kerzenlicht reflektierten. Die Ikonen wurden in mehreren Schichten von dunkleren zu helleren Farben gemalt. Das Inkarnat – Hände, Füße und Gesichter – entstand als letztes, bevor ein schützender Firnis aus Öl aufgetragen wurde. Ihre beste optische Wirkung erreichen Ikonen im durch Kerzenlicht erleuchteten Kirchenraum – dem Ort, in dem auch ihre mystische Transzendenz zuhause ist.

✤ *Die meisten Ikonen sind Werke unbekannter Künstler, denn die Mönche, die sie über Jahrhunderte malten, sahen sich als Werkzeug Gottes und signierten ihre Bilder nicht. Eine Ausnahme ist Andrej Rublev (1370–1430), der seine berühmteste Ikone »Dreifaltigkeit« für das Troize-Sergiev-Kloster schuf.*

die Protestanten und den Deutschen Orden. Die eisfreien baltischen Häfen der Ostsee lockten die Russen ebenso wie das kultivierte Land, das sich leicht in Güter für den Dienstadel aufteilen ließ. So folgte Ivan IV. seinem Großvater und griff 1558 den weitaus schwächsten Gegner in der Region an, den Deutschen Orden in Livland.

Narva und Dorpat fielen noch im selben Jahr in russische Hand, und im August 1560 wurde nach vorangehenden verheerenden Zerstörungen in der Schlacht bei Ermes die militärische Widerstandskraft des Deutschen Ordens endgültig gebrochen. Das Ordensland löste sich in der Folge auf, doch keines seiner Teile unterwarf sich dem russischen Zaren. Livland unterstellte sich lieber dem polnischen, Estland dem schwedischen König.

Kurland wurde als polnischer Vasall ein weltliches Herzogtum, und die Insel Ösel fiel an Herzog Magnus von Holstein, den Bruder des dänischen Königs. Riga und Reval, die beiden wichtigen Hafen- und Handelsstädte, hatte Ivan IV. nicht erobern können, und so hatte er einen Pyrrhussieg errungen, der ihn ab 1561 zu erschöpfenden Auseinandersetzungen mit seinen Nachbarn Polen-Litauen und Schweden zwang.

Ivan IV. kam nicht umhin, seine Ziele weiter zu stecken. 1563 eroberte er das litauische Polock, versäumte es aber, 1566 ein polnisches Friedensangebot anzunehmen, was sich mit der Zeit gegen ihn wendete. Zwar konnte er in den folgenden Jahren noch einige Erfolge in Livland und Litauen erzielen, aber keiner war von Dauer. Auch gelang es ihm nicht, einen eisfreien Ostseehafen für Russland zu gewinnen. Während die Moskauer Armee im Westen gebunden war und im Landesinneren der *opričnina*-Terror tobte, fielen von Südosten her die Krimtataren im Verbund mit den Türken nach Astrachan ein. 1571 legten sie Moskau in Schutt und Asche. 1579 hatte das Schlachtenglück die Russen an den westlichen Fronten endgültig verlassen, und Polen eroberte nach und nach Polock, Velikie Luki und schließlich Pskov zurück. Die Schweden holten sich Estland zurück und besetzten Ingermanland. 1582 musste Ivan IV. einen Waffenstillstand mit Polen-Litauen schließen und alle Eroberungen in Livland und Litauen herausgeben. 1583 folgte der Waffenstillstand mit Schweden, der Russland neben Estland auch die russischen Städte am Finnischen Meerbusen kostete und damit jeglichen Zugang zum Meer. So scheiterte Ivan IV. mit seiner Eroberungspolitik im Westen auf ganzer Linie.

✤ Auf der Suche nach Salz und Pelzen ziehen Kosakenverbände unter Ataman Ermak 1581 nach Sibirien. Auf dem 1895 vollendeten Gemälde Vassilij Surikovs kämpfen sie gegen die Truppen des Chans Kutschum am Ufer des Irtyš.

Die Kosaken erobern Sibirien für den Zaren

Zu gleicher Zeit begann sich das Moskauer Reich in Richtung Osten auszudehnen und damit die Basis zu schaffen, auf der die russische Macht dann jahrhundertelang ruhte. Auf Initiative der Familie Stroganov zogen Kosakenverbände unter Ataman Ermak Timofeev auf der Suche nach Salz und Pelzen über den Ural hinweg immer tiefer nach Sibirien hinein und konnten 1582 die Hauptstadt des Chanats Sibir', Isker, erobern und dieses so für den russischen Zaren gewinnen. Damit öffnete sich das Tor nach Sibirien, und in den folgenden sechs Jahrzehnten drangen russische Kosakenverbände bis an die Küste des Pazifiks vor. Quer durch das Land errichteten sie im Namen des russischen Zaren Forts als Stützpunkte, von denen aus Tribut – meistens in Form edler Pelze – von den einheimischen Völkern eingefordert wurde. Als erste russische Festungen entstanden 1585 Ufa und Tjumen', 1587 Tobolsk, 1592 Pelym, 1594 Surgut und Tara, 1596 Naryt. Mit der Gründung von Tomsk 1604 sicherten die Russen ihre Herrschaft in Westsibirien nachhaltig und öffneten den sibirischen Raum immer weiter für das Zarenreich. Dessen westliches Zentrum litt unterdessen an den Folgen der desolaten Innenpolitik des ersten russischen Zaren.

Zeit der Wirren, innere Krisen und nationale Befreiung

Dem übermächtigen Tyrannen folgte 1584 sein geistesschwacher Sohn Fedor Ivanovič auf den russischen Zarenthron. Obwohl zu selbstständigem Handeln nicht in der Lage, war er mit Irina Fedorovna Godunova verheiratet worden. Deren Bruder Boris Godunov war es zu verdanken, dass bei Hofe der Mantel der Diskretion über die physischen und psychischen Mängel des Herrschers gebreitet wurde. Nur ab und zu drangen Vermutungen oder Gerüchte nach außen.

Boris Godunov setzte sich als Schwager des Zaren 1587 als offizieller Regent durch und verwaltete damit ein wahrlich nicht leichtes Erbe. Tatsächlich hat Russland Boris Godunov mehr zu verdanken, als ihm die Geschichtsschreibung lange zugestehen wollte. Das zerrüttete Staatswesen vor dem sofortigen Zerfall zu bewahren und es unbeschadet über zwei weitere Jahrzehnte zu bringen, war allein schon eine große Leistung. 1595 gelang es dem Regenten Godunov sogar, den Schweden die Küstenlandschaften am Finnischen Meerbusen wieder abzunehmen, die Ivan IV. an sie verloren hatte. So lag es nahe, dass Boris Godunov nach dem Tod Fedors 1598 ohne ernsthaften Widerstand vom *zemskij sobor,* der Landesversammlung, die sich aus allen Teilen der Bevölkerung zusammensetzte und in Moskau zusammentrat, zum neuen Zaren gewählt wurde. Trotzdem blieb die Herrschaft Godunovs immer anfechtbar. Der 1552 geborene Godunov entstammte einer nicht besonders begüterten Familie angeblich tatarischer Herkunft. Erst 1582 wurde er in den Rang eines Bojaren erhoben und rückte so in die unmittelbare Nähe des Thrones. Damit blieb er für die alten Bojarengeschlechter ein Emporkömmling, dazu noch mit dem Makel behaftet, in der *opričnina* Ivans IV. Karriere gemacht zu haben. So versuchten verschiedene Machtprätendenten immer wieder, Boris Godunov zu verdrängen. Allerdings verliefen diese Machtkämpfe eher unauffällig und unblutig. Godunov war bereits mächtig genug, um sich der meisten Intrigen zu erwehren. Im Gegensatz zu Ivan IV. schaltete er seine Gegner aber nicht physisch aus, sondern verbannte sie lediglich. So konnten diese ihre Intrigen über Jahre hinweg im Verborgenen weiterspinnen, und als Godunov am 14. April 1605 unerwartet an einem Blutsturz starb, waren sie wieder zur Stelle, um eine Fortsetzung der Godunov-Dynastie zu verhindern. Schon wenige Wochen später ließen sie Boris Godunovs einzigen Sohn Fedor Borisovič ohne zu zögern töten und gaben damit das Reich immer neuen Wirren und Machtkämpfen preis.

✤ *Die Schweden attackieren, der Kreml brennt. Der Entwurf des Bühnenvorhangs von 1938 für Aleksandr Puškins Tragödie »Boris Godunov« zeigt die dunklen Zeiten des Moskauer Reiches nach dem Tod Ivans des Schrecklichen.*

Die kurze Herrschaft des falschen Dimitrijs

Eines der Werkzeuge bei diesen Machtkämpfen war die wieder auflebende Legende, dass Dimitrij, der jüngste Sohn Ivans IV. aus seiner letzten, kirchlich nicht anerkannten Ehe, der 1592 als Achtjähriger bei einem epileptischen Anfall ums Leben gekommen sein soll, gar nicht tot war. 1601 gelang es einem jungen Mann namens Grigorij Otrep'ev, dank dieser Legende den Eindruck zu erwecken, er sei der tot geglaubte Sohn Ivans IV. Binnen kurzem hatte der junge »Pseudodemitrius« – unter diesem Namen ging er in die Geschichte ein – nicht nur den polnischen König dazu gebracht, ihn anzuerkennen, sondern auch die politische Opposition gegen Zar Boris in Russland auf seine Seite gezogen. Zu reizvoll war die Vorstellung für Godunovs Gegner, mit diesem auch noch so zweifelhaften Zarensohn Einfluss und Macht in Russland für sich zu gewinnen. Während König Sigismund III. von Polen neben Macht- und Landgewinn eine katholische Missionierung des Landes anstrebte, drängten die russischen Adligen an Otrep'evs Seite auf eine Rückkehr ins Zentrum der russischen Macht. Aber auch das russische Volk folgte »Pseudodemitrius«: Die Vorstellung, das geheiligte Geschlecht der Rjurikiden sei ausgestorben, war zu schwer zu ertragen. Das ebenso gläubige wie abergläubische Volk fing bereits an, die vielen Hungersnöte und Erschütterungen im sozialen Gefüge Russlands als Gottes Verärgerung darüber zu deuten, dass der neue Mann an der Spitze des Reiches nicht von Gottes Gnaden sei.

So gelang es dem falschen Dimitrij, ein Heer aufzustellen, mit dem er im Sommer 1604 gen Moskau zog. Bis zum Dezember 1604 war es auf gut 15 000 Mann angewachsen – auch polnische Abenteurer und Dnepr-Kosaken waren dabei –, als Dmitrij die gut dreimal so große Armee von Zar Boris am 21. Dezember 1604 in die Flucht schlug. Doch bevor die entscheidende Machtprobe zwischen dem russischen Zaren und »Pseudodemitrius« ausgefochten werden konnte, starb Godunov. Zehn Tage nach der Ermordung von Godunovs Sohn Fedor zog Dimitrij in Moskau ein.

Doch der neue Zar ging zu leichtfertig mit den Traditionen am Zarenhof um, zu offen missachtete er dessen Rituale. Kein Jahr verging, da waren schon alle Vorschusslorbeeren aufgebraucht und Dimitrijs Macht am Ende. Adel und Volk sahen in ihm einen Katholiken, ein Werkzeug der Polen, einen Betrüger und Verräter. Die Bojaren stachelten Volk und Heer zum Aufstand gegen ihn an. Am 16. Mai 1606 wurden die polnischen Pany, Edelmänner, die sich am Zarenhof aufhielten, vehement angegriffen. Etwa fünfhundert Menschen ließen dabei wohl ihr Leben. Am 17. Mai starb »Pseudodemetrius« selbst auf der Flucht aus dem Kreml, schwer verletzt durch Gewehrschüsse.

Das Reich versinkt im Chaos

Das Auftauchen dieses vermeintlichen Zarevič hatte die *smuta,* die Zeit der politischen, wirtschaftlichen und sozialen Wirren, ausgelöst. Mit seinem Tod kam Russland aber keineswegs zur Ruhe, sondern verstrickte sich noch tiefer in innere Kämpfe um Macht und Krone, die sich in Aufruhr, Rebellion und Zerstörung äußerten. Hunger und Pest quälten die Bevölkerung, die Bauern flohen von ihrer Scholle, an die sie immer fester gebunden werden sollten. Auf den Zarenthron folgte dem falschen Dimitrij Vasilij Šujskij, der sich aber auch nur vier Jahre hielt. Während dieser Zeit tobten Kämpfe im Land, und mehrere vermeintliche Zarensöhne tauchten auf und versuchten den Moskauer Zarenthron für sich zu beanspruchen – unter ihnen ein weiterer angeblicher Zarevič Dmitrij. Aber keiner von ihnen gelangte auch nur ansatzweise so weit wie der erste »Pseudodemetrius«, obwohl gerade der zweite falsche Dimitrij beachtliche Unterstützung und einige militärische Erfolge für sich verbuchen konnte.

Šujskij sah sich gezwungen, bei den polnischen Nachbarn um Hilfe zu bitten. So schien den Polen ihre Chance gekommen, sich das russische Zarenreich einzuverleiben. Das polnische Heer marschierte auf Moskau zu. Das kostete Šujskij die Zarenkrone. Seine Gegner setzten ihn 1610 ab und schoren ihn zwangs-

Das ungelöste Rätsel: Das Gemälde Ilja Glasunovs von 1967 basiert auf der Legende, dass der jüngste Sohn Ivans, Zarevič Dimitrij, von Boris Godunov ermordert wurde.

weise zum Mönch – die sicherste Methode, ihn und seine Kinder von jeglichem Anspruch auf den russischen Thron auszuschließen. So kam zur allgemeinen Anarchie noch das Interregnum und markierte den Höhepunkt der *smuta*. Eine schnelle und zuverlässige Lösung musste her. Ein Bojarenrat und ein eilig einberufener *zemskij sobor* wählten aus der Not heraus den Sohn des polnischen Königs Sigismund III., Władisław, unter zuvor vertraglich festgelegten Bedingungen zum russischen Zaren. Unabdingbare Voraussetzung blieb natürlich die Wahrung der Orthodoxie. Doch Władisław bestieg den russischen Thron nie, da sein Vater plötz-

✤ *Die Zeit der Wirren: Auf diesem Holzschnitt ruft Fürst Dmitrij Požarskij 1612 im Kreml zum Aufstand gegen die polnischen Besatzer auf. Heute schmückt das Denkmal für Kusma Minin und Dmitrij Požarskij, die beiden Anführer des Volksaufstandes, den Roten Platz in Moskau.*

lich seine Meinung änderte und lieber selbst russischer Zar werden und den Moskauer Staat mit dem polnisch-litauischen in Personalunion vereinigen wollte. Ein Übertritt zur Orthodoxie war vom polnischen König nicht zu erwarten, und ein nicht rechtgläubiger Zar überstieg sogar die kühnsten Phantasien der russischen Befürworter eines polnisch-russischen Zusammenrückens. Aber es kam noch schlimmer: Statt selbst nach Moskau zu kommen und sich zum Zaren krönen zu lassen, beauftragte Sigismund III. den Befehlshaber der polnischen Truppen in Moskau mit der Bildung eines dem König gefügigen Regierungsapparats. Das Ergebnis war eine rücksichtslose Militärdiktatur, die bei den Russen endgültig das Gefühl der nationalen Demütigung entfachte. Die verschiedenen russischen Interessengruppen fanden zusammen und drängten vom Frühjahr 1611 an mit vereinten Kräften die polnischen Besatzer aus dem Land. Im Oktober 1612 kapitulierten die übrig gebliebenen Polen im Moskauer Kreml.

✤ *Am 21. Februar 1613 wird Michail Romanov – hier auf dem zeitgenössischen Kupferstich von Baltazar Moncornet – zum neuen Zaren von ganz Russland gewählt. Es ist die Geburtsstunde einer neuen Herrscherdynastie: der Romanovs.*

Konsolidierung und Aufstieg der Romanovs

Zugleich machten sich die Russen an die innere Konsolidierung des Staates und schufen neue Regierungs- und Verwaltungsbehörden. Auch ein großer Kriegsrat, der in seiner Zusammensetzung ziemlich genau einem *zemskij sobor* entsprach, wurde einberufen und bildete vorübergehend die eigentliche Staatsmacht. Die exekutive Gewalt hatte ein engerer Kriegsrat inne, der sich formal am Vorbild der Bojarenduma aus den Zeiten der Kiever Rus orientierte. Dem *zemskij sobor* oblag es schließlich auch, am 21. Februar 1613 den damals erst sechszehnjährigen Michail Fedorovič Romanov zum neuen Zaren von ganz Russland zu wählen und damit eine ganz neue Herrscherdynastie aus der Wiege zu heben.

Über dreißig Jahre regierte Michail Fedorovič Russland und sorgte neben herrschaftlicher Kontinuität trotz immer wieder aufkommender sozialer Unruhen für eine gewisse gesellschaftliche Konsolidierung im Sinne altrussischer Vorstellungen. Doch nur sehr langsam erholte sich das Zarenreich von den zerstörerischen Rückschlägen, die der Krönung Ivans IV. zum ersten Zaren von ganz Russland und seinen mutigen und wegweisenden Reformen gefolgt waren.

Von der Peter-und-Pauls-Festung bis zum Winterpalalais – Aleksej Bogoljubovs »Schlittenfahrt auf der Neva« von 1854.

Die Geburt des Petersburger Imperiums

1689–1725

Kein Zar, kein Feldherr und kein Untertan hat das Russische Reich stärker verändert als Peter der Große. Der vor Energie strotzende, ausgesprochen intelligente und handwerklich begabte Zar unterzog sein Reich einer kulturellen Rosskur, die es noch Jahrhunderte später zu verarbeiten hatte. Zugleich machte er es damit zu einer allseits anerkannten europäischen Großmacht und eröffnete Russland völlig neue historische Perspektiven.

Peter der Grosse als Persönlichkeit

Knappe 150 Jahre, nachdem Ivan IV. zum Zaren aller Reußen gekrönt worden war, rief man Peter I. auf dem Höhepunkt seiner Macht zum »Vater des Vaterlandes« aus, nannte ihn Peter den Großen und »Imperator von ganz Russland«. Zu diesem Zeitpunkt, am 20. Oktober 1721, war er bereits fast vierzig Jahre russischer Zar und stand nach dem Abschluss des Friedens von Nystad im Zenit seiner Macht. Dass aber ausgerechnet er sich zu jenem Reformer entwickelte, der Russland zum gewaltigsten Entwicklungsschub in seiner Geschichte verhalf, war ihm nicht in die Wiege gelegt worden.

Peter war der jüngste Sohn Zar Alexejs und dessen junger zweiter Ehefrau Natalija Kirilovna Naryškina. Als er im Mai 1672 geboren wurde, standen noch zwei seiner Halbbrüder vor ihm in der Thronfolge, Fedor und Ivan. Allerdings waren beide kränklich und schwach, sodass nach dem Tod Zar Alexejs im Januar 1676 nur sechs Jahre vergingen, bis der zehnjährige Peter zusammen mit seinem Halbbruder Ivan zum Zaren gekrönt wurde. Allerdings entsprach seine Erziehung nicht im Geringsten der traditionellen Erziehung der Zarenkinder. Nach dem Tod des Vaters entbrannte ein Machtkampf um die Regentschaft für die beiden frisch gekrönten jungen Zaren. Er gipfelte in einem Aufstand der Strelitzen, bei dem viele Mitglieder der Familie Naryškin vor den Augen des jungen Peters getötet wurden. Aus Angst um ihr Leben und das ihres Sohnes verließ Zarenwitwe Natalija Naryškina Moskau und ließ sich mit Peter in Preobraženskoe nieder, einem Dorf unweit Moskaus. Die dortigen Lehrer des jungen Zaren waren nur mäßig gebildet, und der Einfluss auf ihren Schüler war gering. So war Peters Jugend von großer Freiheit geprägt, die er ausgesprochen kreativ zu nutzen verstand. Der ungewöhnlich große und kräftige Junge trieb sich mit den Bauernsöhnen der benachbarten Dörfer herum und in der nahegelegenen Moskauer Ausländervorstadt, *nemeckaja sloboda,* und entwickelte beachtliche handwerkliche Fähigkeiten.

Er soll vierzehn verschiedene Handwerke beherrscht haben, ohne dass sie eigens gefördert worden wären. Neben dem Handwerklichen zeigte Peter I. starkes Interesse für alles Militärische. Aus seinen bäuerlichen Spielkameraden, Stallknechten und Söhnen niederer Hofangestellter stellte er zwei Spielbataillone von insgesamt sechshundert Mann zusammen, die er täglich einem strengen militärischen Drill unterwarf und mit denen er schon bald richtige Manöver abhielt, bei denen es durchaus zu realen Verlusten kam. Später erweiterte er diese Bataillone zu Regimentern, die Teil der zarischen Garde wurden. Zunächst allerdings dienten ihm seine einstigen Spielkameraden als praktische Hilfe beim Erlernen des Kriegshandwerks. Aber nicht nur zu Land, auch zur See wollte Peter kämpfen können. Hier verband sich sein handwerkliches Geschick vortrefflich mit seinem militärischen Interesse. Auf einem See nördlich von Moskau ließ der junge Zar aus verschiedenen zusammengetragenen und reparierten Booten seine erste Flotte entstehen, wenn auch vorerst nur für Manöverspiele.

✤ Niemand hat Russland mehr geprägt als Peter I.: Jean Marc Nattier malte das Porträt des Zaren, der Russland nach westeuropäischem Muster radikal umformte, 1717 zu Lebzeiten Peters des Großen.

Maßlos in allem, auch in der Wissbegier

Gut sieben Jahre währte die große Freiheit. Während dieser Zeit schloss Peter Freundschaft mit zwei Männern, die ihm dann über Jahre treu zur Seite standen. Der eine war der Schotte Patrick Gordon, der andere der Schweizer François Lefort. Beide dienten als Offiziere in der russischen Armee und lebten in der *nemeckaja sloboda*. Gordon, der sich bis zum General hochgedient hatte und 37 Jahre älter als Peter war, war ein hervorragender Gesellschafter und führte ein gastfreundliches Haus, in dem der Zar zu den verschiedensten Vergnügungen ein und aus ging. Lefort hingegen hatte seine Karriere eher seinem Charme und seiner Eleganz zu verdanken als militärischen Fähigkeiten. Für das Militär völlig ungeeignet, führte der Genfer Kaufmannssohn Peter in die Welt der Sinneslust ein. Trotzdem ernannte ihn der Zar später zum Admiral der russischen Flotte. Dem russischen Hochadel um Peters Halbschwester Sofija, welche die Regentschaft für ihre beiden minderjährigen Brüder innehatte, missfiel allerdings der Kontakt des Zaren zu den Ausländern, sein ausschweifendes Leben und sein respektloser Umgang mit den russischen Traditionen.

Peter I. war ein Mann der Extreme, und er scheute sich nicht, diese auszuleben. Schon seine Körpergröße von ungefähr zwei Metern war für die damalige Zeit außergewöhnlich. Dabei hatte er einen auffallend kleinen Kopf, schmale Schultern und nahezu dünne Beine. Mit diesen soll er aber so gewaltige Schritte gemacht haben, dass seine Begleiter nur schwer mithalten konnten. Auch sonst hielt Peter kaum still. Ständig wechselte er sein Standbein, und eine starke Neigung zu Krämpfen führte dazu, dass ihm häufig Hände, Arme und Schultern zuckten, sein Kinn wackelte und seine Augen

✤ Bei einer Körpergröße von zwei Metern hatte Peter einen auffallend kleinen Kopf, schmale Schultern und dünne Beine. Mit diesen machte er aber so gewaltige Schritte, dass seine Begleiter kaum mithalten konnten – so stellt es auch der Maler Valentin Serov 1907 dar.

Wirtschaftsimmigranten im Zarenreich

Spätestens seit Peter dem Großen war das Zarenreich ein bekanntes und auch attraktives Ziel für Menschen aus dem westlichen Europa, die sich eine neue Existenz aufbauen wollten oder mussten. Unter Peter I. wuchs der Bedarf an hoch qualifizierten Handwerkern und anderen Fachleuten enorm. Für seine großen Bauprojekte – die Flotte und vor allem die neue Hauptstadt St. Petersburg – benötigte der Zar Handwerker aller Art. Auch ausländische Offiziere waren gefragt, da Peter seine Armee nach westlichen Vorbildern formen wollte. Schon gut hundert Jahre vor Peter I. hatte sich Russland jedoch gegenüber dem Westen geöffnet. Bereits unter Ivan III. kamen Architekten, Ingenieure, Glockengießer, Hüttenmeister und Mediziner ins Moskauer Reich. Ivan IV. setzte diesen Trend fort und ließ über Gesandte gezielt weitere Ärzte und Apotheker, auch Juristen, Zimmerleute, Bergleute, Steinmetzen, Braumeister und Schmiede für seine Dienste anwerben. Bald folgten Tucharbeiter, Uhrmacher und Juweliere. Zusammen mit Offizieren und Kaufleuten – häufig Engländer oder Niederländer – lebten sie als privilegierte Gäste, *gosti,* in der *nemeckaja sloboda,* der Moskauer Vorstadt für Ausländer. In Russland, das keine Zunftzwänge kannte und auch keine ausgeprägte Handwerkerschaft hatte, boten sich diesen »Gastarbeitern« gute Arbeitsbedingungen bei geringer einheimischer Konkurrenz. Doch blieben die Ausländer meist unter sich, zumal weder die Zaren noch die Russisch-Orthodoxe Kirche eine starke Vermischung mit der einheimischen Bevölkerung wollten. Einigen gelang trotzdem der Einstieg in die russische Gesellschaft, wenige bekleideten sogar höchste Ämter im Zarenreich und wurden geadelt.

Der berühmteste Aufsteiger unter diesen Ausländern war Heinrich Ostermann. Er wurde 1687 als jüngster Sohn eines lutherischen Pfarrers in Bochum geboren, besuchte das Gymnasium und studierte anschließend in Jena, wo sein Leben am Abend des 4. Mai 1703 im Universitätswirtshaus »Zur Rose« eine entscheidende Wende nahm: Volltrunken erstach Ostermann einen Kommilitonen. Er flüchtete nach Amsterdam, heuerte dort als Untersteuermann bei der russischen Flotte an und gelangte so ins Zarenreich. Ostermann lernte Russisch und begann seine Karriere in der Petersburger Gesandtenkanzlei. Jahrelang war er in wichtigen Missionen unterwegs und 1721 maßgeblich am Frieden von Nystad beteiligt. 1723 wurde Ostermann Vizepräsident des Kollegiums der Auswärtigen Angelegenheiten und als solcher ab 1725 auch Vizekanzler. 1726 wurde er Mitglied des Obersten Geheimen Rates, *verchovnyj tajnyj sovet,* und 1740/41 war er faktisch Regent des Reiches. In mehr als drei Jahrzehnten diente Ostermann vier Zaren, wurde in den Grafenstand erhoben und heiratete eine hochadlige Russin. Sein neues Leben verlief sehr günstig für ihn, bis er 1741 durch die Machtergreifung der Zarin Elisabeth in Ungnade fiel und nach Sibirien verbannt wurde, wo er 1747 starb.

Die meisten Wirtschaftsimmigranten, die aus dem Westen ins Zarenreich kamen, lebten ein weitaus weniger spektakuläres Leben. Eine der ältesten Gruppen waren die der über 30 000 Wolgadeutschen, die 1764–74 unter Katharina II. in den Gouvernements Saratov und Samara angesiedelt wurden. Die Zarin hatte zwei Manifeste erlassen, die ausländischen Kolonisten Land, ein Handgeld und Kredite in Aussicht stellten, ihnen auf dreißig Jahre allen Steuern und Auflagen erließen und sie unbefristet vom Militärdienst freistellten. Außerdem wurde freie Religionsausübung nach ihren Satzungen und Gebräuchen erlaubt. Viele Bauern – vor allem aus dem überbevölkerten Südwestdeutschland – emigrierten daraufhin nach Russland. Seit den 1780er Jahren ließen sich aus Westpreußen eingewanderte Mennoniten am unteren Dnepr nieder.

Die Siedlerströme aus dem Westen und von Christen aus dem Osmanischen Reich hielten jahrzehntelang unvermindert an, bis man 1819 unter Alexander I. die offizielle Berufung von Kolonisten einstellte. Doch weiterhin blieben die Kolonisten rechtlich und sozial privilegiert und damit wirtschaftlich deutlich besser gestellt und entsprechend erfolgreicher als russische Bauern. Als Vorbilder – wie ursprünglich von Katharina II.

✤ *In der* nemeckaja sloboda, *der Moskauer Vorstadt für Ausländer, leben Ärzte, Handwerker, Juristen und Kaufleute aus Europa – dort steht auch der Palast des Schweizer Generals François Lefort, in dem oft Feste gefeiert werden. Ein häufiger Gast ist Leforts Freund, Zar Peter der Große.*

erhofft – wirkten sie auf die russischen Bauern allerdings kaum, nicht zuletzt deshalb, weil die unterschiedlichen Konfessionen schwer überwindbare Schranken darstellten und eine tief greifende Integration der meisten Immigranten lange ausblieb. Nicht zu bezweifeln ist jedoch, dass die russische Gesellschaft – vor allem ihre Eliten – von Migranten und ihren Nachfahren durchsetzt war, von denen sehr viele überaus erfolgreiche Karrieren machten und mancher sich große Verdienste um das Russische Reich und die russische Kultur erwarb. Ein prominentes Beispiel ist etwa Vladimir Dal', Sohn eines dänischen Arztes, der das erste russische Wörterbuch schuf, das bis heute ein Standardwerk ist.

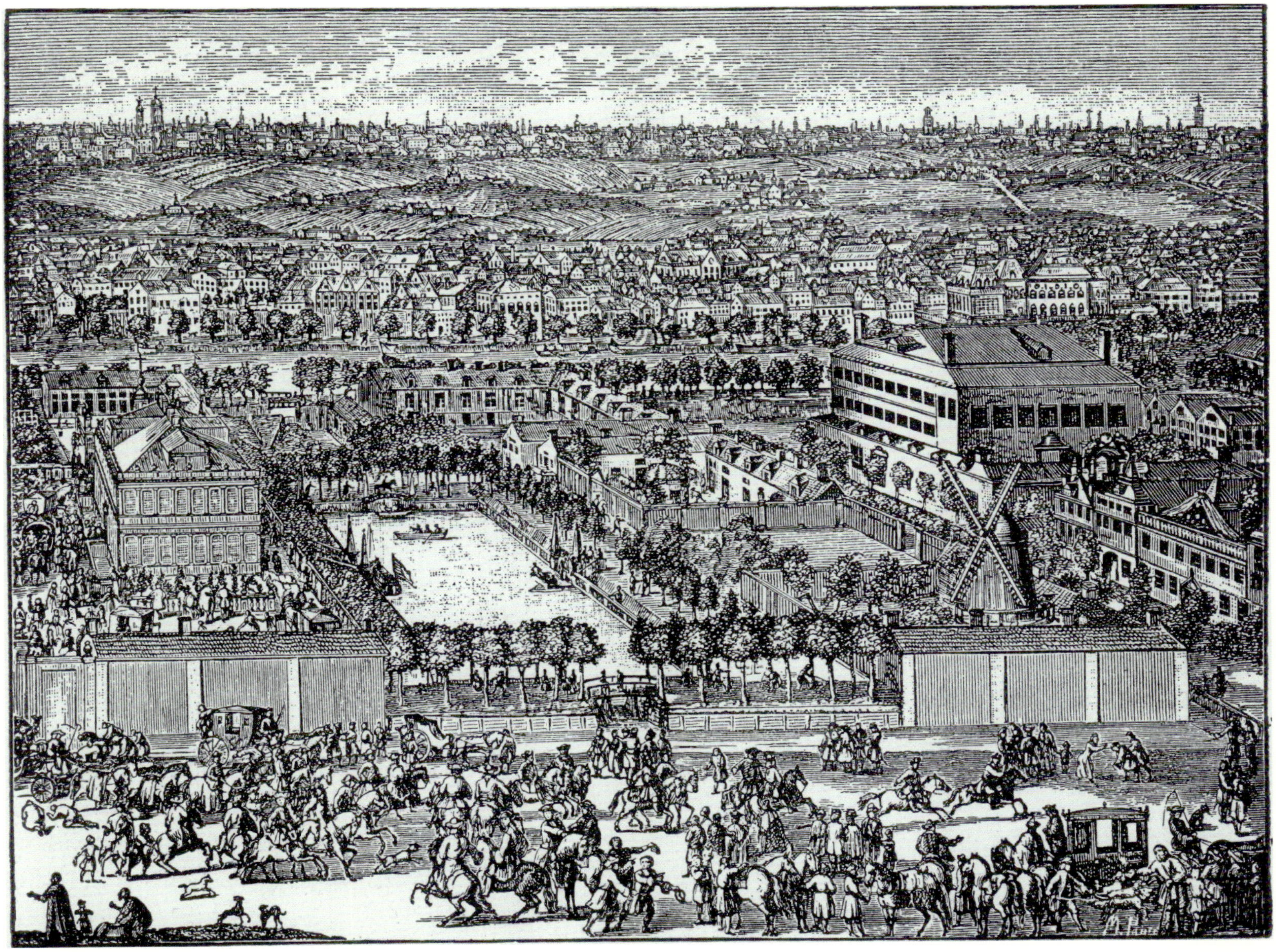

✤ *Maßlose Wissbegier, großer Tatendrang: In Amsterdam studiert Peter den Schiffbau, um später in Russland eine eigene Flotte zu errichten – Radierung von Christian Gottlieb Geyser.*

zwinkerten oder sich gar verdrehten. So konnte sein Gesicht schnell einer Grimasse gleichen. Am liebsten soll er im Stehen oder im Gehen gegessen haben, trinken konnte er maßlos und tat es häufig. Auch sollen seine amourösen Abenteuer eine außergewöhnliche Quantität erreicht haben. Selbst die Heirat mit Evdokija Fedorovna Lopuchina im Januar 1689, die seine Mutter arrangiert hatte, um Peter zur Raison zu bringen, änderte nichts an seinem ausschweifenden Leben.

Maßlos waren auch seine Wissbegier und sein Tatendrang. Wissenschaft und Technik faszinierten Peter, jedes Handwerk wollte er erlernen und ruhte nicht, bis er es beherrschte. In der *nemeckaja sloboda* lernte er neue, dem traditionellen Russland völlig fremde Fertigkeiten und Lebenswelten kennen, die ihn nur kurze Zeit, nachdem er 1696 mit vierundzwanzig Jahren alleiniger Zar geworden war, zu seiner berühmten Reise ins westliche Europa anregten. Doch zuvor hatte sich Peter noch als Zar und oberster Feldherr zu bewähren.

Die Eroberung von Asov

Bündnisverpflichtungen gegenüber Polen und Kaiser Leopold I. drängten das Zarenreich 1694 zu einem Krieg gegen die Türken. Von seinem Freund Gordon beraten und unterstützt, traf Peter die Vorbereitungen und führte 1695 seinen Hauptschlag gegen die an der Mündung des Don gelegene türkische Festung Asov. Gordon, Lefort und Artamon Michailovič Golovin führten die Armee. Ihre Angriffe scheiterten. Die als uneinnehmbar geltende Festung hielt den russischen Attacken stand. Viele Soldaten und Offiziere aus der nächsten Umgebung des Zaren fanden den Tod. Anfang Oktober 1695 befahl Peter schließlich den Rückzug. Russland hatte unter ihm seinen ersten spürbaren außenpolitischen Misserfolg.

Doch der Zar verzagte nicht, analysierte vielmehr den Feldzug und zog Konsequenzen, damit sich so ein Debakel nicht wiederholte. Für einen erneuten Angriff im nächsten Frühjahr übertrug Peter den Oberbefehl dem erfahrenen Bojaren Aleksej Semenovič Šeïn. Auch erbat er hervorragende Mineure vom Kaiser und vom brandenburgischen Kurfürsten, welche die Festungsmauern zielgenau in die Luft jagen sollten. Vor allem aber brauchte der Zar eine Flotte, mit der er die Türken von der Seeseite her angreifen konnte. In nur einem Winter ließ Peter I. sie in der Werft von Voroneš bauen und legte dabei selbst tatkräftig Hand an. Im Mai 1696 waren 29 Galeeren und über tausend Barken fertiggestellt. Doch der Zar hatte im Sommer 1694, den er in Archangelsk mit dem Erlernen des Schiffbaus verbrachte, genug gelernt, um zu wissen, dass seine aus frischem, noch arbeitendem Holz gezimmerten Schiffe nicht ausreichend seetüchtig waren, um allein zum Angriff gegen Asov geschickt zu werden. So benutzte er sie auf seinem zweiten Feldzug im Sommer 1696 lediglich als Blockade und ließ sich von kosakischen Piraten unterstützen, deren kleine, wendige Boote im Schutz von Peters Flotte Angriffe gegen die türkischen

Reihen fuhren. Buchstäblich durchschlagenden Erfolg hatten die ausländischen Mineure. Die Stadt kapitulierte am 18. Juli 1696.

Peter I. hatte die angeblich uneinnehmbare Festung an den Ufern des Schwarzen Meeres bezwungen, und zwar mit Hilfe genau jener Neuerungen, denen das alte Moskau so kritisch gegenüberstand – mit ausländischen Spezialisten für moderne Kriegstechnik und mit seiner neuen Flotte. Verwundert nahm man Peters Sieg auch im Ausland zur Kenntnis, wenn auch nicht unbedingt wohlwollend. Vom polnischen Hof hörte man: »Wären die Russen doch lieber zu Hause geblieben, das hätte uns keinen Schaden gebracht; nun aber, da sie Schliff erworben und Blut gerochen haben – Gott behüte, was daraus noch werden mag!«

Peter bricht mit den Traditionen

In Russland aber jubelte man dem heimkehrenden Sieger zu. Peter I. nutzte die ihm von allen Seiten entgegengebrachte Sympathie und leitete umgehend Maßnahmen zur entscheidenden Erhöhung der militärischen Stärke und Schlagkraft Russlands ein. Er ließ die neue Flotte erweitern und die Kosten dafür die weltlichen und geistlichen Grundbesitzer, die Bauern und Städter tragen. Dann schickte er im Januar 1697 eine große Abordnung junger Adliger auf deren eigene Kosten ins westliche Ausland, um dort eingehend den Schiffbau und verwandte Techniken zu erlernen. Keiner von ihnen durfte es wagen, ohne Zeugnisse der ausländischen Lehrherren nach Russland zurückzukehren.

Zwei Monate später brach der Zar inkognito selbst auf zu seiner großen Reise, die anderthalb Jahre dauerte und eine europäische Sensation wurde. Mit der Begeisterung eines Kindes eignete sich Peter an den verschiedenen Stationen so viel Wissen und Fähigkeiten an, wie er nur konnte. Schiffbau, Festungsbau, Flottenmanöver, Medizin, Naturwissenschaft und auch Bergbau gehörten dazu.

Die parlamentarische Regierungsform, wie sie in den Niederlanden oder in Großbritannien praktiziert wurde, interessierte ihn dagegen weniger. Auch Bündnispartner gegen die Türken konnte er nicht verpflichten. Dafür kehrte er mit der Vision von einem zu erschaffenden modernen Russland nach Moskau zurück. Ganz seinem Charakter entsprechend, der weder Geduld noch Mäßigung kannte, befahl er, kaum zu Hause eingetroffen, die ersten durchgreifenden Veränderungen und Maßnahmen: Der Adel und die Städter hatten ihre Bärte abzuschneiden und die langen Kaftane zu kürzen. Als nächstes beendete er die faktisch schon lange nicht mehr bestehende Ehe mit der ungeliebten Gattin Evdokija, schickte sie in ein Susdaler Kloster und zwang sie, den Schleier zu nehmen.

27

✤ *Peters Untertanen sollen sich von nun an europäisch kleiden. Auf dieser Zeichnung eines unbekannten Malers schneidet der Zar einem Bojaren eigenhändig den langen Bart ab.*

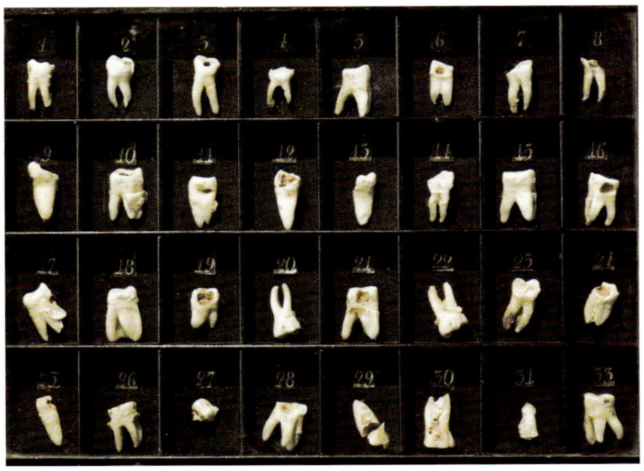

✤ *Auch die Zahnmedizin eignete sich Peter an – diese Zähne hat er selbst gezogen. Heute sind sie in der »Kunstkammer« in St. Petersburg zu sehen.*

✤ *Nach seiner Rückkehr aus Westeuropa 1698 ließ Peter I. die ihm verhassten Strelitzen hinrichten – insgesamt mehr als tausend. Auf seinem Gemälde von 1879 zeigte Vasilij Surikov den Richtplatz vor den Kremltoren in Moskau.*

Danach wandte er sich gegen die rebellierenden Strelitzen. Jene einstige Leibwache war dem Zaren seit dem Massaker von 1682, das er als Kind hatte mit ansehen müssen, zutiefst verhasst: Er sah in den Strelitzen eine Bedrohung. Nur allzu leicht ließen sie sich von seinen Gegnern gegen ihn mobilisieren, wie etwa von den Anhängern seiner Halbschwester Sofija, der vormaligen Regentin, die Peter ebenfalls ins Kloster gezwungen hatte. Im Oktober 1698 setzte der Zar eine mehrmonatige Vernichtungsaktion gegen die Strelitzen in Gang, die einem Ivan Groznyj würdig war. Tag und Nacht wurde verhört und gefoltert. An die dreißig Scheiterhaufen brannten ständig und für alle sichtbar. Bis zum Februar 1699 wurden über tausend Menschen öffentlich hingerichtet. Damit waren die Strelitzen für immer aus der russischen Geschichte getilgt, und Peter I. hatte der Welt ein weitere Facette seines Charakters vorgeführt: maßlose Grausamkeit.

Der Nordische Krieg

Es ist nicht häufig, dass wirklich große Gestalten die Geschicke eines Reiches bestimmen. Noch seltener ist es, dass zwei unmittelbar aufeinandertreffen und sich auch noch aneinander messen. Peter I. wurde dieses Schicksal mit König Karl XII. von Schweden zuteil. Jener war noch ein Junge, als Peter mit seiner Gesandtschaft durch Europa reiste. Doch im Dezember 1697 bestieg der Fünfzehnjährige, inzwischen vom schwedischen Reichstag für volljährig erklärt, den Thron. Dänemark und Sachsen bemühten sich umgehend, den Zaren für ein Angriffsbündnis gegen den jungen und unerfahrenen König zu gewinnen. Als Beute lockten die schwedischen Ostseeprovinzen Schonen, Livland, Estland, Ingermanland und Schwedisch-Pommern. Für Russland bot sich so der schon lange ersehnte Zugang zur Ostsee. Der kleine und schnelle Krieg jedoch, den die Allianz erwartete, wuchs sich zu einer einundzwanzig Jahre währenden Kampagne aus, die Nord-, Mittel- und Osteuropa mit Schlachten überzog – zum Nordischen Krieg. Denn mit Karl XII. saß ein Genie der Kriegskunst auf dem schwedischen Thron, das seine Nachbarn das Fürchten lehrte und selbst zu einem bewunderten Held seiner Zeit wurde.

✤ Als unerfahren galt der junge Karl XII. von Schweden, als im März 1700 der Nordische Krieg ausbrach. Doch mit seiner brillanten Strategie zwang er einen Feind nach dem anderen zum Frieden – bis er sich an Peter dem Großen in Poltava die Zähne ausbiss.

Für Peter I. war dieser zehn Jahre jüngere König die größte außenpolitische Herausforderung seines Lebens. Schon im Auftakt des Nordischen Krieges im Jahr 1700 verwies Karl XII. seine Gegner in ihre Schranken. Dabei wendete er eine bestechend einfache, jedoch ungemein wirksame Taktik an: Er nahm sie sich nacheinander vor. Zuerst zwang er seinen Cousin Friedrich IV. von Dänemark am 18. August 1700 in den Frieden von Traventhal, mit dem Dänemark aus der gegen Schweden gerichteten Koalition ausscheiden musste. Als nächstes wandte sich Karl XII. den Russen zu, die im August in Estland eingefallen waren und seit September 1700 die Festung Narva belagerten. Dreißigtausend Mann hatte der Zar um Narva zusammengezogen – allerdings hatte die Heeresverwaltung nicht gut für die Truppen vorgesorgt. Es fehlten Versorgungsdepots, und als die Witterung schlecht wurde, brach der Nachschub zusammen. Im November landete Karl XII. mit achttausend Mann in Pernau. Am 19. November 1700 hatte er die Hauptkräfte der russischen Armee mit einer Stärke von zehntausend Soldaten vernichtet oder gefangen genommen. Auch die gesamte russische Artillerie fiel in schwedische Hände.

Peter I. hatte seine Armee kurz vor dem Kampf verlassen. Er soll die Nerven verloren haben. Selbst jedoch rechtfertigte der Zar seine überstürzte Abreise damit, dass er Nachschub holen und sich mit dem polnischen König beraten wollte. Die Schmach war groß. Doch Karl XII., der kühne Draufgänger, beging einen strategischen Fehler, der Peter neuen Aufwind gab: Er ließ die Russen ziehen und wandte sich mit seinem siegreichen Heer gegen Polen. Peter ließ diese glückliche Chance nicht aus und nutzte seine Fähigkeit, aus

✤ Zwar nannte der russische Maler Alexander Sauerweid sein Gemälde »Peter erobert Narva«, doch in Wirklichkeit besiegte in der Schlacht von Narva 1700 eine schwedische Armee von etwa zehntausend Mann die zahlenmäßig überlegene russische Armee.

✤ *Die Schlacht bei Poltava – hier in der Darstellung von Jean Marc Nattier – von 1708 wurde zum Wendepunkt des Nordischen Krieges. Unter dem Andrang der russischen Infanterie und Kavallerie fliehen die Schweden in Panik. In der Folge verliert das Königreich seine Großmachtstellung an der Ostsee.*

Fehlern zu lernen. Er rüstete die russische Armee mit Feuereifer wieder auf. Kirchenglocken wurden zu Geschützen und Kanonenkugeln umgeschmolzen, in Sibirien neue Eisenerzlager erschlossen, ausländische Kredite aufgenommen, die Steuern erhöht und die Rekrutierungen forciert. Bereits am 31. Dezember 1701 schlugen die russischen Truppen die schwedischen Einheiten in der Nähe von Dorpat. Am 11. Oktober 1702 eroberten sie die schwedische Festung Nöteburg, am 1. Mai 1703 die Festung Nyenschanz, und nahmen so den Schweden ihre Provinzen Estland und Livand ab.

Die Gründung St. Petersburgs und die Schlacht bei Poltava

Bald fiel auch die schwedische Festung Nöteburg an der Newa in russische Hand. Unweit davon, im Delta der Newa, gründete Peter am 16. Mai 1703 die künftige Hauptstadt Russlands: St. Petersburg. Damit aber schuf er seinem Reich einen zweiten Kriegsschauplatz, auf dem russische Handwerker, Bauern, Sträflinge und Kriegsgefangene einen zermürbenden Kampf gegen die unwirtliche Natur durchstehen mussten – St. Peters-

burg wurde im Sumpf errichtet. Die Häuser mussten auf Pfähle gebaut werden, und jeder Stein, jeder Sack Mehl musste durch wüstes Gelände von weither herangeschafft werden. Mehr als achtzigtausend Menschen wurden an die Newamündung kommandiert, Tausende kamen dort um: durch Krankheit oder Verletzungen, verhungert, erfroren, ertrunken, erschlagen. So heißt es mit Recht, St. Petersburg sei auf Knochen erbaut. Aber der Zar ließ nicht locker, gab nicht nach. Gnadenlos und gehetzt ließ er die Stadt aufrichten. Baumeister und Handwerker aus Italien, Deutschland, Holland und Frankreich wurden herangeholt, und der Moskauer Adel wurde schließlich zwangsverpflichtet, nach St. Petersburg umzuziehen und sich dort – auf eigene Kosten – prächtige Paläste zu errichten.

Der Nordische Krieg tobte unterdessen weiter. Schweden war keineswegs geschlagen, versuchte vielmehr, die im Bau befindliche Stadt zu zerstören. Doch die russischen Truppen konnten die Angriffe abwehren, ja sogar noch verschiedene schwedische Festungen erobern. Schließlich besiegte Karl XII. im September 1706 August den Starken und konnte seine Streitkräfte somit aus Polen abziehen und wieder voll auf Russland richten. An einen Frieden mit Peter dachte Karl XII. selbst nach dem russischen Sieg in der Schlacht bei Kalisch nicht, solange der Zar auch nur einen einzigen Flecken Ostseeküste für Russland beanspruchte. Doch Peter würde niemals freiwillig seine neue Stadt St. Petersburg aufgeben. So drangen die schwedischen Truppen immer tiefer ins Zarenreich ein, standen im Januar 1708 vor Minsk, wandten sich im folgenden Frühjahr gen Süden in die Ukraine, wo sie auf die nötige Versorgung hofften. Die russischen Truppen störten sie ständig, und nach einem außergewöhnlich strengen Winter 1708/09 mussten die Schweden ihren Plan, nach Moskau zu ziehen, aufgeben und sich stattdessen um ihre Basis in der Ukraine kümmern.

Im Frühjahr begann Karl XII. die kleine russische Stadt Poltava zu belagern in der geheimen Hoffnung auf ein Eingreifen der Türken in den Krieg gegen Russland. Doch vergebens: Die russischen Diplomaten hatten genügend Schmiergeld fließen lassen, um diese Gefahr vom Zarenreich abzuwenden. Derweil gingen den Schweden Vorräte und Pulver vor Poltava zur Neige. Am 27. Juni 1709 kam es zur entscheidenden Schlacht. Nach wenigen Stunden hatten die Russen gesiegt. Siebentausend Tote hatte Schweden zu beklagen, dreitausend Mann gerieten in russische Gefangenschaft. Der schwedische König jedoch entkam und konnte sich mit den Resten seiner Armee auf türkisches Gebiet retten. So konnte Peter zwar einen triumphalen Sieg feiern, doch der Krieg gegen Schweden und den angeschlagenen, jedoch noch immer gefährlichen Karl XII. war nicht beendet.

»Vater des Vaterlandes, allrussischer Kaiser, Peter der Große«: Nach dem Ende des Nordischen Krieges wird Peter I. zum Kaiser ausgerufen. Nun steht er im Zenit seiner Macht.

Vom Zaren zum Kaiser

Es gelang Karl XII. nun doch, die Türken für sich zu gewinnen, und zwei Jahre später, am 9./20. Juli 1711, musste der russische Zar am Prut mit seiner 38 000 Mann starken Armee vor den 120 000 Soldaten des Osmanisches Reiches kapitulieren. Doch noch einmal meinte es das Schicksal gut mit Peter I., und der Sultan diktierte dem Zarenreich äußerst milde und günstige Friedensbedingungen. Zwar musste der Zar Asov und die dortige Flotte den Türken überlassen sowie Polen räumen, doch sein gesamtes übriges Reich mitsamt den

✤ *Eine Variation des beliebten Motivs in der russischen Volkskunst, des lubok: »Die Mäuse tragen einen Kater zu Grabe« von 1725. Möglicherweise repräsentiert der Kater hier den kurz zuvor verstorbenen Peter I. – die Mäuse stehen für das russische Volk.*

baltischen Neuerwerbungen blieb unangetastet. Karl XII., der immer noch im türkischen Exil weilte, hatte er lediglich die Rückkehr nach Schweden zu gestatten. So verlagerten sich die Auseinandersetzungen wieder in den Norden, zurück an die Ostsee.

Keiner der beiden Herrscher war gewillt, auf den anderen zuzugehen. Erst der plötzliche Tod Karls XII. – am 30. November 1718 traf ihn bei der Belagerung der norwegischen Festung Frederiksten eine tödliche Kugel – brachte eine Wende. Mit dem Tod Karls XII. schwand auch dessen unbeugsame Weigerung, einen Frieden mit dem Zaren mit Landverlusten zu bezahlen, aus der Politik. So kam es im Mai 1721 in Nystad, einem kleinen finnischen Städtchen, nicht wie erwartet zur Entscheidungsschlacht, sondern zur Aufnahme von Friedensverhandlungen, die am 30. August/10. September 1721 in den Frieden von Nystad mündeten. Der Nordische Krieg war beendet: Schweden hatte seine Großmachtstellung in der Ostsee verloren, Russland stieg zur neuen Führungsmacht im osteuropäischen Raum auf.

Das war der größte außenpolitische Erfolg im Leben Peters I. Auf einer gemeinsamen Festsitzung des Senats und des Heiligen Synods in St. Petersburg wurde der Zar mit den dem Römischen Reich entlehnten Titeln »Vater des Vaterlandes, allrussischer Kaiser, Peter der Große« geehrt. Er nahm sie an und führte sie fortan, ließ sich allerdings selbst nie zum Imperator krönen. Dafür krönte er seine zweite Frau Katharina im Mai 1724 persönlich zur Kaiserin.

Katharinas Karriere war erstaunlich. Geboren wurde sie 1684 als litauische Bauerntochter mit Namen Marfa Skavronskaja. Zunächst diente sie in Marienburg als Magd im Hause des Propstes Glück, wurde dann mit einem schwedischen Dragoner verheiratet und bald darauf die Geliebte des russischen Generals Šeremetev, als dieser die Stadt belagern ließ. Dort wurde Aleksandr Menšikov, ein Günstling und enger Vertrauter des Zaren, auf sie aufmerksam und entführte sie kurzerhand. Über Menšikov, wenn auch gegen dessen Willen, lernte Peter I. Marfa 1703 kennen und lie-

ben. Die junge Frau trat zum orthodoxen Glauben über und nahm den Namen Katharina Aleksejevna an. Als *Maîtresse en titre* begleitete sie den Zaren auf seinen Reisen, so oft es nur ging. Am 19. Februar 1712 fand schließlich die Hochzeit statt.

Zarin Katharina wurde eine überaus besänftigende Wirkung auf Peter I. nachgesagt. An seiner Liebe zu ihr bestand kein Zweifel. Schon vor der Eheschließung gebar sie Peter vier Töchter – Katharina, Anna, Elisabeth und Maria. In der Ehe folgten noch vier weitere Kinder, von denen jedoch keines die Kindheit überlebte. Nach dem Tod Peters des Großen am 28. Januar 1725 folgte sie, die gekrönte Kaiserin, ihrem Mann auf den Thron, bis sie zwei Jahre später als erste regierende russische Zarin und Kaiserin starb. Dass dies, ein Novum, überhaupt möglich war, lag an den tief greifenden Reformen, die Peter I. während seiner Regierungszeit durchgeführt hatte.

Die Petrinischen Reformen

Die außenpolitischen und militärischen Anstrengungen, die Peter I. während seiner gesamten Regierungszeit unternahm, bewirkten auch einen umfassenden inneren Wandel des Zarenreiches. In rasantem Tempo zwang Peter dem Land einen neuen Lebensstil nach westeuropäischem Muster auf. Dabei waren die Modernisierungsmaßnahmen und Reformen Peters keineswegs weitsichtig geplant, sondern entsprangen besonders in der Anfangszeit seiner Regierung eher überbordendem Tatendrang: Seine Ideen und Visionen wollte er umgehend verwirklicht sehen. So wurden etwa das Bartverbot und die neue Kleiderverordnung gleich nach der Rückkehr des Zaren von seiner ersten großen Europareise erlassen. Andere Maßnahmen waren den Notwendigkeiten des schier endlosen Krieges geschuldet. Um den Nordischen Krieg erfolgreich führen zu können, musste der Zar seine Macht vergrößern und sie wirksamer handhaben. Das war die entscheidende Perspektive, nach der sich alles im Reich zu richten hatte.

So begann die innere Umgestaltung Russlands mit militärischen Reformen. Die Europäisierung der russischen Armee war schon vor der Regierungszeit Peters nahezu abgeschlossen – Truppen »neuer Ordnung« waren geschaffen worden, die neben den Strelitzen und dem Adelsaufgebot kämpften. Der Nordische Krieg schuf schnell neue Realitäten und ließ eine reguläre Armee von lebenslänglich dienenden Berufssoldaten entstehen. Von Geistlichen und unabkömmlichen Kaufleuten abgesehen, rekrutierte die Armee ihre Soldaten nun aus allen Bevölkerungsschichten – dreißig- bis vierzigtausend Mann pro Jahr –, die von 1705 an in Rekrutendepots kaserniert und ausgebildet wurden. So verdoppelte sich im Laufe von Peters Regierungszeit die Armee auf 210 000 Mann. Die große Differenz zwischen jährlicher Rekrutierung und tatsächlicher Armeegröße war dem eklatanten Verschleiß an Menschen geschuldet, der zum größten Teil auf mangelhafter Versorgung und Unterbringung beruhte und zu massenhaften Desertionen führte. Tatsächliche Gefechtsverluste waren dage-

gen nur ein kleiner Posten. Ihr Reglement, den *ustav voinskij*, erhielt die neue Armee erst 1716 nach den entscheidenden Schlachten des Nordischen Krieges.

Die russische Marine wurde unter Peter neu geschaffen. Unter enormer Kraftanstrengung wuchs die russische Flotte vom ersten Schiffswrack aus Peters Jugendtagen bis 1724 auf zweiunddreißig Linienschiffe, sechzehn Fregatten und an die hundert kleine Boote heran, zur stärksten auf der Ostsee. Auch hier wurden Menschen gnadenlos verschlissen und Kosten verursacht, welche die Kapazitäten des Landes überforderten. Umso dramatischer scheint vor diesem Hintergrund, dass Peters Nachfolger die teuer erworbene Ostseeflotte einfach verrotten ließen.

Die Kopfsteuer wird eingeführt, Manufakturen werden gegründet

Um die enormen Kosten für den Um- und Ausbau der Armee und der Flotte aufzubringen, mussten das Unternehmertum gefördert und die Steuereinnahmen erhöht werden. Deshalb wurden als Nächstes Wirtschaft und Fiskus reformiert. Um mehr Geld in die Staatskassen zu leiten, ersann der Zar verschiedene Maßnahmen. So ordnete er 1699 eine Reform der städtischen Verwaltung an. Allerdings wollte er damit weder ein eigenständiges Zunftwesen noch eine städtische Selbstverwaltung mit politischen Ansprüchen wie in Westeuropa schaffen, sondern vor allem ein Instrument zur Maximierung der staatlichen Einkünfte und letztlich zur Stärkung des Absolutismus. Die Gouvernementsreformen von 1708 und 1719 zentralisierten und bürokratisierten den Staatsapparat in diesem Sinne und sollten die fiskalischen Einnahmen erhöhen.

Einen wirklichen Durchbruch für die Beseitigung des dauernden Staatsdefizits brachte die 1717 eingeführte Kopfsteuer. Sie war die bedrückendste Abgabe, die Bauern und Stadtbevölkerung zu leisten hatten, und sie blieb jahrhundertelang in Kraft.

Um aber Steuern eintreiben zu können, musste Geld verdient werden. Die größte Wertschöpfung sah Peter im Auf- und Ausbau von Fabriken, Manufakturen und Bergwerken. Um die notwendige Industrialisierung seines Landes voranzutreiben – Russland brauchte Großbetriebe, die das Heer und die Flotte mit Uniformen, Waffen und Munition versorgen konnten –,

✤ *»Die Zwölf Kollegien«: Dieses Gebäude aus zwölf gleichen Gebäudeteilen in St. Petersburg war der Sitz der Ministerien, die im Zuge von Peters Verwaltungsreform nach schwedischem Vorbild gebildet wurden: Berg-, Manufaktur-, Kommerz-, Staatskontor-, Kammer-, Kriegs-, Admiralitäts-, Außen- und Justiz-Kollegium.*

erlaubte es der Zar jedermann, gleich welchen Standes, in Russland Fabriken und Manufakturen zu gründen, und er bemühte sich, deren Produktion zu fördern. So konnten Privatunternehmer ganze Dörfer kaufen, wenn diese fest und dauerhaft mit einer Manufaktur verbunden blieben.

Neben den Werften war Peter I. der Bergbau besonders wichtig. Die Armee brauchte Eisenerz. Seit 1709 nahmen russische Eisenwerke im Ural und in Tula ihre Produktion auf. Häufig litten die neuen Unternehmen an Arbeitskräftemangel – speziell ausgebildete Leute waren rar und meist nur im Ausland zu bekommen. Für einfache Arbeiten mussten häufig Zwangsverpflichtete herangezogen werden.

So nahm der Druck auf die breite Masse der einfachen Bevölkerung zu: Zwangsrekrutierungen zogen viele junge Männer aus der Landwirtschaft ab, auch Manufakturen und Bergwerke bedienten sich unter den Bauern. Die Kopfsteuer lastete hart auf den Leuten, machte sie doch keinen Unterschied mehr zwischen unfreien Knechten, *cholopy,* die vormals von Abgaben befreit waren, und Bauern, die fest an ihre Scholle gebunden und praktisch unbeschränkt der Gewalt der Grundherren ausgeliefert waren.

Peter unterstellt die Kirche dem Staat

Nicht nur die Schultern der einfachen Leute hatten die Lasten von Peters Reformen zu tragen, auch Kirche und Adel mussten sich der Vision des Zaren von einem modernen Russland fügen. An der Kirche passten ihm drei Dinge nicht: Sie war zu reich, zu unabhängig und zu kontemplativ. So formte er die Kirche Stück für Stück um, bis sie seinen Vorstellungen entsprach. Als 1700 der Patriarch Adrian starb, ließ der Zar keinen neuen wählen, sondern setzte lediglich einen Patriarchatsverweser ein. Dahinter steckte ein Kalkül: Peter hätte gern den in Polen ausgebildeten Bischof Stefan Javorskij an der Spitze der russischen Kirche gesehen, doch der Widerstand aus Moskau gegen seine Kandidatur wäre zu groß gewesen. Deshalb betraute ihn der Zar mit der provisorischen Kirchenleitung und verschaffte damit dem gebildeten ukrainischen Flügel innerhalb der Kirche mehr Einfluss.

1701 ergriff Peter I. eine weitere, diesmal dem Krieg geschuldete Maßnahme und richtete den Klos-ter-*prikaz* wieder ein, was auf eine verschleierte Säkularisierung des kirchlichen Grundbesitzes hinauslief. Damit wollte Peter den Reichtum der Kirche für Kriegszwecke nutzbar machen. Die tatsächliche Kontrolle des kirchlichen Verwaltungsapparats gelang allerdings erst mit einer Reform, die ein geistliches Kollegium auf theologischer Grundlage ins Leben rief. Am 25. Januar 1721 wurde das »Reglement oder Statut des geistlichen Kollegiums«, *reglament ili ustav duchovnoj kollegii,* veröffentlicht. Hatte der Zar zuvor lediglich eine Schutzfunktion über die Kirche ausgeübt, weitete er seine Zuständigkeit nun aus und gliederte die kirchliche Verwaltung in die Gesamtverwaltung des Staates ein. Nicht mehr ein Patriarch, sondern eine synodale Regierung, *sobornoe pravitel'stvo,* sollte die Russisch-Orthodoxe Kirche führen. Am 14. Februar 1721 erhielt dieses geistliche Kollegium vom Zaren den Namen »Heiligster dirigierender Synod«. Zwar blieb der Synod in Glaubensdingen autoritativ, in anderen Fragen entschied jedoch ein dem Zaren unterstellter Oberprokurator, und die Mitglieder des Synods mussten wie alle Beamten den Untertaneneid leisten, der sie unter Umständen zum Bruch des Beichtgeheimnisses im Staatsinteresse verpflichtete. Auch die Klöster wurden in einer Form reformiert, die weit über die Nutzbarmachung des Klosterbesitzes hinausging. Der Zar hielt nämlich das kontemplative Asketentum, wie es im ostkirch-

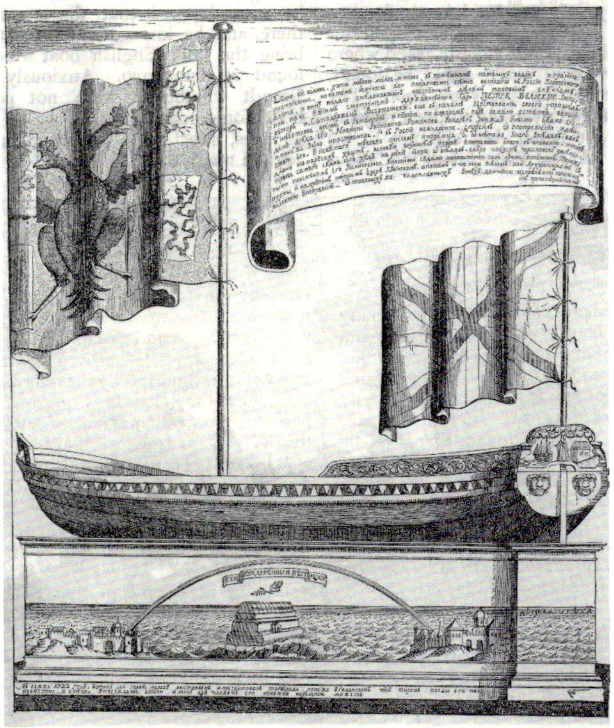

OLD RUSSIAN PRINT OF "THE GRANDFATHER OF THE RUSSIAN FLEET."

✤ *Die genaue Herkunft dieses Bootes ist nicht bekannt. Der junge Zar Peter entdeckte es in der Scheune eines Verwandten, ließ es umbauen und übte damit das Segeln. Bereits zu seinen Lebzeiten bekam das Boot den Namen »Großvater der russischen Flotte«.*

✤ *Das Denkmal Peters des Großen, 1782 im Auftrag Katharinas II. errichtet, gehört wie die Isaak-Kathedrale zu den Wahrzeichen St. Petersburgs – hier auf dem Gemälde Maksim Vorobjevs. Der Volksmund nennt die bronzene Statue »Eherner Reiter« nach dem gleichnamigen Gedicht von Aleksandr Puškin.*

lichen Mönchtum herrschte, für vollkommen nutzlos und erwartete, dass sich die Klöster künftig um die »wirklich Armen, Hochbetagten und Kinder« kümmerten. Neue Klostergründungen wurden verboten, und das Mindesteintrittsalter in die Mönchsgemeinschaften wurde drastisch heraufgesetzt. Zugleich wurden den Klöstern pädagogische, karitative und ökonomische Aufgaben zugewiesen, ihnen allerdings gleichzeitig die materiellen Mittel und das Personal zur Bewältigung dieser Aufgaben entzogen, was die Erfolge in der Umsetzung gering hielt.

Reformierung des Adels – Peters Rangtabelle

Auch der Adel überstand die Regierungszeit Peters des Großen nicht, ohne Gegenstand grundlegender Reformen geworden zu sein. 1722 trat die »Tabelle von den Rängen aller militärischen, zivilen und höfischen Dienstgrade« in Kraft. Mit dieser neuen Adelstabelle wurden der Erb- und der Dienstadel auf der Basis des Leistungsprinzips miteinander verbunden. Der Hauptgedanke war, dass erblicher Adel auch (v)erdient werden konnte. Die Tabelle setzte in drei parallelen Gruppen vierzehn Rangklassen fest, die man durch persönliche Leistung erreichen konnte. Die acht obersten Ränge der zivilen und höfischen Dienstgrade sowie sämtliche militärischen Dienstgrade waren mit dem erblichen Adel verbunden. Die Adelstabelle wurde zum Maßstab für den gesellschaftlichen Standort der Bürger im Zarenreich.

Durch die Neuformierung der Zentralbehörden des Reiches wurden die verschiedenen Reformen zu einem staatlichen Verwaltungs- und Lenkungsinstrument zusammengeführt. 1711 entstand der »regierende Senat«, *pravitel'stvujuščij senat*. 1717 folgte dann die Gründung von Kollegien, die eine Vorform der späteren Ministerien waren. Sie ermöglichten eine moderne, zentralisierte Verwaltung des Reiches, die nach Überzeugung des Zaren auf den Grundsätzen der Vernunft beruhen sollte.

Der Umbau Russlands wäre trotz der enormen Opfer, welche die Bevölkerung zu bringen hatte, nicht möglich gewesen ohne den Zugriff auf eine schier unerschöpflich scheinende Geldquelle – die Schätze der größten Kolonie des Zarenreiches, Sibirien.

Das weiche Gold Sibiriens

Seit Ermaks Kosaken im Auftrag der Unternehmerfamilie Stroganov 1581 nach Sibirien aufgebrochen waren, um das riesige Land im Namen des Zaren Stück für Stück zu erobern und auszuplündern, stieg Sibirien schnell zur wichtigsten ökonomischen Ressource des Zarenreiches auf. Das Hauptinteresse der Stroganovs galt damals den Salzvorkommen und den Pelzen. Das berühmteste und wertvollste Pelztier Sibiriens ist der Zobel, ein kleines Raubtier aus der Familie der Marder, das im Winter ein seidenweiches und dabei dichtes, graubraun glänzendes Fell trägt. Zobel werden höchstens knapp zwei Kilogramm schwer und sind in den ausgedehnten Waldgebieten Sibiriens, der Taiga, beheimatet. Früher gab es auch in Nordeuropa Zobel, aber im 16. Jahrhundert war das schon Geschichte. Umso wertvoller waren die grenzenlos scheinenden Vorkommen der Tiere in Sibirien. Auf dem Moskauer Pelzmarkt brachte ein Zobel um die zwanzig Rubel. Für besonders schöne Exemplare hatte man jedoch ein Vielfaches dessen zu zahlen. Eine vierköpfige Bauernfamilie verdiente zu jener Zeit in Russland mit rund fünfzehn Hektar guten Ackerlandes weniger als einen Rubel im Jahr. Fast 34 000 Zobelfelle wurden im Sommer 1630 von 436 Pelzhändlern nach Mangaseja in Westsibirien gebracht; das Zollamt von Jakutsk im Nordosten Sibiriens durchliefen im Sommer 1641 sogar 150 000. Bis zu 160 000 sibirische Pelze wurden Mitte des 17. Jahrhunderts über den Ural nach Europa exportiert. Jeder Pelzhändler hatte einen von zehn Pelzen als Tribut an den Zaren zu entrichten. Pelze als wichtigster russischer Exportartikel erbrachten bis zu zehn Prozent der Staatseinnahmen.

Die wenigsten dieser Pelze jagten die Russen selbst, vielmehr trieben Kosaken sie von den Ostjaken, Samojeden, Tungusen, Burjaten, Jakuten, Jukagieren und den anderen etwa vierzig Völkern unter den rund 200 000 sibirischen Ureinwohnern auf brutale Weise als Tribut, *jasak,* für das Zarenreich ein. Je nach Ort und Zeit mussten die Einheimischen bis zu zehn erstklassige Zobelfelle pro Jahr abliefern. Außerdem forderten die Tributeintreiber zusätzliche Felle als »Geschenke«. Kamen die Einheimischen den Forderungen nicht nach, drohten ihnen Geiselnahme, Vergewaltigung, Folter, Hinrichtung oder auch Brandschatzung. Solche grausamen Einschüchterungsmaßnahmen führten dazu, dass sich viele der Gepeinigten immer tiefer in die sibirischen Wälder zurückzogen und so den Russen zu entkommen versuchten. Andere entwickelten systematische Jagdtechniken, um den gewaltigen Forderungen der Tributeintreiber nachzukommen.

✤ *Über Jahrhunderte wird der Zobelpelz als eines der wertvollsten Felle gehandelt – bis er in Skandinavien ausgerottet ist und in Russland immer seltener wird.*

Der Adel – eine privilegierte Minderheit

Russlands Adel, *dvorjanstvo,* entstand ähnlich dem des übrigen Europas aus der Gefolgschaft, *družina,* der Fürsten, hier der Rjurikiden, Nachkommen des Warägers Rjurik, des Begründers der Rus und damit auch Russlands. Aus dieser Gefolgschaft gingen die Bojaren hervor, vornehme Familien, welche die Fürsten stellen konnten und über eigenen Großgrundbesitz verfügten. Ihr Land und ihre Titel waren erblich, also keine Lehen, wie beispielsweise im Heiligen Römischen Reich Deutscher Nationen. Neben den Bojaren gab es in vorpetrinischer Zeit auch einen niederen Adel, den Dienstadel. Er bestand aus Kriegsleuten, die am Fürstenhof, später am Zarenhof ihren Dienst taten. Für die von ihnen bekleideten Ämter gewährte ihnen der Zar Land als Dienstgut, *pomest'e,* von dessen Erträgen sie ihr Leben zu bestreiten hatten. Weder die Ämter noch das Land waren erblich, sondern fielen nach dem Ausscheiden aus dem Dienst – sei es durch Alter, Krankheit oder Tod – an den Zaren zurück, der sie nach Belieben neu vergeben konnte. So war der Dienstadel weitaus stärker vom Zaren abhängig und ihm entsprechend verbunden. Mächtige Bojaren hingegen konnten zu gefährlichen Gegenspielern der Herrscher werden, vor allem in unsicheren Zeiten, wenn Regenten stellvertre-

✤ In Aleksandr Puškins Versroman »Eugen Onegin« – Illustration von Ilja Repin – erschießt der Hauptheld in einem Duell seinen besten Freund. Das gleiche Schicksal ereilt 1837 den Dichter selbst: Er fordert den vermeintlichen Liebhaber seiner Frau zum Duell, wird tödlich verwundet und stirbt.

tend für unfähige oder unmündige Zaren herrschten, wie etwa Boris Godunov oder Sofija Aleksejevna, die Halbschwester Peters I.

Die Reformen, mit denen Peter I. den Adel bedachte, beruhten auf einer revolutionären Grundidee: Jedem freien Bürger gleich welcher Abstammung sollte gemäß seinen Fähigkeiten und seinem Einsatz der Zugang zu allen Ämtern im Staat offenstehen. Einzig die Leistung sollte den Rang eines Adligen bestimmen. Darum hatte seit der Einführung der Rangtabelle 1722 jeder Adelige lebenslang dem Staat zu dienen. Die Rangtabelle gliederte den Staatsdienst in drei Bereiche – den militärischen, den zivilen und den höfischen. Jeder Bereich war in vierzehn Ränge abgestuft. Je nach persönlicher Leistung konnte man in der Tabelle aufsteigen; bei den zivilen und den Hofämtern waren die mit den Rängen verbundenen adligen Titel vom achten Rang an erblich, beim Militär alle. Damit war der gesamte Adel ein Dienstadel geworden und wurde nun einheitlich *dvorjanstvo* genannt.

Bis zur Abschaffung des Adels im November 1917 blieb er – von kleinen Veränderungen abgesehen – gemäß Peters Rangtabelle organisiert.

Wenn auch seit dem 18. Jahrhundert fähige Bürgerliche in den Adelsstand aufstiegen konnten, war der Anteil des Adels an der Bevölkerung niemals höher als ein Prozent. Aber dieses eine Prozent profitierte von zahlreichen Privilegien, die auch genügend Spielraum zur kulturellen und intellektuellen Entfaltung boten. So waren alle Adligen von Körperstrafen und von der Kopfsteuer befreit. Der erbliche Adel durfte Leibeigene besitzen und an Adelsversammlungen teilnehmen. Nur Adelige hatten das Recht der freien Ausreise, um beispielsweise eine Ausbildung im Ausland zu erhalten. Unter Peter III. wurde die Dienstpflicht des Adels wieder aufgehoben, und unter Katharina II. wurde adliger Besitz per Gnadenurkunde erblich. Damit waren Adlige nicht mehr zwingend Staatsdiener und hatten, sofern sie über genügend Mittel verfügten, die Möglichkeit, anderen Beschäftigungen nachzugehen. Von dieser Entwicklung profitierte die russische Adelskultur, aus der sich auch die Bildungselite Russlands, die Intelligenzija, entwickelte.

In der Literatur des 18. Jahrhunderts wurden den Adligen verstärkt Charaktereigenschaften wie Edelmut, Gutherzigkeit und Moral zugeschrieben. Im 19. Jahrhundert gesellte sich der Begriff der Ehre hinzu; diese war an einen ungeschriebenen Kodex gebunden, dessen Verletzung die Adligen vom gesellschaftlichen Leben ausschließen konnte. Berühmt dafür ist der Duelltod des Dichters Aleksandr Puškin wegen angeblicher Liebschaften seiner Frau. Das gesellschaftliche Leben des Adels mit Vergnügungen wie Kartenspiel, Bällen, Theater, Salonabenden oder auch der gepflegten häuslichen Alltagskultur auf den ländlichen Gütern war immer wieder Gegenstand der russischen Literatur des 19. und frühen 20. Jahrhunderts. So prägte es maßgeblich das Bild von den elitären Lebenswelten in Russland, die mit der Lebenswirklichkeit der einfachen russischen Bevölkerung nichts zu tun hatten.

Beide Varianten hatten verheerende Folgen für die Ureinwohner: Der Bestand an Pelztieren ging in den bejagten Gebieten dramatisch zurück, und die Russen drangen immer weiter in das Land vor und erschlossen es entsprechend ihren Bedürfnissen mit Festungen, *ostrogi,* die auch als Handelsstützpunkte dienten und schnell die Moskauer Bürokratie und ihre Gouverneure nach sich zogen. So spannte sich zunächst vor allem über Westsibirien ein Netz russischer Militärverwaltungen, denen bald Siedlungen mit Händlern und Jägern, sogenannten *promyšlenniki,* sowie Handwerkern und Bauern folgten. Damit schlug die russische Kolonisierung in Sibirien immer tiefere Wurzeln. Den Einheimischen brachte sie neben roher Gewalt

✤ *Ein Ostjake auf der Jagd nach Hermelinen. Darstellung aus der »Beschreibung aller Nationen des Russischen Reichs, ihrer Lebensart, Religion, Gebräuche, Wohnungen, Kleidung und übrigen Merckwürdigkeiten« des deutschen Geografen Johann Gottlieb Georgi von 1776.*

und verschiedenen Krankheiten, gegen die sie keine Abwehrkräfte besaßen, auch Plünderung ihrer Lebensressourcen. So ließ sich die Zivilisierungsmission – wie die Kolonisierung seitens der Kolonisatoren gern bezeichnet wurde – aus ihrer Sicht im Wesentlichen mit drei tatarischen und einem russischen Wort beschreiben: *ataman* (Hauptmann), *amant* (Geisel), *jasak* und *ostrog.*

Für die Schatzkammer der Zaren war das weiche Gold Sibiriens unentbehrlich. Es finanzierte nicht nur Luxus und Pracht am Zarenhof, sondern auch die Kriege.

Das Demidovsche Eisenimperium

Peter I. begriff sehr schnell, dass Naturschätze, selbst wenn sie unerschöpflich wären, den Wohlstand seines Reiches nur dann sichern konnten, wenn die Menschen auch über die Technologie zu ihrer Verarbeitung verfügten. Sonst erhielten andere den größten Ertrag aus den Naturressourcen des Zarenreiches, und die Russen selbst bekämen nur ein karges Entgelt. Schnell war für ihn nicht mehr tragbar, dass er seine Soldaten mit teuren Waffen ausrüstete, die er mit sibirischen Pelzen bezahlen musste. Der Ungeduldige sah die Zeit für eine eigene, große Eisenindustrie gekommen. Das Erz dazu sollte Sibirien liefern. An dessen Westgrenze, in Nevjansk, hatte man hochwertiges Eisenerz entdeckt, das selbst die Qualität des damals hochwertigsten Erzes aus Schweden übertraf. Der Zar hatte Glück, unter seinen Untertanen einen gleichermaßen handwerklich begabten wie geschäftstüchtigen Mann finden zu können: Nikita Demidovyč Demidov aus Tula. Während seines ersten Feldzuges gegen Asov lernte Peter I. den Büchsenmacher kennen und schätzen. Kurz nach dem Ausbruch des Nordischen Krieges erhielt Demidov den Auftrag, zwanzigtausend Steinschlossmusketen für das russische Heer zu liefern. 1702 bot der Zar Demidov schließlich die Eisenhütte in Nevjansk an. Der nahm an und baute zusammen mit seinem Sohn Akinfi ein riesiges Eisenimperium auf. Peter I. unterstützte die Demidovschen Werke, wo er nur konnte.

So erlaubte er dem Bürgerlichen sogar, Leibeigene zu erwerben und in seinen Gießereien zu beschäftigen – ein Privileg, das eigentlich nur der Zar, das kaiserliche Schatzamt und die Aristokratie hatten. Als Gegenleistung schuf Demidov für Peter I. und seine Nachfolger eine Eisenindustrie, die Russland befähigte, den Großmächten Europas ebenbürtig zu werden. Die Familie Demidov schwang sich zum größten Privatunternehmer Russlands im Uralgebiet auf. Dort wurde 1723 die Stadt Ekaterinburg als Zentrum des Ural-Bergbaus gegründet, benannt nach Peters zweiter Ehefrau, der neuen Kaiserin von Russland. Akinfi Demidov, Nikitas ältester Sohn, hatte die Kunst der Eisen- und Stahlerzeugung in Freiberg in Sachsen erlernt und erweiterte die Demidovschen Unternehmen nach dem Tod seines Vaters 1725 zu einem konkurrenzlos großen sibirischen Industrieimperium. Neben Eisen widmete er sich auch der Kupfergewinnung und erschloss dem Zarenreich Kupfergruben im Šulba-Tal und am Kolyvan-See. 1780 wurde das Zarenreich sogar zum führenden Roheisenproduzenten der Welt – vierzig Prozent dieses Eisens stammte aus den Demidovschen Hüttenbetrieben.

Mochten Zobel und Eisen die größten Brocken im zarischen Finanzhaushalt stellen, auch der übrige Handel des Zarenreiches gewann an Bedeutung. So war es dem russischen Diplomaten Fedor Alekseevič Golovin zu verdanken, dass das Zarenreich am 27. August 1689 den Vertrag von Nerčinsk unterzeichnete, der über weite Strecken die russisch-chinesische Grenze fixierte und russischen Kaufleuten ungehinderten Handel mit und in China erlaubte. So kam ein Karawanenhandel auf den Weg, der Russland direkt mit chinesischem Tee, Gewürzen, Seide und vor allem Baumwolle versorgte und den russischen Absatz sibirischer Pelze und pazifischer Seeotterfelle in China förderte. Der russische Handel konnte auch deshalb so aufblühen, weil Peter I. mit St. Petersburg einen bedeutenden russischen Ostseehafen geschaffen hatte und diesen durch eine verordnete Umleitung des Güterverkehrs auch förderte. Neben Pelzen und Eisen wurden Holz, Teer, Honig, Flachs und auch Getreide von St. Petersburg aus über die Ostsee verschifft, und europäische Luxuswaren, aber auch Fachkräfte gelangten direkt in die neue Residenz des russischen Zaren.

Um den Handel in Bewegung zu halten, investierte Peter I. auch in die binnenrussische Infrastruktur. Von jeher verliefen die russischen Handelsrouten entlang der Flüsse. Der Monarch versuchte einige von ihnen durch künstliche Wasserwege, Kanäle, miteinander zu verbinden und so leichtere oder auch kürzere Handelswege zu schaffen, ganz nach dem Vorbild des holländischen und französischen Kanalbaus. Auch in der Organisation des Handels lernte Peter I. von westlichen Vorbildern und richtete für die russischen Kaufleute Handelsagenturen und Konsulate im Ausland ein. Zudem verordnete er, dass sich die Kaufleute nach westlichem Vorbild in Kompanien zusammenschlossen, um einen stärken Auftritt zu haben. Schon 1711 entstand eine Kompanie, die den Handel mit China regeln sollte. Allerdings fruchteten diese Bemühungen in der russischen Kaufmannschaft nicht – die einzige bedeutende russische Handelsgesellschaft wurde erst 1799 mit der Russisch-Amerikanischen Handelskompanie gegründet, die sich um den transpazifischen Pelzhandel kümmerte. Über die Aleuten und Alaska bis an die Küste Kaliforniens hatten die Pelzjäger das Russische Reich auf der Jagd nach dem weichen Gold unterdessen ausgedehnt und den russischen Zaren damit ein Imperium beschert, in dem die Sonne niemals unterging.

✤ *Das Esszimmer des einzigen russischen Zaren, der selbst hämmerte und hobelte und eine ganze Hauptstadt in die Sümpfe der Neva stampfen ließ. Sein Häuschen wurde in nur drei Tagen gebaut und war das erste Gebäude St. Petersburgs.*

Forschung und Wissenschaft

Unter Peter dem Großen öffnete sich Russland auch westlich geprägter Wissenschaft und Forschung. Auf seinen Reisen tauschte sich der Zar immer wieder mit Wissenschaftlern aus. Er hielt engen Kontakt zu Gottfried Wilhelm Leibniz, mit dem er über die Errichtung einer Akademie der Wissenschaften in Russland nachdachte und den er schließlich sogar in russische Dienste nahm. Allerdings starb Leibniz, bevor er nach Russland kommen konnte. Andere vom Zaren angeworbene Gelehrte gelangten nach Petersburg und nahmen großen Anteil am Aufbau der Akademie, unter ihnen die Mathematiker Jakob Hermann, Christian Goldbach und Friedrich Christoph Mayer, die Brüder Nikolaus und Daniel Bernoulli, die Physiker Georg Bernhard Bülfinger und Christian Martini sowie der Historiker und Geograph Gerhard Friedrich Müller.

Peter I. erlebte die Eröffnung der Akademie jedoch nicht mehr. Seine Witwe und Nachfolgerin Katharina I. weihte sie als Akademie der Künste und der Wissenschaften am 27. Dezember 1725 in St. Petersburg ein und sorgte dafür, dass die Anstalt umfangreiche Finanzmittel zur Verfügung hatte, um die Forschungs- und Lehrtätigkeit zügig voranzutreiben. Damit war der Grundstein für ausgiebige Forschung nicht nur in den grundlegenden Wissenschaften, sondern vor allem auch in der Erforschung des Russischen Reiches und der russischen Sprache gelegt. Zunehmend fanden sich hervorragende russische Wissenschaftler wie der Universalgelehrte Michail V. Lomonosov unter den Akademiemitgliedern. Dieser zählte zu den Gründern der ersten russischen Staatsuniversität in Moskau, die nach ihm benannt wurde.

Eine der vornehmsten Aufgaben der Akademie war es, Forschungsreisen auszustatten. Viele von ihnen erlangten Weltruhm, so etwa die Große Nordische Expedition, die unter Leitung des Dänen Vitus Bering 1733–43 stattfand und mit dreitausend Beteiligten eines der größten jemals durchgeführten wissenschaftlichen Unternehmen dieser Art war. Neben Bering, der nicht zurückkehrte, taten sich auf dieser Expedition vor allem vier Männer durch herausragende wissenschaftliche Leistungen hervor: Gerhard Friedrich Müller, Johann Georg Gmelin, Louis Delisle de la Croyère sowie Stepan Petrovič Krašeninnikov. Die Aufgaben der Expedition umfassten die kartographische Erfassung der nördlichen und nordöstlichen Küsten Sibiriens, die Suche nach einem Seeweg von Ochotsk aus zu den Kurilen und nach Japan sowie die Seereise über Kamtschatka nach Nordamerika. Außerdem standen umfangreiche naturkundliche, geschichtliche und völkerkundliche Forschungen in Sibirien auf dem Programm. Ein bleibendes Zeugnis dieser Expedition ist die Benennung der Beringstraße nach ihrem Leiter, obwohl ihm selbst nicht klar war, welch große Entdeckung er eigentlich gemacht hatte.

Auch im 19. Jahrhundert fanden viele große Forschungsreisen im Zarenreich statt. Sie richteten ihren Fokus immer stärker auf die wirtschaftliche Nutzbarmachung der zu erforschenden Gebiete. 1845 wurde in St. Petersburg auch unter diesem Aspekt die Kaiserliche Russische Geographische Gesellschaft gegründet, die eng mit der Akademie der Wissenschaften zusammenarbeitete. Sibirien, Russlands wichtigste Kolonie, stand im Mittelpunkt ihres Forschungsinteresses. 1856–63 erforschte die Große Sibirienexpedition im Auftrag der Kaiserlichen Russischen Geographischen Gesellschaft Ostsibirien, das Amurgebiet und die Pazifikküste. Dabei zog sie zusammen mit den Truppen des Generalgouverneurs von Ostsibirien, Nikolaj Nikolaevič Murav'ev, an den Amur und vermaß das Gebiet, das bei diesem Unternehmen von Russland gemäß dem Vertrag von Aigun vom 16. Mai 1858 annektiert wurde. Der Nutzen für das Russische Reich lag auf der Hand: Der Ferne Osten wurde gesichert und so der russische Zugriff auf den Pazifik aufrechterhalten. Die erfolgreiche Annektierung des Amurs durch die Große Sibirienexpedition war einer der größten russischen Erfolge wissenschaftlich-politischer Kooperation und zeigte, dass Russland vollends im imperialen Zeitalter angekommen war, in der die Geographie als eine Wissenschaft im Dienste des Imperiums verstanden wurde.

✤ *Sohn eines Fischers aus dem hohen Norden Russlands, ging Michail Lomonossov tausend Kilometer zu Fuß nach Moskau, um dort zu studieren. Er gilt als Universalgelehrter. Die Moskauer Staatsuniversität trägt heute seinen Namen.*

Die russische Kaiserin Katharina II. legt türkische Trophäen am Grabe Peters des Großen nieder. Ausschnitt aus dem Gemälde von Andreas Hüne von 1791.

Die Herrschaft der Frauen

1725–1796

Das 18. Jahrhundert war in Russland das Jahrhundert der Frauen. Vier Zarinnen herrschten kurz nacheinander über das sich immer weiter ausdehnende Imperium. Sie machten europäische Kunst, Kultur und Mode am Hof selbstverständlich, regierten mehr durch Gunst als mit dem Schwert und öffneten nicht nur europäischem Luxus, sondern auch der Aufklärung die Tore ihres Reiches. So gelang unter ihnen, was vielleicht unter keinem männlichen Herrscher geglückt wäre – die weitere Annäherung Russlands an den Westen und somit eine Versöhnung mit dem schweren Erbe Peters des Großen.

Liebhaber, Luxus und Kultur

»Übergebt alles …«, waren die letzten Worte, die Peter der Große auf seinem Sterbebett noch zu Papier brachte. An wen alles zu übergeben war blieb sein Geheimnis. Und damit begann die große Unsicherheit um den Zarenthron, die bis zum Ende des Jahrhunderts anhielt. Denn Peter hatte auf der Höhe seiner Macht und da ihm sein eigener Sohn und Thronerbe missfiel, kurzerhand das russische Erbfolgerecht der Primogenitur außer Kraft gesetzt und verfügt, dass der Zar allein über seine Nachfolge entscheiden soll. Nicht bedacht hatte er dabei, dass ein Zar sterben kann, bevor er diese wichtige Frage geklärt hatte. Genau das geschah nun wiederholt, bis endlich ein Herrscher die Erbfolge wieder verbindlich regelte. Peters Entscheidung aber, die aus einem Überfluss an absoluter Macht resultierte, öffnete höfischen Ränkespielen und Intrigen, ja sogar Mord Tür und Tor.

Gemäß der Primogenitur wäre Peter dem Großen sein Enkel Petr Alekseevič, der Sohn seines Sohnes Aleksej, auf den Thron gefolgt. Doch der war erst zehn Jahre alt und hätte eine Regentschaft nötig gemacht, die wiederum jene Kreise an die Macht gebracht hätte, die gegen Peters Reformwerk eingestellt waren. So kam man noch in der Todesnacht des Zaren, am 28. Januar 1725, zu einem Kompromiss und entschied sich für die schließlich von Peter selbst zur Kaiserin gekrönte Katharina. Sie musste jedoch zustimmen, dass ihr Petr Alekseevič als Peter II. auf den Thron folgte. Damit schien das Problem der Thronfolge geregelt. Katharina I. jedoch war in keiner Weise für die gewaltigen Aufgaben einer Alleinherrscherin gerüstet – sie konnte kaum lesen und schreiben und wusste nichts von Politik. So war sie vollends auf Berater angewiesen. Aleksandr Danilovič Menšikov, enger Vertrauter Peters des Großen und zugleich früherer Liebhaber der neuen Kaiserin, wurde deren wichtigste Stütze.

Im Februar 1726 wurde der Oberste Geheime Rat, *verchovnyj tajnyj sovet,* geschaffen. Dessen sechs Mitglieder, unter ihnen Menšikov, sollten sämtliche Staatsgeschäfte führen und alle wichtigen Verordnungen zur Begutachtung bekommen, bevor sie an Katharina I.

✤ *Eine erstaunliche Karriere: Die litauische Bauerntochter Marfa Skavronskaja wird Geliebte und später Ehefrau Zar Peters I., der sie im Mai 1724 zur Kaiserin krönt. Nach Peters Tod folgt sie als Katharina I. ihrem Mann auf den russischen Thron.*

weitergeleitet wurden. So ließ sich eine gewisse Kontinuität in der russischen Politik wahren, da die Mitglieder des Rates schon zu Zeiten Peters I. mit den Staatsgeschäften betraut waren. Nach Katharinas Tod verbannte der 13-jährige Peter II. Menšikov nach Sibirien, wo er bald bei einer Pockenepidemie starb.

✤ Bei ihrer Krönung zur Kaiserin trug Katharina I. das rote Seidenkleid mit Stickereien, das heute in der Rüstkammer des Moskauer Kremls zu bewundern ist. Die Garderobe ihrer jüngsten Tochter, der Kaiserin Elisabeth, soll fünfzehntausend Kleider gezählt haben.

Katharina selbst hinterließ in ihrer kurzen Regierungszeit – sie starb bereits am 6. Mai 1727 mit nur 43 Jahren an Schwindsucht – kaum markante politische Spuren. Kulturell sind mit ihr zwei große Neuerungen in Russland verbunden: Zum einen ebnete Katharina I. den Weg für ihr nachfolgende Frauen als absolute Herrscherinnen Russlands, zum anderen vollendete sie das Werk ihres Mannes und eröffnete die Akademie der Künste und Wissenschaften in St. Petersburg. Damit etablierte sich eine neue Epoche russischer Kultur, die das Zarenreich kulturell und wissenschaftlich stärker mit dem westlichen Europa verknüpfte, so wie es die 1726 vertraglich festgelegte Eingliederung der neuen Großmacht Russland in das machtpolitisch veränderte europäische Staatensystem auf diplomatischer Ebene tat.

Der Kaiserin neue Kleider

Zwischen 1725 und 1796, dem Todesjahr Katharinas II., gab es in Russland keinen ernst zu nehmenden männlichen Regenten. Entweder waren die Zaren noch Kinder, als sie den Thron bestiegen, oder sie lebten nicht lange genug, um erkennbare Spuren zu hinterlassen. Es war das Jahrhundert der Frauen. Vier Zarinnen herrschten in dieser Zeit über Russland, und ihr Ruf war schlechter, als ihre Politik es verdiente. Tatsächlich hielten sich Katharina I. und die ihr – nach dem kurzen Intermezzo des bereits als Jüngling verstorbenen Peter II. – folgende Anna, eine Tochter Ivans V., aus der aktiven Politik weitgehend heraus und ließen ihre Günstlinge im Obersten Geheimen Rat herrschen. Gleichzeitig beeinflussten sie das kulturelle Leben in Russland maßgeblich, denn beide pflegten ein aufwändiges höfisches Leben. Feste und Vergnügungen, Feuerwerke und große Roben bestimmten zusehends das Leben bei Hofe. Der Adel musste natürlich mitziehen, um nicht in Ungnade zu fallen oder in Bedeutungslosigkeit zu versinken. Schneider und Schuster hatten Dauerkonjunktur, kaum ein Kleid ließ sich schließlich mehrmals tragen. Zarin Anna, die von 1730 bis 1740 über Russland herrschte, entwickelte ein außerordentliches Luxusbedürfnis und imitierte dabei fleißig westliches Hofleben. Unter ihr wurde St. Petersburg zum unangefochtenen Lebens- und Kulturmittelpunkt des Landes. Die Kaiserin fand großen Gefallen an westlicher Musik und westlichem Theater und lud sogar ausländische Opern-, Ballett- und Theaterensembles an den Hof.

Unter Elisabeth setzte sich diese Entwicklung fort. Sie herrschte nur zwanzig Jahre – von 1741 bis 1761 –, aber ihre Garderobe soll fünfzehntausend Kleider samt passenden Accessoires gezählt haben, natürlich nach der Pariser Mode geschneidert. Vier, fünf Mal am Tag wechselte die Kaiserin ihre Kleider, kaum eines trug sie zweimal. Dabei waren Kleider im 18. Jahrhundert purer Luxus. Für die Aussteuer der Töchter sparte eine Kaufmannsfamilie viele Jahre, und die meisten Menschen besaßen gerade einmal ein zweites Hemd, um ordentlich in der Kirche zu erscheinen. Doch das Leben bei Hofe hatte nichts mit dem der einfachen Menschen gemein, man teilte noch nicht einmal die Sprache: Die Aristokratie bevorzugte Deutsch oder Französisch. Russisch war zu jener Zeit noch der Kommunikation mit den Dienstboten vorbehalten.

✤ *Die den Luxus liebende Tochter Ivans V., Anna, herrschte von 1730 bis 1740 über Russland. Schneider und Schuster hatten damals Hochkonjunktur. Gleichzeitig witterte sie überall Verschwörungen und ließ Tausende nach Sibirien verbannen. Ihre Regierungszeit wird auch als »dunkle Epoche« bezeichnet.*

✤ *Ein Günstling Annas führt für sie die Regierungsgeschäfte: Der Deutsche Heinrich Ostermann, in seiner Heimat wegen Mordes gesucht, macht am Hofe der russischen Zaren große Karriere und nennt sich sogar nach russischer Art Andrei.*

Die Günstlinge der Zarinnen waren zum größten Teil Ausländer, so etwa Heinrich Ostermann, der jahrzehntelang erfolgreich in der russischen Außenpolitik wirkte. Zarin Anna hatte ihren deutschbaltischen Liebhaber Ernst Johann von Biron (eigentlich Bühren) aus Kurland mitgebracht, in St. Petersburg zog sie auch noch den aus dem Oldenburgischen stammenden Burkhard Christoph von Münnich mit in die Führungsriege des Reiches. Als ihre aus Mecklenburg stammende Nichte Anna Leopol'dovna Ende 1740 einen Sohn gebar, bestimmte Anna den Säugling Ivan zu ihrem Thronerben. Doch bereits zwei Monate später starb die Kaiserin.

Das war die Gelegenheit für die jüngste Tochter Peters des Großen, Elisabeth, sich den ihr bis dahin vorenthaltenen russischen Thron mit Gewalt zu nehmen. Durch einen Staatsstreich mit Hilfe der Garderegimenter gelangte sie im November 1741 an die Macht. Elisabeth verbannte die ausländischen Gefolgsleute ihrer Vorgängerin nach Sibirien, darunter auch Heinrich Ostermann. Ivan VI. schickte sie mitsamt Familie in den hohen Norden nach Cholmogory. 1756, zu Beginn des Siebenjährigen Krieges, ließ sie Ivan VI. in der Festung Schlüsselburg internieren, die er nicht mehr lebend verließ.

Die Schönheit auf dem Thron – Zarin Elisabeth

Die zwanzig Jahre, die Elisabeth das Russische Reich regierte, sahen viele Historiker noch als Teil der sogenannten »dunklen Epoche« Russlands, der Zeit zwischen dem Tod Peters I. und dem Regierungsantritt Katharinas II. Diese Beurteilung wird der Tochter des Reformzaren allerdings nicht ganz gerecht, denn ihre Herrschaft sorgte für Kontinuität und Stabilität, und vor allem versöhnte sie die russische Aristokratie mit den Reformen Peters des Großen. Elisabeth galt als überaus schöne Frau mit ausgeprägtem Luxusbedürfnis, aber auch hingebungsvollem Interesse für Kunst und Kultur, Musik, Schauspiel und die Jagd. Auch war sie sehr fromm. Den Regierungsgeschäften soll sie nur partiell Interesse entgegengebracht haben. Dafür brachte sie eine Riege von Männern in führende Positionen des Reiches – junge Russen, die sie bei ihrem Putsch tatkräftig unterstützt hatten und die nun ihre engsten Vertrauten waren. Allen voran Aleksej Rasumovskij, ihr Liebhaber, mit dem sie während ihrer Regentschaft in morganatischer Ehe – heimlich getraut, offiziell nie bestätigt – lebte und den man bei Hof hinter vorgehaltener Hand den »nächtlichen Kaiser« nannte. Auch die Gebrüder Šuvalov und die Gebrüder Voroncov sowie Aleksej Bestjušev-Rjumin gehörten zu ihren Vertrauten, letzterer allerdings mehr aus Not denn Wohlwollen. Bestjušev-Rjumin war ein Schüler Ostermanns gewesen, besaß außergewöhnliche diplomatische Fähigkeiten und war als Leiter der russischen Außenpolitik für Elisabeth einfach unentbehrlich.

✤ *Kaiserin Elisabeth Petrovna war eine auffallend schöne Frau. Außerordentliche Leidenschaft hegte sie für die Jagd. 1743 ließ sie sich vom Maler Georg Christoph Grooth als geschickte Reiterin in Begleitung eines Mohren abbilden.*

✤ *Schlafen wie die Zaren: Unter einem Baldachin mit eingewebten Goldfäden erholte sich Zarin Elisabeth von den Anstrengungen des Tages. Später war es das Schlafzimmer Alexanders I.*

Friedrich II. formulierte 1752 folgende wenig schmeichelhafte Beschreibung der Zarin: »Russland wird von einem sinnlichen Weibe beherrscht, das die Staatsgeschäfte einem vom Ausland bestochenen Minister überlässt. In der inneren Politik stärkt diese Frau mit Ungeschick die Macht des Klerus und erlässt ihm alle Abgaben, die Peter I. ihm auferlegt hatte. Sie zerrüttet die Finanzen durch ihre unordentliche Wirtschaft wie durch ihre Ausgaben. Sie lässt die Kriegsmacht verfallen, weil die Manneszucht fehlt, und vor allem, weil sie die ausländischen Offiziere entlässt.«

Vielleicht versuchte der von Elisabeth im Siebenjährigen Krieg in die Enge getriebene Preußenkönig die mächtige Zarin kleinzureden, denn tatsächlich waren es Elisabeths Armeen, die den Preußen Niederlagen bescherten, wie schon in ihren ersten Regierungsjahren den Schweden mit dem Frieden von Åbo 1743.

Auch war die elisabethanische Ära von deutlichem Wirtschaftswachstum getragen, das zum einen auf einem starken Bevölkerungswachstum beruhte, zum anderen auf der Erschließung fruchtbaren Ackerlandes im Süden und Osten des Reiches. Der gewerbliche Sektor wuchs unter ihrer Herrschaft noch stärker als die Landwirtschaft. Petr Šuvalov modernisierte für Elisabeth die Armee, verbesserte die Rekrutenaushebung und erhöhte die Schlagkraft des Militärapparats. Als Generalfeldzeugmeister brachte Šuvalov die russische Artillerie auf einen so hohen Stand, dass sie die Artillerien der meisten europäischen Mächte weit hinter sich ließ. Der Russisch-Orthodoxen Kirche und dem Klerus verschaffte Elisabeth einige Erleichterungen, dafür verlangte sie eine intensive Missionierung des Reiches, vor allem unter den sibirischen Ureinwohnern, die Naturreligionen anhingen. Viele Zwangstaufen wurden vorgenommen, die Erfolge waren jedoch nur oberflächlich, und unter Katharina II. kehrte man zur religiösen Toleranz zurück. Die tiefe Gläubigkeit Elisabeths, die ihr ihre Tante vermittelt hatte, führte auch zu dem Schwur zu Beginn ihrer Herrschaft, dass unter ihr kein Todesurteil vollstreckt werden soll. Sie hielt Wort.

Porzellan und Kunsthandwerk

Als »weißes Gold« bezeichnete man im 18. Jahrhundert das edle Material, das die Europäer zunächst nur aus China kannten: Porzellan. In Europa hatte man lange keine Ahnung, wie Porzellan gefertigt wurde. Erst Anfang des 18. Jahrhunderts gelang es im sächsischen Meißen, europäisches Porzellan herzustellen. 1710 gegründet, erlangte die dortige Porzellanmanufaktur Weltruhm. 1744 ließ Zarin Elisabeth dann mit Hilfe des Universalgelehrten Michail Lomonossov die erste russische Porzellanmanufaktur in St. Petersburg bauen. Nun schufen russische Künstler feinstes Tafelgeschirr für den Zarenhof. Schnell erlangte auch die St. Petersburger Porzellanmanufaktur, die der Zarenfamilie gehörte, großen Ruhm, nicht zuletzt, weil stets die besten Künstler Russlands und Europas für sie tätig waren. Bereits für Katharina II. schuf sie ein über tausend Teile umfassendes Tafelservice, das alle Pracht ihrer Herrschaft sichtbar machte. Noch heute zählt die Petersburger Manufaktur, die im 20. Jahrhundert in Lomonossov-Manufaktur umbenannt wurde, zu den berühmtesten der Welt und liefert »weißes Gold« für höchste Ansprüche.

Noch berühmter wurden allerdings die Kunstwerke des russischen Goldschmieds und Juweliers Peter Carl Fabergé. Der 1846 in Petersburg geborene Fabergé entstammte einer ins Zarenreich eingewanderten Hugenottenfamilie. In Dresden ausgebildet, übernahm er 1872 das Juweliergeschäft der Familie in St. Petersburg, und zehn Jahre später gelang es ihm erstmals, ausgewählte Schmuckstücke an Zar Alexander II. zu verkaufen. Weltruhm erlangte Fabergé mit seinen berühmten Ostereiern, die er für die Zarenfamilie anfertigte. 1885 gab Alexander III. das erste Ei bei Fabergé als Ostergeschenk für seine Gattin in Auftrag. Das Kleinod der Goldschmiedekunst versetzte die Zarenfamilie in solche Begeisterung, dass sie fortan jedes Jahr zu Ostern Eier in Auftrag gab. Diese Meisterwerke blieben fast ausschließlich ein Privatvergnügen der Zaren. Nur ein einziges Mal wurden die Fabergé-Eier öffentlich präsentiert – auf der Weltausstellung 1900 in Paris.

Fabergé errichtete Niederlassungen in Moskau, Odessa, Kiev und London mit mehr als siebenhundert Mitarbeitern, davon fünfhundert am Stammsitz in St. Petersburg. So entstanden zwischen 1882 und 1917 an die 150 000 Schmuckstücke. Fabergé-Eier sind bis heute ein Inbegriff höchster Goldschmiedekunst und ein Synonym für Luxus. Auf Auktionen erzielen sie mitunter zweistellige Millionenpreise.

✤ *Dieses Krönungsei überreichte Nikolaus II. seiner Frau Alexandra 1897. Der Juwelier Peter Carl Fabergé bildete die prachtvolle Kutsche, mit der das Zarenpaar nach der Krönung durch Moskau gefahren war, nach. 2004 schätzte das Auktionshaus Sotheby's seinen Wert auf 24 Millionen Dollar.*

Aber nicht nur in den höchsten Luxuskategorien hat das Zarenreich weltberühmtes Kunsthandwerk hervorgebracht, auch Gegenständen des täglichen Lebens und Spielsachen drückten russische Kunsthandwerker ihre Prägung auf, etwa als sie Ende des 19. Jahrhunderts die Matrëška schufen. Die Erfinder dieser »Puppen in der Puppe« waren Vasilij Zvëzdočkin und Sergej Maljutin, die sich vermutlich von japanischen Fukurokuju-Puppen hatten inspirieren lassen.

1890 fertigten die beiden Kunsthandwerker die erste Matrëška aus Lindenholz, die mit Kopftuch und rotem Sarafan eine typische Bäuerin darstellen sollte. Der Name Matrëška ist der Diminutiv des russischen Vornamens *Matrëna,* der wiederum vom lateinischen *Matrona* (verheiratete Frau) abgeleitet wird. Die Matrëška war sehr detailreich und farbenfroh bemalt, innen hohl und enthielt anfangs fünf bis acht immer kleiner werdende, identisch bemalte Puppen. Ursprünglich dienten diese Puppen als Spielzeug und erfreuten sich großer Beliebtheit. Heute werden sie als eines der berühmtesten Souvenirs aus Russland in allen Variationen angeboten – von Politikern über Sportler bis zu historischen Figuren und natürlich nach wie vor auch in der alten Form und Gestaltung. Bis zu sechzig Puppen können inzwischen enthalten sein. Bis heute werden Matrëškas überwiegend aus Lindenholz geschnitzt und sind in den kostbareren Varianten handbemalt und lackiert.

✤ *Der 1718–24 erbaute Große Katharinenpalast in Carskoje Selo bei St. Petersburg wird unter Elisabeth vergrößert. Nicht nur Feste werden hier gefeiert, sondern auch Regierungsgeschäfte geführt. Aquarell von Vasilij Sadovnikov.*

Die kurze Herrschaft eines holsteinischen Prinzen

Da Elisabeth offiziell nie heiratete und so auch keine legitimen eigenen Kinder hatte, kümmerte sie sich bereits frühzeitig um einen geeigneten Thronfolger. Die Wahl fiel auf ihren Neffen Karl Peter Ulrich von Holstein-Gottorp, den sie als Vierzehnjährigen nach St. Petersburg holte, um ihn auf diese Aufgabe vorzubereiten. Doch die Wahl war nicht glücklich. Mit ihr entfernte sich das Herrscherhaus noch weiter von Russland. War Anna noch die Nichte, Elisabeth sogar die Tochter Peters des Großen, so war Peter III. zwar noch ein Enkel des großen Zaren, jedoch floss in seinen Adern bereits deutsches und schwedisches Blut. Dieser Zar, dessen Herrschaft gerade einmal ein halbes Jahr dauerte, bevor ihn seine Ehefrau Katharina vom Thron putschte, konnte sich aber nie mit Russland, seiner Sprache, Religion und Kultur anfreunden. Vielmehr verehrte er leidenschaftlich den preußischen König Friedrich II. Als Peter III. nach seiner Thronbesteigung 1761 umgehend den Siebenjährigen Krieg gegen Preußen beendete, den seine Tante an der Seite Österreichs geführt hatte, und einen Frieden ohne jegliche Vorbedingungen oder gar Gewinne für Russland mit dem am Rande des Abgrundes stehenden Friedrich II. schloss, verhöhnte er das Russische Reich und seine Armee regelrecht. Letztere zahlte es ihm heim, stellte sich hinter die zweite Putschistin in der russischen Geschichte, seine eigene Ehefrau Katharina, und machte diese so zu Katharina II., einer der mächtigsten Herrscherinnen, die Russland jemals hatte.

✤ *Die mächtigste Herrscherin, die Russland je hatte: Katharina die Große geb. Sophie Friederike Auguste Prinzessin von Anhalt-Zerbst, im Krönungsornat – so posierte sie 1762 in Carskoe Selo für den Maler Aleksej Antropov.*

Die Deutsche auf dem russischen Thron

In Katharinas Adern floss allerdings nicht ein Tropfen russischen Blutes. Sie war eine deutsche Prinzessin aus dem Hause Anhalt-Zerbst, die als junges Mädchen als Braut für Peter III. nach Russland geholt wurde, zur Orthodoxie übertrat und sich mit Feuereifer – ganz im Gegensatz zu ihrem Mann – das Land, seine Geschichte und Kultur aneignete. Von der ihr wohlgesinnten Zarin Elisabeth hat sie viel gelernt.

Wie Elisabeth kam auch Katharina durch einen Putsch an die Macht. Und wie ihre Vorgängerin baute sie dabei auf die Unterstützung der Garderegimenter.

Ihr damaliger Geliebter, der Gardeoffizier Grigorij Orlov, unterstützte sie sehr. Später dankte sie es ihm und seinen Mitstreitern mit großzügigen Geschenken und viel Macht bei Hofe. Wie Elisabeth ging auch Katharina als Zarin keine Ehe mehr ein, sondern hielt sich an wechselnde Liebhaber, und sie beschwor wie zuvor Elisabeth das russische Element. Die Deutsche musste dabei allerdings deutlich mehr bieten als Elisabeth, die Tochter des großen Peter. Katharina ließ sich in einer überaus prunkvollen Zeremonie in Moskau zur Kaiserin krönen, denn erst durch diesen Akt war sie auch in den Augen des Volkes Herrscherin von Gottes Gnaden. Ihr Mann, Peter III., hatte dieses Element für nicht so wichtig gehalten und seine Krönung hinausgeschoben – zu lange, wie sich zeigte, sodass er noch ungekrönt gestürzt und umgebracht werden konnte.

Unter Elisabeth hatte Katharina bereits lernen können, dass zur Sicherung der Macht eine wohlwollende Aristokratie unverzichtbar war. Diese galt es durch großzügige Privilegien an sich zu binden. Schon Elisabeth war so verfahren, Katharina folgte ihr auf diesem Weg, überbot sie sogar noch. In zwei Dingen unterschied sich Katharina jedoch deutlich von Elisabeth: Zum einen war sie bei Weitem nicht so schön wie ihre Vorgängerin, zum anderen hatte sie eine weitaus umfangreichere und modernere, auch philosophische und politische Bildung erhalten. Das mag ein Grund dafür gewesen sein, dass sich unter Katharina II. der Schwerpunkt höfischen Lebens von ausschweifend prunkvollen Festen hin zu Beschäftigungen im Sinne der Aufklärung verschob. Dies belegen ihre regen Briefwechsel mit aufgeklärten Geistern wie Voltaire, Montesquieu oder Cesare Beccaria über politische und juristische Fragen. Innen- und außenpolitisch war die vierunddreißig Jahre währende Herrschaft Katharinas von den Grundideen der Aufklärung und des Kameralismus, einer deutschen Spielart des Merkantilismus, geprägt. Davon zeugten ihre groß angelegte Gouvernementsreform von 1775, die Ansiedlung deutscher Bauern im Wolgagebiet sowie die Gründung von Volksschulen, Gymnasien und Ingenieursfachschulen in den Städten des Reiches.

Aufgeklärte Aristokratie und leibeigene Bauern

Als Katharina II. 1762 die Herrschaft übernahm, befand sich das Russische Reich in einem recht ausgeglichenen Zustand. Die Wirtschaft wuchs, rief aber nach Förderung und Unterstützung durch die Regierung. Außenpolitisch war Ruhe eingekehrt, der Siebenjährige Krieg beendet und mit Preußen ein gütliches Miteinander geschaffen. Was die inneren Verhältnisse anging, so hatte der Adel unter Elisabeth wieder reichlich an Privilegien hinzugewonnen – er besaß das Monopol auf Leibeigene, auf Landbesitz sowie auf Naturressourcen wie Erze oder Wälder. Er war von jeglichen Steuern befreit, und auch seine Dienstpflicht war bereits stark gelockert. Die Lasten des Staates trugen hauptsächlich die Bauern: Sie hatten verschiedenste Steuern zu zahlen, den Wohlstand ihrer Herren zu erwirtschaften und die Soldaten für die Armee zu stellen.

Katharina II. beeilte sich, sämtliche Privilegien des Adels, die politischen Entscheidungen der jüngsten Vergangenheit und ihren großen Respekt vor der Kirche gleich in ihrer Thronrede zu bestätigen, um das Entstehen einer starken Opposition gegen sie als Deutsche bereits im Keim zu ersticken. 1767 berief die Zarin eine gesetzgebende Kommission ein, die sich aus gewählten Repräsentanten des Reiches zusammensetzte und ein neues Gesetzbuch diskutieren und entwerfen sollte. Jeder Abgeordnete brachte eine Instruktion ein, welche die Bedürfnisse und Wünsche seiner Wähler enthielt, derer er sich bei den Beratungen in der Kommission anzunehmen hatte. Katharina II. wählte dieses für eine absolutistische Herrscherin ungewöhnliche Verfahren, um Informationen über die Stimmung in der Bevölkerung zu bekommen. Die Zarin wirkte selbst mit, indem

✤ Elend hinter schöner Fassade: Mittellose Bauern schauen zu, wie Fürst Grigorij Potemkin Zarin Katharina II. die blühenden Landschaften der Krim vorführt – so stellte sich Richard Caton Woodville die »Potemkinschen Dörfer« 1905 vor.

tern und auch freien Staatsbauern – die Leibeigenen waren in der Kommission nicht vertreten – zeigten Katharina II. und ihren Ratgebern deutlich, dass die russische Gesellschaft stark geteilt war und kaum die Gefahr bestand, dass sich unter den einzelnen Gruppierungen Koalitionen bildeten, um Veränderungen durchzusetzen.

Von Seiten des Volkes gab es keine Bedrohung der Autokratie, waren doch die meisten Untertanen der Meinung, dass nur ein Autokrat das Gleichgewicht wahren und die Sicherheit der einzelnen Stände der Gesellschaft gewährleisten konnte. So musste die Kaiserin den Bewohnern ihres Reiches keine besondere Aufmerksamkeit schenken, sondern konnte ihr Hauptaugenmerk auf politische Stabilität und die Bedürfnisse des Leibeigene besitzenden Adels richten und Aspekte wie soziale Ausgewogenheit, Menschlichkeit und allgemeinen wirtschaftlichen Nutzen vernachlässigen. Tatsächlich tat Katharina II. während ihrer Herrschaft praktisch nichts, um die Leibeigenschaft in Russland für die betroffenen Bauern zu erleichtern. Umso mehr kümmerte sie sich um die Aristokratie.

Das goldene Jahrhundert des Adels

1785 erließ die Kaiserin einen »Schutzbrief für den Adel«. Dieser bestätigte in den Jahren zuvor entwickelte korporative Vereinbarungen, welche die Adligen eines jeden Gouvernements als öffentliche Korporation anerkannten und ihnen viel Einfluss auf dieser Ebene einräumten. So gab diese Urkunde dem führenden Stand des Reiches ein Gefühl von Gruppenidentität und einen Korporiertenstatus wie auch eine gewisse Autonomie. Zugleich ermutigte die Zarin die Adligen, auf ihre Güter zurückzukehren, dort wirtschaftliche Erfolge zu erzielen und an den lokalen Angelegenheiten teilzunehmen. Aufgrund der regelmäßigen Wahlen, welche die Korporationen abhielten, kam man öfter zusammen, stärkte so die persönlichen und familiären Bande und förderte zugleich eine Art von Standessolidarität und Status.

So begriff sich der Adel zunehmend als eine gesetzlich definierte Körperschaft mit eigener Organisation, eigener Würde, aber auch Verantwortung und eigenen Interessen. Auch garantierte die Urkunde den Adligen die Sicherheit ihrer Person und ihres Eigentums. In

sie eigene Instruktionen, die inhaltlich von Montesquieu, Bielfeld und Becceria beeinflusst waren, als Richtlinien für die Kommission vorgab. In ihnen spiegelten sich die Grundideen der Aufklärung, aber zugleich bekräftigten sie die Unantastbarkeit der Autokratie. Als etwa unbequeme Fragen aufgeworfen wurden wie die Leibeigenschaft oder die monopolistischen Privilegien einzelner Stände, vertagte die Kaiserin 1768 die Kommission auf unbestimmte Zeit. Der gerade gegen die Türkei ausgebrochene Krieg bot ihr einen Vorwand. Nutzen erbrachten die Debatten der gesetzgebenden Kommission für die Herrscherin auf jeden Fall. Die gegensätzlichen Interessen von Adel, Kaufleuten, Städ-

✤ *Katharina II. finanzierte den französischen Aufklärer Denis Diderot, indem sie pro forma seine Bibliothek kaufte und ihm ein großzügiges Bibliothekarsgehalt zahlte. 1773 ließ er sich einige Monate am Hof in St. Petersburg verwöhnen, der als ein kultureller Mittelpunkt Europas galt.*

✤ *Unter Führung des Donkosaken Emiljan Pugačov, der sich als Zar Peter III. ausgibt, erheben sich Tausende von Leibeigenen. Auf seinem Feldzug durch das Volga-Gebiet tötet Pugačov Angehörige von Adelsfamilien und plündert deren Anwesen – auf dem Gemälde das »Gericht Pugačovs«.*

Strafprozessen konnten Adlige nur durch Standesgenossen abgeurteilt werden. Sie konnten ihren Adelsstatus nicht verlieren, ausgenommen durch Gerichtsverfahren, die vom Herrscher bestätigt werden mussten. Über sie durften keine Körperstrafen verhängt werden, auch kein willkürlicher Arrest und keine Konfiszierung des Eigentums. Die Adligen erhielten volles Recht über ihre Ländereien sowie alle ober- und unterirdischen Ressourcen.

Dieses Bündel an Privilegien führte zu einer Blüte der Adelskultur, welche die Herrschaft Katharinas II. zum »goldenen Jahrhundert des Adels« machte. Das adelige Leben auf den Gütern blühte im wahrsten Sinne des Wortes auf: Parklandschaften und Gärten entstanden, und eine häusliche Kultur der Mäßigung, Ruhe und Friedfertigkeit hielt bei den Gutsherren Einzug. Den Preis für diese Privilegien zahlten die Bauern – vor allen die leibeigenen –, denn die Stellung des Adels ihnen gegenüber wurde nahezu allmächtig.

Das Leid der Bauern

Zwar fing Katharina II. auch mit der Ausarbeitung einer Gnadenurkunde für die Bauern, insbesondere die Staatsbauern an, die aber nie über das Projektstadium

Die Bauern – viele Pflichten, keine Rechte

Im 16. Jahrhundert waren weit über neunzig Prozent der russischen Bevölkerung Bauern, und auch Mitte des 19. Jahrhunderts stellten sie immer noch mehr als achtzig Prozent. So dominierend die Bauern rein zahlenmäßig waren, so bedeutend waren sie auch für die kulturelle Mentalität des Reiches – unabhängig von allen Bemühungen der Zaren, Russland gen Westen zu öffnen oder dem Land eine industrielle Prägung zu geben, wie es seit der zweiten Hälfte des 19. Jahrhunderts versucht wurde. Dabei gleicht ihr Schicksal einer Tragödie. Trotz mehrerer Aufstände und Revolten konnten sich die Bauern nie von der ihnen aufgebürdeten Abhängigkeit befreien – nicht zuletzt, weil ihnen ihre traditionelle und religiöse Orientierung im Wege stand.

Ursprünglich lebten die russischen Bauern auf gemeinschaftlich genutztem Land und in patriarchalen Hausgemeinschaften, die eine oder mehrere Familien umfassten. Vorstand des Haushaltes war normalerweise der älteste Mann, der *bol'šak*. Er herrschte über sämtliche Haushaltsangehörigen, und seine Entscheidungen über die Verteilung der Arbeit oder über Eheschließungen waren bindend gemäß Gesetz und Brauch. Diese wiederum waren stark geprägt von der Religion. Die Bauern lebten seit jeher in den von der Natur und dem Heiligenkalender vorgegebenen Rhythmen und Zyklen. Das Arbeitsjahr war von religiösen Festen und Namenstagen bestimmt – sei es die Aussaat im Frühling, die Heu- und Getreideernte im Sommer oder die Obst- und Gemüseernte im Herbst.

Zugleich war der *bol'šak* Mitglied der Bauernversammlung, *skhod,* die für die periodisch vorzunehmende Landverteilung innerhalb der bäuerlichen Gemeinschaft zuständig war. Die Bauern hatten kein festgeschriebenes eigenes Land, das nur von ihnen bewirtschaftet wurde. Darin lag einer der entscheidenden Unterschiede zwischen Russland und anderen agrarisch geprägten europäischen Ländern. Bis auf eine kurze Periode Ende des 19., Anfang des 20. Jahrhunderts gehörte den russischen Bauern rechtlich ihr Land nie. Es war das Land des Zaren, der Kirche oder der Adligen, die es vom Zaren erhalten hatten. Die Bauern bewirtschafteten und nutzten das Land nur, die Gewinne daraus wurden zunehmend von den Eigentümern abgezogen, und nur selten floss etwas davon zurück, um Rücklagen für Notzeiten schaffen oder gar etwas investieren zu können.

Seit jeher gab es im Russischen Reich ein eklatantes Missverhältnis zwischen Bevölkerungszahl und zu beherrschendem Raum. So waren die Herrscher immer bemüht, die Menschen an die Orte, an denen sie gebraucht wurden, zu binden. Durch die Gesetzessammlung, *uloženie,* von 1649 wurden die Bauern an ihre Geburtsorte gebunden. Diese Schollenpflicht war keine Leibeigenschaft. Die Gutsbesitzer durften die Bauern auf ihren Gütern nicht verkaufen. De facto konnten sie aber das Land verkaufen, auf dem Bauern »fest« saßen. Vollends zu Leibeigenen wurde ein Großteil der Bauern erst im 18. Jahrhundert im Zusammenhang mit der Vergrößerung des Dienstadels, der als Entlohnung vom Zaren Dienstgüter zugesprochen bekam, auf denen die Bauern für ihn arbeiten mussten. Nach und nach wurden dem Adel immer mehr Rechte über die Bauern zugesprochen, was zu einer gutsherrlichen Allgewalt und so zu einer unbedingten Leibeigenschaft führten. Die Bauern verloren ihre Rechts- und Geschäftsfähigkeit und waren seit 1741 vom Untertaneneid ausgeschlossen.

1811 waren achtundfünfzig Prozent der russischen Bevölkerung Leibeigene. Diese Verhältnisse koppelten Russland von der Modernisierung im übrigen Europa ab und hielten es in Erstarrung. Obwohl die Leibeigenschaft Russlands Entwicklung behinderte, schien es beinah unmöglich, sie abzuschaffen. Schließlich lebte der Adel von ihr. Die Bauern zu befreien, ohne den Adel wirtschaftlich allzu stark einzuschränken, glich der Durchschlagung eines gordischen Knotens. 1861 wurden die Bauern schließlich unter Zar Alexander II. aus der Leibeigenschaft entlassen. Damit waren sie aber noch lange nicht von ihrer Abhängigkeit befreit, denn das Land, das sie bearbeiteten, behielt der Adel und bewirtschaftete es nun mit denselben Bauern im Tagelohn. Lediglich einen winzigen Teil ihres ehemaligen Landes hatten die Bauern als Eigentum zugesprochen

bekommen, und auch den mussten sie noch über neunundvierzig Jahre abbezahlen. Bevor sie ihre Schuld nicht getilgt hatten, konnten sie das Land weder verkaufen, noch Anleihen darauf aufnehmen.

Wirtschaftliche Impulse und Innovationen in der Landwirtschaft konnte man von dieser Bauernschaft nicht erwarten. Ihre Situation war fatal und führte entweder in die weitere Verelendung oder zur Abwanderung in die Städte, wo sich die ehemaligen Bauern als Arbeiter in der aufkommenden Industrie verdingten. Viele verließen ihre Heimat ganz und wanderten aus – einige von ihnen nach Sibirien, wo die ökonomischen und fiskalischen Verhältnisse besser für sie waren. Nur einem kleinen Teil von ihnen gelang es, mit der Zeit Fuß zu fassen, etwa dadurch, dass sie neues Land kauften und ärmere Nachbarn für sich arbeiten ließen. Sie wurden wohlhabend, deshalb von den armen Bauern beneidet und von ihnen verächtlich *kulaki*, Fäuste, genannt. Ihr Schicksal wurde mit der Oktoberrevolution besiegelt. Die Sowjetunion ging erbarmungslos gegen diese neu entstandene Schicht von Großbauern vor und enteignete sie erneut gewaltsam.

✤ Auf ewig an die Scholle gebunden: Noch 1811 waren 58 Prozent der russischen Bevölkerung Leibeigene. Das Ende der Leibeigenschaft 1861 verbesserte die Lage der Bauern kaum. Foto einer Bauernfamilie von 1910.

hinauskam. Dabei machten die Bauern ungefähr neunzig Prozent der Bevölkerung ihres Reiches aus. Lediglich ein Prozent waren Adelige; die Stadtbewohner stellten drei bis vier Prozent. Der Rest der Bevölkerung setzte sich aus verschiedenen nomadisierenden Volksstämmen zusammen. So trugen vor allen die Bauern die Steuerbürde des Reiches. Neben der Kopfsteuer lastete eine Reihe von indirekten Steuern auf ihnen, so etwa die auf Salz und Alkohol. Allein die indirekten Steuern machten in der zweiten Hälfte des 18. Jahrhunderts mehr als die Hälfte der Staatseinkünfte aus. Die Bauern wurden auf verschiedene Art und Weise in Knechtschaft gehalten, damit sich ihnen Geld abpressen ließ. Die einen gehörten dem Staat und hatten eine jährliche Steuer, *obrok,* zu zahlen und konnten zu verschiedenen Diensten für die örtliche Verwaltung herangezogen werden. Zu ihnen zählten seit 1764 auch jene Bauern, die zuvor der Kirche gehört hatten. Einige gehörten direkt der kaiserlichen Familie, die meisten jedoch besaßen Privatleute – sie waren Leibeigene im eigentlichen Sinne. Freie Bauern gab es nur wenige, die meist weit verstreut in den Randgouvernements siedelten. Die meisten Leibeigenen waren gezwungen, neben ihrem Land das ihrer Herren in Fronarbeit, *barščina*, zu bearbeiten.

Häufig verfügten die Adligen auf die Größe ihrer Ländereien gerechnet über zu wenige Bauern, sodass die Arbeit für die Leibeigenen immer beschwerlicher wurde und vielen von ihnen Ende des 18. Jahrhunderts nur noch der Sonntag für die Bearbeitung ihres eigenen Landes blieb. Zwar waren die Gutsherren verpflichtet, einen Teil der Ernte als Unterhalt für die Leibeigenen zurückzulegen oder um Hungersnöten bei Missernten vorzubeugen, doch dabei wurde viel Missbrauch zu Lasten der Bauern betrieben.

Außerdem führte dieser Mangel an »Seelen«, Leibeigenen, dazu, dass die Gutsherren nicht genügend Gewinn aus ihrem Land erwirtschafteten. Wollte ein Adliger nämlich seinen Dienstverpflichtungen nachkommen, zugleich seinen Söhnen eine gute Erziehung zukommen lassen und ein wenigstens bescheidenes adliges Leben führen, so musste er mindestens hundert männliche Leibeigene besitzen. Aber nur achtzehn Prozent des Adels hatten so viele »Seelen«, mehr als die Hälfte der Adligen hatte weniger als zwanzig. Wirklich vermögend mit über tausend »Seelen« war nur ein Prozent der Adligen. Wie wichtig die Anzahl der Leibeigenen nicht nur für den persönlichen Wohlstand, sondern auch für das Ansehen in der Gesellschaft waren, schildert der Schriftsteller Nikolaj Gogol in seinem Roman »Die Toten Seelen« von 1842.

Pugačovs Bauernaufstand

Immer wieder versuchten Bauern ihrem Schicksal als Leibeigene zu entkommen und in die Grenzgebiete des Reiches zu fliehen, oder nach Sibirien, das keine Leibeigenschaft kannte. Sie wurden gejagt und zurückgebracht. Es kam auch zu Bauernaufständen. Einer der bekanntesten, der von dem Donkosaken Emiljan Pugačov angeführte Bauernaufstand von 1773–75, erschütterte das Zarenreich in seinen Grundfesten. Nach zehn Jahren der Herrschaft Katharinas II. hatten die meisten Bauern ihre Hoffnung auf ein besseres Leben aufgegeben. Zuvor hatte die Zarin dieser mit ihren Versprechungen und ihrer kritischen Haltung zur Leibeigenschaft noch reichlich Nahrung gegeben. Da tauchte im August 1773 am Fluss Jajk der Kosaken-Ataman Pugačov auf und versprach den Bauern Freiheit, Gerechtigkeit und Land. Die Menschen liefen ihm in Scharen zu, glaubten gar, in ihm Katharinas ermordeten Gemahl Peter III. zu erkennen, der in dem Ruf gestanden hatte, die Bauern befreien zu wollen. Pugačov gelang es, binnen Kurzem ein beachtliches und wild zusammengewürfeltes Heer aufzustellen, mit dem er zahlreiche russische Stützpunkte im südlichen Ural erobern konnte und Orenburg belagerte. Bis Ende 1773 hatten sich die Unruhen zwischen Jajk und Wolga bis nach Perm ausgebreitet und zwangen die Zarin zu handeln. Es gelang der russischen Armee, Orenburg zu befreien und Pugačov zu vertreiben. Zu fassen bekamen ihn die russischen Truppen aber erst ein gutes Jahr später. In einem eisernen Käfig brachte man Pugačov nach Moskau, wo er zum Tode verurteilt und am 10. Januar 1775 geköpft wurde.

Imperiale Expansion in Europa

Unter Katharina II. fand die größte Expansion Russlands seit der Eroberung Sibiriens im 16./17. Jahrhundert statt. Da ihre Vorgängerin Elisabeth sich bereits um wirtschaftliche Konsolidierung gekümmert hatte, standen Katharina genug finanzielle Mittel zur Verfügung, Russlands imperiale Ambitionen auszuleben. Im russisch-türkischen Krieg von 1768 bis 1774 siegte Russland so überlegen, dass es mit dem Vertrag von Küçük Kaynarca die gesamte Nordküste des Schwarzen Meeres bis zur Mündung des Bugs für das Imperium sicherte und ein russisches Protektorat über die Krim errichtete. Die Aneignung der südlichen Ukraine und der Krim erwies sich als vorteilhaft für das Reich. Die ausgedehnte Schwarzerde-Region war hervorragend zur landwirtschaftlichen Kolonisierung und plantagenähnlichen Ausbeutung geeignet. An der Küste entstanden neue maritime Zentren wie Nikolaev und Odessa, die große Bedeutung für den Handel bekamen. Über die beiden Häfen wurden nun Getreidelieferungen in großem Maßstab in den Westen abgewickelt.

Treibende Kraft dieser Entwicklungen war Grigorij Aleksandrovič Potemkin, einer der einflussreichsten Fa-

✤ Zarin Katharina die Große empfängt den türkischen Botschafter im Audienzzimmer der Neva-Enfilade des Winterpalais in St. Petersburg am 14. Oktober 1764. Stich von Andrej Kazačinski.

❖ *Fürst Grigorij Aleksandrovič Potemkin – Porträt eines unbekannten Malers –, Katharinas II. große Liebe, ihr wichtigster Vertrauter und Ratgeber. Einigen Quellen zufolge brachte die Zarin sogar eine Tochter von Potemkin zur Welt, die bei der Schwester des Fürsten aufwuchs.*

voriten Katharinas II., wohl die große Liebe ihres Lebens, sicherlich aber ihr engster Vertrauter und Ratgeber. Im Krieg gegen die Türken hatte sich Potemkin durch Tapferkeit und herausragende Führungsqualitäten ausgezeichnet. Die Kaiserin holte ihn mit einem persönlichen Brief zurück nach St. Petersburg, und binnen Kurzem wurde er ihr Liebhaber und Vertrauter. Katharina II. machte Potemkin zum Vizepräsidenten des Kriegsministeriums und zum Generalgouverneur von »Neurussland«, wie die neuen südlichen Provinzen genannt wurden. Als Liebhaber diente Potemkin der Kaiserin nur zwei Jahre, dann zog er sich selbst aus dieser Rolle zurück, blieb ihr aber als Freund und Ratgeber zeitlebens verbunden. Seine Energien konzentrierte dieser fähige Mann, der von vielen beneidet wurde, auf die Entwicklung der eroberten Territorien; er gründete 1778 die Stadt Cherson am Dnjepr und begann die Schwarzmeerflotte aufzubauen.

1783 gelang es Russland, die Krim vollends dem Russischen Reich einzuverleiben, woran Potemkin entscheidenden Anteil hatte. Er wurde von seiner Zarin zum Präsidenten der Kriegsakademie und zum Feldmarschall befördert und erhielt den Fürstentitel Potemkin-Tavričeskij, »der Taurier«. Derweil wurde auf der Krim unter seiner Regie mit dem Bau der Hafenstadt Sevastopol begonnen und am Dnjepr die Stadt Ekatarinoslav angelegt.

Die Potemkinschen Dörfer

Sprichwörtlich geworden ist dieser Mann aber mit der Inszenierung der Reise Katharinas II. in den russischen Süden und auf die Krim, für die er Paläste, Brücken und sogar bemalte Kulissen errichten ließ – die berühmten »Potemkinschen Dörfer«. Zwei Ziele verfolgte Potemkin: Zum einen wollte er seine Zarin aufheitern, da sie durch den Tod eines jungen Liebhabers in tiefe Schwermut versunken war, zum anderen sollte diese Reise aller Welt demonstrieren, dass Katharina II. nördlich des Schwarzen Meeres nun Alleinherrscherin war und hier blühende Landschaften im Entstehen waren, die das Russische Reich für sich zu nutzen wüsste. Mitte Januar 1787, dem Jahr des fünfundzwanzigsten Thronjubiläums Katharinas der Großen, setzte sich die Reisegesellschaft mit 178 Fahrzeugen – die meisten Schlitten – von St. Petersburg aus in Bewegung. Die Gesandten Österreichs, Frankreichs und Großbritanniens waren eingeladen worden, diesem großen Spektakel beizuwohnen und der Welt darüber zu berichten. Sie kamen dieser Verpflichtung nach.

Jeder Aufenthalt auf dieser Reise war aufs Peinlichste geplant und inszeniert, nichts wurde dem Zufall überlassen. Schließlich schlossen sich sogar der polnische König Stanisław Poniatowski, ein ehemaliger Liebhaber Katharinas, und der inkognito reisende Habsburger Kaiser Joseph II. der Reisegesellschaft an, um mit Katarina Neurussland und die Krim zu besichtigen. Man durchquerte schöne Landschaften, üppig

geschmückte Dörfer, in denen Blumen streuende Menschen begeistert ihrer Zarin zuwinkten – alles von Potemkin zuvor organisiert. Der französische Gesandte Ségur kommentierte: »Man bemüht sich hier, alles zu schmücken, zu verschönern, alles für die Augen der Kaiserin zu beleben; aber wenn Katharina wieder abgereist ist, wird auch all diese Herrlichkeit aus diesen riesigen Gebieten verschwinden.« Doch sein Gesprächspartner Joseph II. sah die Inszenierung aus einer anderen Perspektive und erwiderte: »Das gebe ich alles zu. Man hat uns von Illusion zu Illusion geführt. Das Innere der Dinge hat hier große Mängel. Aber das Äußere hat ebenso viel Wirklichkeit als Glanz. Der Soldat, der versklavte Bauer sind Werkzeuge, deren man sich bedienen kann, um alles niederzutreten, was man nur will. Der dienstbare Adel kennt kein anderes Gesetz als den Willen der Souveränin, keinen anderen Zweck als ihre Gunst. Sie befiehlt: Die Truppen erheben sich, die Schiffe lichten ihre Anker. Es gibt in Russland kein Intervall zwischen dem Befehl, wie launisch er auch sein mag, und seiner Ausführung …« Joseph II. konnte bei seinen Bemerkungen auf Erfahrungen mit der rus-

✤ *»Der imperiale Schritt«: Diese französische Karikatur ist eine Anspielung auf die Pläne Katharinas II., die Türken aus Konstantinopel zu vertreiben, wie auch auf ihr ausschweifendes Liebesleben. Durch zwei Türkenkriege gelang es ihr, Russland Zugang zum Schwarzen Meer zu verschaffen.*

Moldavie
Leopol
Luck
Brzesc
Bug R.
Bielsk
Rava
Varsovie
Cracovie
Sieradz
Leczyca
Gnetne
Netze R.
Thorn
Culm
Novogrodek
Witebsk
Polock
Brandebour.
Marienbourg
Dantzik
POMERANIE
RUSSIE
POLOGNE
en 1772.
Riga
Mittau

Erste polnische Teilung 1772: Katharina die Große teilt im Bunde mit Kaiser Josef II. und dem preußischen König Friedrich II. Polen auf, während der polnische König Stanislaus II. August sich verzweifelt an der Krone festhält.

sischen Kaiserin bauen, die aus den außenpolitischen Entwicklungen um Polen resultierten. Frankreich hatte noch ein paar Jahre Zeit, bis es direkte Bekanntschaft mit der russischen Autokratie machte.

Sevastopol war die letzte und südlichste Station der großen Reise Katharinas II. Vierzig russische Kriegsschiffe empfingen sie hier mit Ehrensalut. Die neue Herrscherin war am Schwarzen Meer angekommen.

Die Teilungen Polens

Nahezu parallel zum russischen Ausgreifen nach Süden spitzten sich die polnisch-russischen Auseinandersetzungen dergestalt zu, dass Polen schrittweise unter seinen Nachbarstaaten Russland, Preußen und Österreich aufgeteilt und als souveränes, gleichberechtigtes Glied des europäischen Staatensystems ausgelöscht wurde. Dieser Vorgang – ein bis dahin beispielloser Gewaltakt in der europäischen Geschichte –, der die politische Ordnung Europas ins Wanken brachte, begann mit einem Bürgerkrieg in Polen. Der brach aus, kurz nachdem 1764 Stanisław Poniatowski, ein ehemaliger Günstling Katharinas II., als neuer König von Polen eingesetzt worden war. Große Teile des polnischen Adels widersetzten sich diesem russischen Diktat. Russische Truppen, durch ihre Erfolge gegen die Osmanen im russisch-türkischen Krieg in bester Kampflaune, griffen in die Auseinandersetzungen ein. Die beiden benachbarten Mächte Preußen und Österreich, misstrauisch gegenüber dem machthungrigen Russland, beeilten sich, den Konflikt zu lösen, wobei sie ihren Teil vom Kuchen abhaben wollten. So verlor Polen 1772 als Strafe für seinen Widerstand gegen das inzwischen übermächtige Russische Reich rund ein Drittel seiner Fläche und seiner Bevölkerung an die drei Nachbarn. Russland erhielt

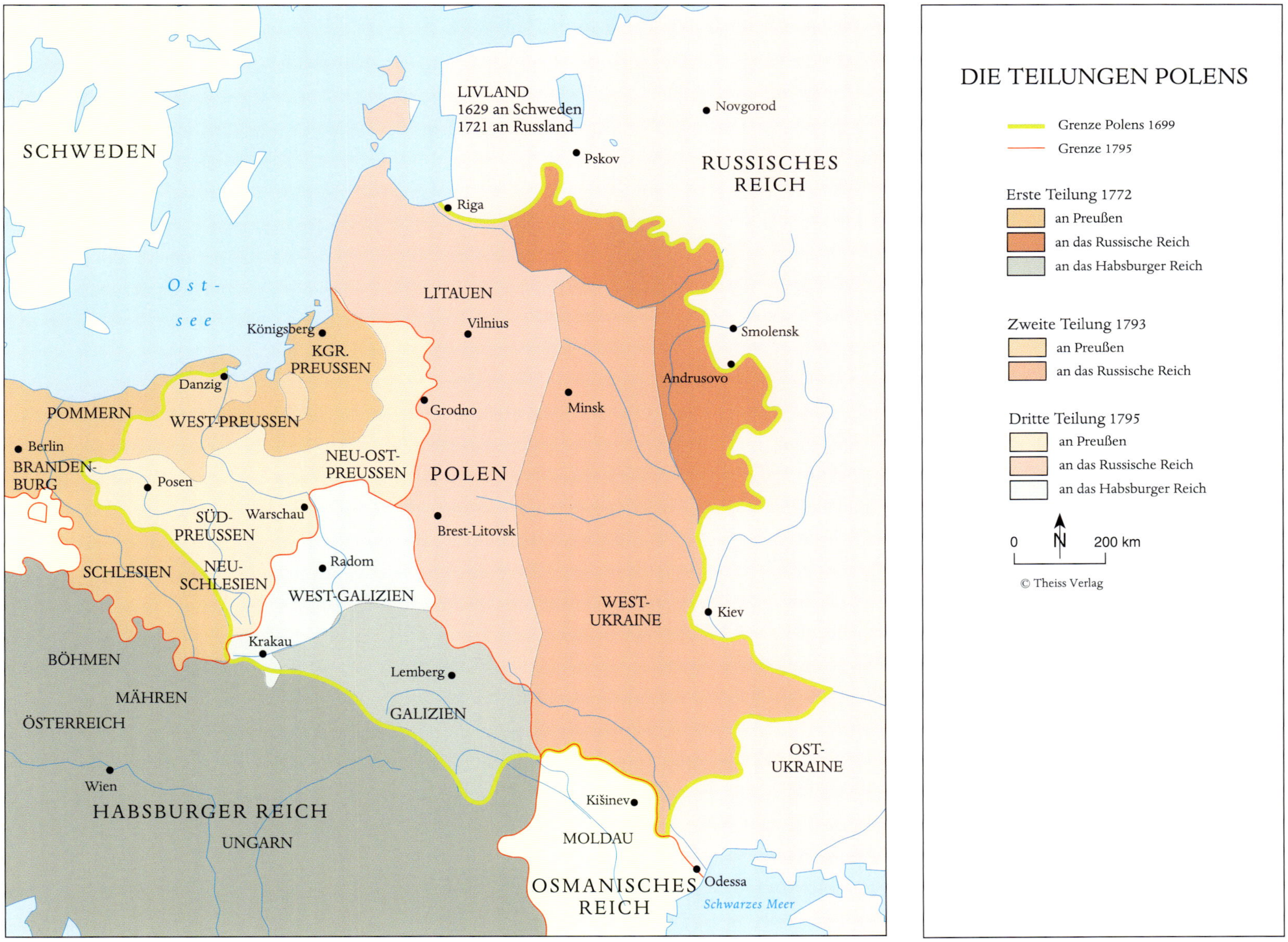

bei dieser ersten Teilung die östlichen Gebiete Weißrusslands und Polnisch-Livland. Dieses Territorium war vorwiegend von weißrussischen und lettischen Bauern sowie von einigen polnischen Adligen bewohnt. Bei der städtischen Bevölkerung bildeten Juden die größte Gruppe.

Polen reagierte auf die Annexionen durch die Nachbarn mit Reformen, die am 3. Mai 1791 zur ersten niedergeschriebenen Repräsentativverfassung Europas führten. Im Zeitalter der Französischen Revolution war die polnische Verfassung eine Herausforderung für die absolutistischen Nachbarmächte, die sie auch umgehend annahmen. Russische Truppen marschierten 1792 in Polen-Litauen ein, um die »französische Pest« zu bekämpfen. Nach der zweiten Teilung 1793, bei der auch Preußen wieder seinen Anteil bekam, blieb nur noch ein von Russland abhängiger polnischer Rumpfstaat. Die Polen setzten sich umgehend zur Wehr, verloren allerdings ihren Befreiungskampf. Ihre Niederlage führte zur dritten, »allgemeinen, endgültigen und unwiderruflichen Teilung« Polens 1795. Damit war das Königreich Polen von der Landkarte gelöscht. Russland gewann fast alle von Litauern, Weißrussen und Ukrainern bewohnten Gebiete, abgesehen von Ostgalizien, das an Österreich, und dem südwestlichen Litauen, das an Preußen fiel.

Dieses riesige, von mehr als sieben Millionen Menschen bewohnte Gebiet in das Russische Reich einzugliedern, stellte selbst das in dieser Hinsicht nicht ganz unerfahrene Zarenreich vor Probleme. Bereits nach der ersten Teilung Polens hatte Rousseau den Russen prophezeit, dass Polen für sie leichter zu schlucken als zu verdauen sein würde. Er behielt Recht.

Russland will vom Wissen der neuen Untertanen profitieren

Die größte Herausforderung der neuen westlichen Reichsgebiete lag für das autokratische Russland in den dort herrschenden ständisch-korporativen Organisationsformen und regionalen Traditionen. Es galt, die Loyalität der neuen nichtrussischen Untertanen zu gewinnen, politische und soziale Stabilität zu gewährleisten und das neue Territorium damit militärisch und politisch zu kontrollieren. Um das zu erreichen, musste das Zarenreich versuchen, sich in den bestehenden Verhältnissen zu verankern, was nur durch eine Zusammenarbeit mit den regionalen Eliten bei gleichzeitiger Anerkennung von deren bisherigem Status quo funktionierte. Als Gegenleistung versprach man sich Gewinn aus den im Westen vorhandenen personellen Ressourcen, die nicht nur in der Quantität der Bevölkerung, sondern auch im Grad ihrer Bildung und sozialen Organisation bestanden. Doch genau darin lag auch eine Gefahr, dass nämlich die Beherrschten über ausgeprägtere Bildungs- und Kulturressourcen als ihre Herrscher verfügten.

Dem polnischen Adel fiel es nicht leicht, sich mit dem Verlust von Unabhängigkeit und politischer Partizipation abzufinden, die im Russischen Reich nicht vorgesehen war. Hinzu kam, dass die Russen dem katholischen Glauben der Polen äußerst misstrauisch gegenüberstanden – wie auch dem jüdischen, mit dem man in Russland zuvor keinerlei Erfahrungen gemacht hatte. Zunächst einmal mussten die Polen ihre adlige Abstammung nachweisen, um in den Adelsstand aufgenommen zu werden. Besonders schwierig wurde das für viele landlose polnische Adlige, die meist von Magnaten abhängig waren und nach den Teilungen schnell zu Lastpflichtigen deklassiert wurden. Hilfe zur Durchsetzung ihrer Interessen fanden sie weder bei den russischen Behörden noch bei den polnischen Magnaten, denen nicht an der Nobilitierung der landlosen Szlachta, wie sich der polnische Adel nannte, gelegen war. Trotz dieser Deklassierung bildeten die in den Adel des Reiches aufgenommenen Polen eine viel größere Gruppe als der russische Adel. 1795 stellten sie sechsundsechzig Prozent des erblichen Adels Russlands. Es gelang der russischen Regierung, viele von ihnen, insbesondere aber die schmale Schicht der Magnaten für eine Zusammenarbeit zu gewinnen – ebenso die meisten Adligen des Baltikums.

Bereits Peter der Große war daran interessiert gewesen, die besonderen wirtschaftlichen, administrativen, militärischen und geistigen Möglichkeiten des Baltikums für sein Reich zu nutzen. Seit dem Mittelalter war dieses Gebiet an der Ostsee durch den Deutschen Orden, die deutsche Ostsiedlung und später durch die schwedische Herrschaft mitteleuropäisch geprägt und wies eine ständisch-korporative, von Adel und Stadtbevölkerung geprägte Struktur auf, die Russland völlig fremd war. Außerdem waren die Balten lutherischen Glaubens. Nach dem Frieden von Nystad 1721 schien darum eine indirekte Herrschaft mit Hilfe der einheimischen Elite, des deutschbaltischen Adels, sinnvoll,

Die Juden – weder Adlige noch Bauern

Vor 1772 hatte Russland keine Erfahrungen mit jüdischen Untertanen, da weder im Moskauer, noch im petrinischen Reich eine nennenswerte Zahl von Juden gelebt hatte. So gab es auch kaum antijüdische Stereotype in der russischen Gesellschaft. Nun galt es auf einmal Hunderttausende von Juden – eine ethno-religiöse Gruppe mit einer besonderen sozioökonomischen Struktur – in eine Gesellschaft zu integrieren, die von zwei den Juden fremden sozialen Gruppen geprägt war – Adel und Bauern. Unter Katharina II. folgte man erst einmal der traditionellen Methode, den Status quo der Juden zu respektieren. So wurden ihnen zunächst alle Freiheiten, die sie in Bezug auf ihre Religion und ihren Besitz genossen, garantiert. Doch dieses Modell stand Katharinas Bestrebungen nach Nivellierung und Reglementierung der Verhältnisse im Russischen Reich bald entgegen. Darum schaffte man während der 1770er und 1780er Jahre den eigenen ethno-religiösen Stand der Juden ab und integrierte sie in das russische Ständegefüge.

Da sie weder Adlige noch Bauern waren, kamen die reichen Juden als gleichberechtigte Mitglieder im Stand der Gildenkaufleute unter, die Masse der ärmeren Juden wurden dem Stand der *meščanie,* der Kleinbürger, zugeschlagen. Sie erhielten damit die gleichen Rechte und Pflichten wie christliche Angehörige der städtischen Stände. Allerdings stieß diese aufklärerische Tat schnell mit den Realitäten in den ehemals polnisch-litauischen Gebieten zusammen. Die meisten Juden lebten hier als Schankwirte, Pächter und Verwalter auf dem Land, wurden nun aber den städtischen Ständen zugeschlagen und damit aus ihrer bisherigen Abhängigkeit vom polnischen Adel gelöst. Darum zwang man die Juden in der Folge zunehmend in die Städte, was ebenfalls zu Problemen führte, da Teile der christlichen Stadtbevölkerung gegen die Gleichstellung und sogar partielle Privilegierung der Juden aufbegehrten. Die russischen Städter fürchteten die wirtschaftliche Konkurrenz, die polnischen Städter die Einbeziehung der Juden in die städtische Selbstverwaltung. So untergrub man die Gleichberechtigung der Juden im Russischen Reich schon vor der zweiten und dritten polnischen Teilung mit Sondergesetzen, und 1804 wurde in einem Statut ein Ansiedlungsrayon, *Čerta osedlosti,* festgelegt, außerhalb dessen sich Juden nicht dauerhaft niederlassen durften. Der Rayon umfasste die ehemaligen polnischen Gebiete, die linksufrige Ukraine und Neurussland sowie vorübergehend die Gouvernements Astrachan' und den Kaukasus. Diese Beschränkung der Freizügigkeit der Juden hatten Moskauer Kaufleute aus Angst vor Konkurrenz mit einer Petition erwirkt, und sie blieb bis zum Ende des Zarenreiches bestehen. Das Statut von 1804 brachte noch weitere Einschränkungen für die Juden mit sich. Geschäftsbücher mussten künftig in Russisch, Polnisch oder Deutsch geführt werden, und jüdische Amtsträger in den Stadtverwaltungen durften keine jüdische Kleidung mehr tragen. Gleichzeitig bestätigte das Statut die Glaubensfreiheit, die wirtschaftlichen Privilegien der Juden und garantierte ihnen den Besuch von staatlichen Schulen und Universitäten.

✤ Geld oder Peitsche: Diese Karikatur zeigt die Lage der Juden in Russland unter Nikolaus I. Dieser ließ die Juden die sogenannte »Kerzensteuer« bezahlen, um den Bau jüdischer Schulen zu finanzieren. In Wirklichkeit sollte den jüdischen Kindern dort das Christentum nahe gebracht werden

wenn man aus den neuen Gebieten Gewinn für Russland schlagen wollte. Peters Nachfolgerinnen Katharina I. und Anna hatten deutschbaltische Adlige in exponierte Positionen an der Spitze des Zarenreiches gebracht, um von deren Fähigkeiten zu profitieren. Im Laufe des 18. Jahrhunderts trug die russische Regierung sogar dazu bei, dass sich die oligarchischen Strukturen, die der deutschbaltische Adel in den Ostseeprovinzen unterhielt, weiter verfestigten. Die Ritterschaften wurden zu geschlossenen Korporationen, die Landtage monopolisiert, der adlige Grundbesitz vergrößerte sich, und die estnischen und lettischen Bauern wurden

nach russischem Vorbild in die Leibeigenschaft gezwungen.

Die ländliche Bevölkerung der Ostseeprovinzen – die Esten, Letten und auch die Litauer –, die durch die Teilungen Polens ins Russische Reich kam, profitierte kaum von den Privilegien ihres Adels und der Stadtbevölkerung, nur von der Kopfsteuer waren sie anfangs befreit. Doch bereits 1783 setzte Katharina II., die eine Vereinheitlichung des Reiches anstrebte, eine neue Verwaltungsordnung durch: Die ständisch-korporativen Körperschaften wurden entweder abgeschafft oder in ihren Kompetenzen beschnitten, die Kopfsteuer wurde eingeführt. Selbst ein Bauernaufstand konnte die neue Steuer nicht rückgängig machen. Während es der deutschbaltischen Oberschicht 1796 unter Kaiser Paul gelang, ihre Rechte und Privilegien zurückzuerhalten, lastete die Kopfsteuer weiterhin auf den baltischen Bauern und wurde durch die neue Pflicht der Ostseeprovinzen, Rekruten für die russische Armee zu stellen, noch verschärft. So verblieb das Baltikum auch in der ersten Hälfte des 19. Jahrhunderts in seiner Mittlerposition zwischen Russischem Reich und westlichem Europa: eine Welt für sich mit einer vormodern geprägten sozio-politischen Struktur, einer außerordentlich privilegierten Oberschicht und unmündig gemachten Bauern, gleichzeitig aber in Bildung und Kultur westlich orientiert.

✤ Katharina die Große mit ihren beiden Enkelsöhnen Alexander – später Zar Alexander I. – und Konstantin, ihrem Sohn Paul und dessen Frau Marija Fedorovna vor der Büste Peters des Großen. Kupferstich von Daniel Berger nach einer Zeichnung Friedrich Anthings.

Grosse Herrscherin, schlechte Mutter

Kurz nach der dritten polnischen Teilung starb Katharina II., die als »die Große« in die Geschichte einging. Unter ihr hatte Russland seinen europäischen Nachbarn in aller Deutlichkeit vorgeführt, dass es ein Imperium geworden war, ohne das keine wesentliche Entscheidung in der europäischen Politik mehr gefällt werden konnte. Bei aller Sorgfalt, welche die Zarin auf Russlands Positionierung im europäischen Machtgefüge verwendete, und bei all der Kraft, die sie investierte, um das riesige Reich im Sinne einer aufgeklärten Autokratie zu modernisieren, war es ihr doch nicht gelungen, ihren einzigen Sohn Paul im Sinne ihrer Ideen und Überzeugungen zu erziehen. Sie, die Großzügige in Liebesangelegenheiten, hatte mit ihrer Zuneigung für ihn stets gegeizt und sich lieber der großmütterlichen Liebe für ihre zwei Enkelsöhne Alexander und Konstantin hingegeben, als ihren Sohn zu einem würdigen Herrscher und Nachfolger heranzuziehen.

So ließ die nächste Erschütterung an der autokratischen Spitze des Russischen Reiches nach Katharinas Tod am 6. November 1796 nicht lange auf sich warten.

Das Treffen der Sieger: Am 25. September 1814 empfängt Kaiser Franz I. von Österreich den russischen Zaren Alexander I. und den preußischen König Friedrich Wilhelm III. vor den Toren Wiens. Mit dem Wiener Kongress endet die Herrschaft Napoleons über Europa. Die Siegermächte legen die europäischen Grenzen neu fest.

Vom Retter Europas zum Gendarmen Europas

1801–1855

Das Zarenreich erlebte unter der Herrschaft der beiden Enkel Katharinas der Großen seinen größten militärischen Triumph und seine größte militärische Niederlage im 19. Jahrhundert. Während beide Zaren nicht zögerten, Hunderttausende Soldaten auf den Schlachtfeldern zu opfern, fehlte jedem von ihnen der Mut, die so nötigen Reformen anzugehen. Die Folge war eine gesellschaftliche Starre, die manchen schon als Leichenstarre des Russischen Reiches erschien.

Alexander I. – grosse Pläne, kleine Schritte

Als Großfürst Aleksandr Pavlovič am 12. März 1801 zum Kaiser Alexander I. ausgerufen wurde, trug der 23-jährige Mann bereits eine schwere Bürde – den Mord an seinem Vater, Kaiser Paul I. Der war in der Nacht zuvor von einer Gruppe hochadliger Verschwörer in seinem Schlafgemach niedergeschlagen und erdrosselt worden. Der Thronfolger war in die Verschwörung eingeweiht gewesen, hatte sich jedoch darauf verlassen, dass man seinen Vater nicht töten, sondern lediglich zur Abdankung zwingen würde. Aber der Monarch leistete Widerstand, den er mit seinem Leben bezahlte. Als Alexander von den Geschehnissen erfuhr, verlor er beinahe die Fassung. Doch Graf Peter Pahlen, Generalgouverneur von St. Petersburg und einer der Verschwörer, fuhr ihn an: »Schluss mit der Kinderei, jetzt müssen Sie herrschen.«

✤ *»Schluss mit der Kinderei, jetzt müssen Sie herrschen«: Alexander I. besteigt den Thron nach dem Mord an seinem Vater Paul I. und regiert bis 1825. Sein plötzlicher Tod provoziert Gerüchte, der Zar sei gar nicht gestorben, sondern lebe in Abgeschiedenheit. Porträt eines unbekannten Malers.*

In St. Petersburg wurde der Tod des Tyrannen mit Erleichterung, wenn nicht gar Freude aufgenommen. Paul hatte sich in den knapp fünf Jahren seiner Herrschaft kaum Freunde, dafür aber umso mehr Feinde gemacht. Aus Hass auf seine Mutter Katharina hatte der Zar viele ihrer Maßnahmen rückgängig gemacht. Vor allem sorgte er gleich nach seiner Thronbesteigung dafür, dass niemals wieder eine Frau den Zarenthron besteigen konnte. Noch am Tage seiner Krönung, am 5. April 1797, erließ er das Gesetz, demzufolge der älteste männliche Nachkomme sowie dessen Linie Anspruch auf den Thron hatten. Als nächstes stutzte Paul den Adel zurecht. Zwar widerrief er nicht die Gnadenurkunde für den Adel, aber er bestand darauf, dass sich die Adligen eifrig dem Dienst am Staat, insbesondere dem Militärdienst widmeten, auch wenn sie davon theoretisch befreit waren. Wer sich Pauls »Prussomanie« und dem strengen Drill des Militärs unterwarf, wurde vom Zaren großzügig mit Auszeichnungen und Geschenken überhäuft, wer sich entzog, den bestrafte und degradierte Paul.

Reisen und Studien im Ausland wurden untersagt, die Einfuhr von ausländischen Büchern, Zeitschriften, Musikalien und Gemälden wurde ebenso verboten wie das Tragen von runden Hüten und Kleidern nach französischer Mode. Selbst Wörter wie »Nation«, »Konstitution«, »Republik« oder »Bürgerrechte« durften nicht verwendet werden. Damit wollte der Zar verhindern, dass der Geist der Französischen Revolution auf Russland übergriff. Adlige wurden verstärkt von der Geheimpolizei bespitzelt, lokale Adelsgesellschaften abgeschafft, Ländereien besteuert, und sogar die Befreiung des niederen Adels von der Prügelstrafe wurde rückgängig gemacht.

Den Bauern gegenüber zeigte der Zar etwas mehr Milde. Er stellte das Recht der Leibeigenen wieder her, bei Misshandlungen Petitionen an die Krone zu richten, schränkte den Verkauf von Leibeigenen ohne Land ein und beschränkte die Anzahl der Wochentage, an denen

ein Gutsbesitzer seine Bauern für sich arbeiten lassen durfte, auf drei. Doch an der Institution Leibeigenschaft hielt auch Paul I. fest.

Charakterlich galt Paul als grob und pedantisch. Auch neigte er zu heftigen Wutausbrüchen, was das Gerücht schürte, er sei geistesgestört. Wenn dies auch bezweifelt werden kann, so war er mit Sicherheit sehr launisch. Dennoch führte Paul eine sehr glückliche Ehe mit Marija Fedorovna, einer geborenen Württemberg-Mömpelgard, die ihm in fünfundzwanzig Jahren Ehe neun Kinder gebar, darunter zwei künftige Zaren.

Alexander war der erste. Nach dem gewaltsamen Tod seines Vaters bemühte sich der neue Zar, den gekränkten Adel, aus dem die Tyrannenmörder hervorgegangen waren, zu besänftigen, und erklärte in einem Manifest, er werde zu den Prinzipien Katharinas II. zurückkehren. Zugleich machte er viele Beschlüsse seines Vaters rückgängig und erließ eine allgemeine Amnestie für politische Gefangene. So nannte man den jungen Zaren »Friedensengel«.

Zwischen Zuckerbrot und Peitsche

Auf Alexander I. ruhten die Hoffnungen vieler von der Aufklärung beeinflusster russischer Adliger. Er sollte das Reich reformieren, ihm eine Verfassung geben, die

✤ *Paul I. unterwirft Russland militärischem Drill. Für diese »Prussomanie« wird er vor allem von Adligen gehasst. Sein Tod wird mit großer Freude aufgenommen. Hier eine Militärparade unter Paul I. vom russischen Künstler Alexandre Benois.*

Bildung fördern und es außenpolitisch als mächtiges Imperium glänzen lassen.

Am Hofe seiner Großmutter aufgewachsen und von dem Schweizer Frédéric La Harpe, einem überzeugten Republikaner, erzogen, war auch Alexander von der Aufklärung fasziniert und sah die Vorteile von Rechtstaatlichkeit. Zugleich lernte er am Hof seines Vaters die militärische Seite und das gestraffte Prinzip des Staatsdienstes kennen – und war davon keineswegs nur abgestoßen. Es fiel ihm schwer, den Gegensatz zwischen beiden Welten innerlich zu verarbeiten, und seine eigene Persönlichkeit blieb stets zwiespältig. Nie war er in der Lage, sich für eine der beiden Möglichkeiten, die sich ihm boten, zu entscheiden.

Am Anfang seiner Regierung schuf er ein »Geheimes Komitee«, *neglasnyj komitet,* das ihn bei der Reorganisation des Reiches beraten sollte. Doch wurde dabei schnell deutlich, dass sich die aufgeklärten Wünsche des Zaren nach einer allen Menschen gleichermaßen gebührenden Freiheit eklatant an den Realitäten Russlands stießen. Ein großer Teil seiner Bevölkerung lebte in Leibeigenschaft. Diese aufzulösen, würde das Eigentum und die Privilegien jener Wenigen massiv beschneiden, die in Russland überhaupt über einige bürgerliche Rechte verfügten. Eine derart einschneidende Maßnahme konnte aber, wenn überhaupt, nur durch einen wirklichen Autokraten ergriffen werden. Und hier lag das Dilemma, in dem Alexander während seiner ganzen Regierungszeit steckte: Um ernsthafte Reformen durchzuführen, hätte er autokratisch handeln müssen, doch Autokratie und Freiheit waren unvereinbar. So schwankte Alexander stets zwischen seinen abstrakten Wünschen und den realen Erfordernissen als Kaiser. Der russische Dichter Aleksandr Puškin nannte ihn deshalb eine Sphinx. Und als solche blieb er auch vielen seiner Zeitgenossen im Gedächtnis.

Liberale Reformen Speranskijs

Die Diskussionen des »Geheimen Komitees« wurden nie in die Öffentlichkeit getragen aus Angst, sie könnten zu Unruhen führen. Umgesetzt wurden von den Ideen nur wenige. Im September 1802 wurden acht Ministerien eingerichtet, welche die Kollegien ersetzten und direkt dem Kaiser unterstanden. Weiter erlaubte ein Gesetz vom Februar 1803 den Grundbesitzern, ihre Leibeigenen freizulassen und ihnen Land zu verkaufen. Allerdings wurde von diesem Recht wenig Gebrauch gemacht. Im Januar 1803 legte Alexander I. ein vorläufiges Reglement für die Volksbildung vor, in dem er bekräftigte, Schulen sowohl in den Dörfern als auch auf Kreis- und Gouvernementsebene zu gründen. Das Reich brauchte stetigen Nachschub von jungen Aufsteigern aus den unteren Schichten, die einen starken Dienstadel bilden sollten.

Einen solchen Weg ist auch einer der bemerkenswertesten Mitarbeitern Alexanders I., Michail Michail-

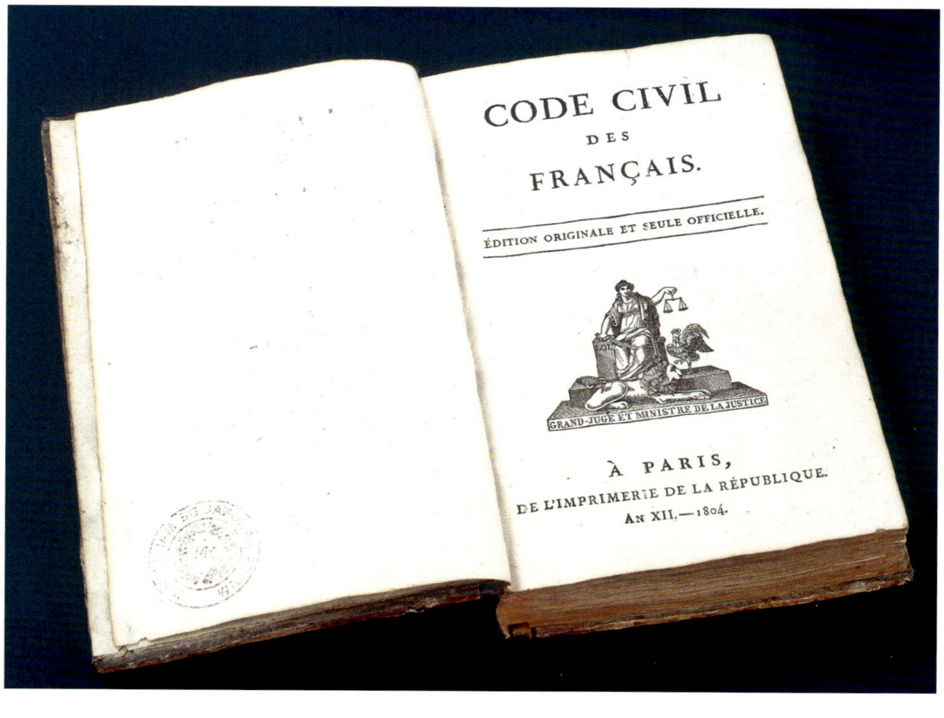

✤ *Vorbild für den Zaren: Titelblatt der Erstausgabe des Code civil, des Zivilgesetzbuches Napoleons, das am 21. März 1804 in Paris erscheint.*

✤ *In der zweiten Hälfte seiner Regierungszeit beendet Alexander I. seine liberalen Reformen: Die Zensur wird verschärft, die Bevölkerung überwacht, Militärkolonien werden gegründet. Russland verwandelt sich in einen Polizeistaat.*

ovič Speranskij, gegangen. Als Sohn eines einfachen Popen lernte er zunächst am geistlichen Seminar von Vladimir, studierte anschließend an der theologischen Akademie von St. Petersburg und fiel durch seine außergewöhnlichen Begabungen derart auf, dass man ihn zum Professor für Mathematik, Physik, Rhetorik und Philosophie ernannte. Speranskij wechselte in den Staatsdienst und setzte seine Karriere im Innenministerium fort. 1807 wurde er persönlich mit Alexander I. bekannt, und dieser beauftragte ihn, einen Verfassungsentwurf zu erarbeiten. Ende November 1809 legte Speranskij, der inzwischen Alexanders persönlicher Sekretär sowie stellvertretender Justizminister geworden war, diesen dem Zaren vor. Er ging von drei Grundsätzen aus: Das Prinzip der zarischen Selbstherrschaft sollte gewahrt bleiben, die Staatsverwaltung nach den Grundsätzen administrativer Rationalität geordnet und eine begrenzte gesellschaftliche Teilhabe an der Macht ermöglicht werden. Eine neue Reichsduma sollte beratend am Gesetzgebungsprozess teilnehmen.

Kaum etwas von Speranskijs Entwurf ließ der Zar umsetzen, wohl aus Furcht vor den Geistern, die er damit rufen würde. Doch er betraute seinen treuen Diener mit weiteren Aufgaben. Speranskij entwarf ein Zivilgesetzbuch in Anlehnung an den Code civil Napoleons. Es wurde allerdings nie eingeführt. Auch um die Staatsfinanzen kümmerte er sich und entwickelte Pläne für eine Neuordnung des Finanzwesens, um den Geldumlauf zu stabilisieren und das private Unternehmertum zu fördern. Die Kopfsteuer wollte er durch eine Bodensteuer ersetzen, die der Adel zu zahlen hätte. Auch eine partielle Liberalisierung des Außenhandels sah er vor.

Erste reaktionäre Tendenzen

So wurde der Popensohn, mochte er auch in der hohen Gunst des Zaren stehen, schnell zum Feindbild reaktionärer adliger Kreise, die ihm nicht nur seinen Erfolg neideten, sondern auch um ihre Pfründe fürchteten. Der Historiker und Dichter Nikolaj Karamsin und andere Wortführer erinnerten den Kaiser daran, dass schon Peter der Große mit seiner Europäisierung des Reiches zu weit gegangen war und die Autokratie in Gefahr gebracht hatte. Und noch etwas anderes lastete schwer auf Alexander I. in diesem Schicksalsjahr 1812, das ihn dazu bewogen haben dürfte, sich von seinem treuen und begabten Staatssekretär zu trennen: Napoleon und seine Grande Armée drohten das Reich mit Krieg zu überziehen. So entließ der Zar Speranskij am 17. März 1812 und schickte ihn in die Verbannung, zunächst nach Nižnyj Novgorod, dann nach Perm. 1816 wurde Speranskij zum Gouverneur von Pensa ernannt, 1819 zum Gouverneur von Sibirien. Trotz der Verbannung in ferne Provinzen des Reiches arbeitete Speranskij weiterhin treu für seinen Zaren und suchte die Verhältnisse vor Ort zu verbessern. Seine Reform der sibirischen Verwaltung setzte Maßstäbe.

In Petersburg aber stieg nun der Militär Aleksej Andreevič Arakčev in den Kreis der engsten Mitarbeiter des Zaren auf. Er war ein fleißiger und devoter, aber auch rücksichtsloser Befehlsempfänger, der noch aus dem Dunstkreis von Alexanders Vater Paul stammte. Im Laufe der folgenden Jahrzehnte übte er großen Einfluss aus – sei es durch eine innenpolitische Kasernenordnung, die Zivilbevölkerung und Militär wie ein mechanisches Uhrwerk funktionieren ließ, sei es durch die Gründung seiner berüchtigten Militärkolonien oder die Verschärfung der Zensur. Stets blieb Arakčev ein willfähriger Diener des Kaisers, der sich mehr und mehr zu einem Anhänger religiöser Erweckungsbewegungen entwickelte und später auch mit einem politischen Mystizismus sympathisierte.

Ein wesentlicher Grund für dieses innerliche Schwanken Alexanders war seine Konfrontation mit Napoleon Bonaparte, die dem Zaren Licht und Schatten der Macht mehr als deutlich vor Augen führte.

Der Vaterländische Krieg 1812

Außenpolitisch hatte Napoleon Alexander I. schon seit den ersten Regierungstagen beschäftigt. Zunächst war der junge Zar bemüht, sich möglichst neutral auf dem europäischen Parkett zu verhalten und vor allem Kriege zu vermeiden. Napoleons Siegeszug durch Europa, insbesondere sein Einfall in Österreich 1805 zwangen Alexander I. aber schließlich zum Handeln. Russland griff auf Seiten Österreichs und Preußens in den Krieg ein. 1807 erlitten die russischen Truppen in der Schlacht bei Friedland eine schwere Niederlage gegen Napoleon. Die beiden Kontrahenten trafen sich auf einem Floß inmitten der Memel, der Demarkationslinie zwischen Franzosen und Russen, um einen Frieden auszuhandeln, den Frieden von Tilsit. Hierin legten sie unter anderem fest, dass Russland der Kontinentalsperre beitreten und den Rheinbund sowie das neu gegründete

Herzogtum Warschau als Vasall Frankreichs anerkennen sollte.

Darüber hinaus passierte aber noch etwas Unerwartetes – die beiden Kaiser verstanden sich überraschend gut. Napoleon wusste Alexander zu schmeicheln und ihn um den Finger zu wickeln, und der junge Zar war fasziniert und angetan von der selbstbewussten Persönlichkeit seines Gegenübers. Nebenbei einigte man sich, dass Napoleon gegen Gebietserweiterungen Russlands auf Kosten Schwedens und der Türkei keine Einwände erheben würde. So fiel Finnland 1809 und Bessarabien 1812 an das russische Imperium.

In Petersburg war man mit der neuen außenpolitischen Orientierung des Zaren unzufrieden. Keiner verstand, was Alexander an Napoleon, dem Sinnbild für die Revolution und personifizierten Antichristen, fand. Auch war der Beitritt Russlands zur Kontinentalsperre für das Reich wirtschaftlich verheerend. Schließlich gehörte Großbritannien zu den wichtigsten Wirtschaftspartnern. Aber die Kritik schien an Alexander abzuperlen, und er blieb seinem neuen Bündnispartner treu – vorerst.

Zu ersten Konfrontationen kam es 1808 auf dem Fürstentag in Erfurt, als der Zar nicht Napoleons Drängen nachgeben wollte, offensiver gegen Österreich vorzugehen. Napoleon wütete, Alexander blieb standhaft. Auch einem zweiten Anliegen des Korsen folgte der Zar nicht: eine seiner Schwestern mit Napoleon zu verheiraten. Als dieser dann im Juli 1810 Oldenburg annektierte, wohin Alexander seine Schwester Katharina stattdessen verheiratet hatte, empfand der Zar dies als einen Angriff auf seine Familie und persönliche Belei-

✤ Ein Grund für den inneren Wandel Alexanders I. ist die Bedrohung durch Napoleons Grande Armée. Dabei haben sich die beiden Herrscher sogar gemocht, als sie sich 1807 in Tilsit zum ersten Mal begegneten. Kolorierter Holzschnitt nach einer Zeichnung aus dem 19. Jahrhundert.

digung. Die fehlende Unterstützung Napoleons bei Friedensverhandlungen mit dem Osmanischen Reich brachte das Fass zum Überlaufen: Am 31. Dezember 1810 trat Russland aus der Kontinentalsperre aus. Die Folge waren beiderseitige intensive Kriegsvorbereitungen im folgenden Jahr. Zwar beteuerten beide Kaiser einander inbrünstig ihren Friedenswillen, doch Napoleons Truppen marschierten bereits gen Osten, und Alexander bezog sein Hauptquartier in Wilna. Am 24. Juni 1812 schließlich überquerte die Grande Armée mit über 420 000 Mann ohne Kriegserklärung die Memel und traf drei Tage später in Wilna ein. Dort fand sie keinen einzigen russischen Soldaten mehr vor.

Die Aufholjagd ins russische Hinterland

Von nun an ging für Napoleon alles schief. Der erfahrene Feldherr hatte sich auf einen schnellen Krieg an der westlichen Grenze des Russischen Reiches eingestellt. Genau dafür war seine Grande Armée ausgestattet: mit leichten Uniformen, großen, schnellen Pferden und wenig Tross. Aber die russische Armee hatte sich ins Landesinnere zurückgezogen. Napoleon beschloss sie zu verfolgen und zur Schlacht zu zwingen. Immer tiefer drang er in die russischen Weiten ein, bei größter Sommerhitze, schlecht funktionierendem Nachschub und eklatantem Mangel an Futter für die Pferde. Bevor die Franzosen endlich auf die russische Armee trafen, hatten sie durch Krankheit, Hunger und Desertion bereits gut ein Drittel ihrer Soldaten verloren. Am 17. August 1812 endlich holten sie die Russen ein, und es kam zur Schlacht von Smolensk. Nach einem zweitägigen Gefecht zog sich die russische Armee aus Smolensk tiefer ins Landesinnere zurück – die Stadt lag in Schutt und Asche.

Napoleon jagte den Russen weiter hinterher. Doch jetzt hatte er nicht nur die Weite und das Wetter als Gegner, sondern auch die russischen Bauern. Lieber verbrannten diese ihre Häuser und Vorräte, als sie den Feinden zu überlassen. Die Versorgungssituation der

✤ *Lieber die Hand ab, als mit dem Feind gegen Moskau zu ziehen: Russische Bauern erheben sich gegen die französischen Besatzer. Farbige Aquatinta von 1816 nach einer Zeichnung von John Augustus Atkinson.*

Franzosen spitzte sich immer mehr zu. Am 7. September stellten sich die Russen bei dem kleinen Dorf Borodino unter ihrem neuen Oberbefehlshaber General Kutusov schließlich der Grande Armée. Die Schlacht kostete mehr als achtzigtausend Menschen das Leben. Napoleon hatte sie knapp für sich entschieden. Kutusov aber weigerte sich, dies anzuerkennen, und meldete einen Sieg seiner Truppen nach St. Petersburg. Dann zog er sich mit den verbliebenen knapp siebzigtausend russischen Soldaten hinter Moskau zurück.

Der russische Winter als Verbündeter

Napoleon jagte ihm mit der auf rund hunderttausend Mann geschrumpften Grande Armée nach. Am 14. September endlich erreichte er Moskau. Aber die Stadt war nahezu leer. Die meisten der 240 000 Einwohner waren geflohen. Niemand kam, um dem französischen Kaiser die Schlüssel der Stadt zu übergeben. Stattdessen flammten am Abend mehrere Feuer auf – vier Tage brannte die alte russische Hauptstadt nun. Mehr als zwei Drittel der Häuser und Kirchen waren danach zerstört.

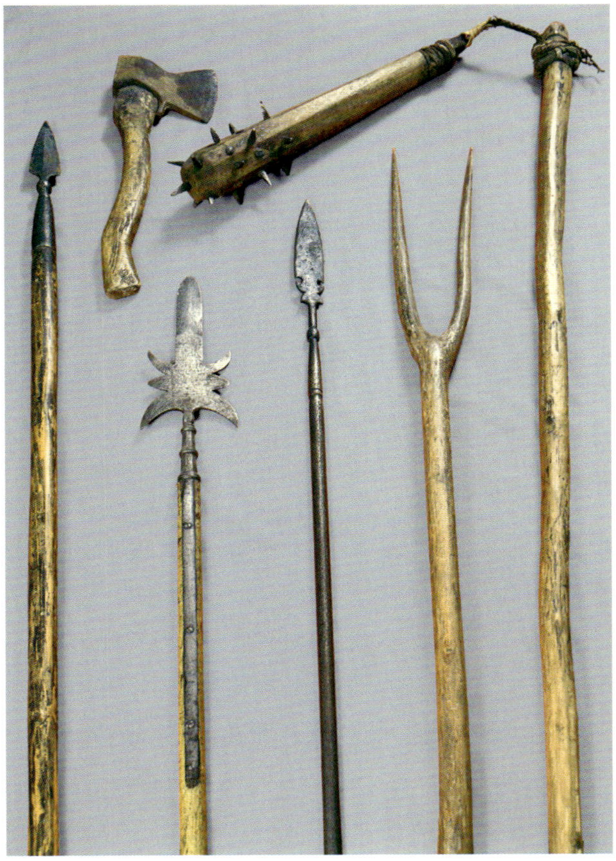

✤ *Mit der Patriotismuswelle in seinem Land hatte nicht einmal der Zar gerechnet. Mit primitiven Waffen ziehen die Bauern in den Vaterländischen Krieg. Umso größer ist ihre Enttäuschung, als der Zar ihnen nach dem Sieg nicht die Freiheit schenkt.*

»Wie kann man einen Krieg führen gegen Barbaren wie diese?«, sprach Lieutenant Henckens eine unter den Franzosen weit verbreitete Meinung laut aus. Und auch Napoleon schien verwirrt. Drei Wochen harrte er in Moskau aus, wartete darauf, dass der Zar auf sein Schreiben reagiert und verhandelt. Statt einer Antwort fiel der erste Schnee. War schon der Marsch gegen Moskau von unsäglichen Leiden gekennzeichnet gewesen, so sollte der Rückzug der Grande Armée noch weitaus verheerender werden.

Der Winter 1812 war einer der kältesten, den Russland je erlebt hatte. Und Napoleons Soldaten waren für solche Minusgrade nicht gerüstet. Sie hatten nur ihre leichten Sommeruniformen bei sich, und die waren ebenso wie die Stiefel schon seit dem Frühjahr im Einsatz. Dazu waren die Franzosen mit ihrem Plünderungsgut beladen, was ihr Marschgepäck sehr viel schwerer machte. Der Verlust an Pferden bei der Kavallerie war so groß, dass man Einheiten zu Fuß gehen ließ. Die verbliebenen Pferde waren in schlechter Verfassung. Zu lange hatten sie bei schlechtem Futter zu viel leisten müssen.

Die Grande Armée zog sich auf demselben Weg zurück, auf dem sie gekommen war. Und der war verwüstet und bot kaum Verpflegung. Partisanenverbände und Einheiten der russischen Armee saßen ihr im Nacken und überfielen sie aus Hinterhalten. Das ganze Drama und Leid dieses Marsches wird aus den Aufzeichnungen der Soldaten deutlich. Die Männer verhungerten und erfroren zu Tausenden. Um sich vor dem Frost zu schützen, wickelten sie sich in alles, was sie bei sich hatten. Was sie nicht brauchten, ließen sie zurück, manchmal auch ihre Waffen. Strauchelte ein Pferd, stürzten sich die Hungrigen darauf und schnitten ihm nicht selten bei lebendigem Leib Leber und Herz heraus, um diese auf der Stelle zu essen.

Von der Beresina an die Seine

Am 17. November schließlich bekam die Grande Armée jene Schlacht an der westlichen Grenze Russlands geliefert, die sich Napoleon fünf Monate zuvor so ganz anders vorgestellt hatte. Als die spärlichen Reste seiner Truppen die Beresina zu überqueren versuchten, schlugen die russischen Truppen sie in einer verheerenden Schlacht. Fünfundfünfzigtausend von Napoleons Soldaten fielen an der Beresina und zwanzigtausend Russen.

✤ *Stunde des Sieges: Vor dem Winter 1812 muss die geschwächte Armee Napoleons schließlich kapitulieren. Auf dem Rückweg verhungern und erfrieren die Franzosen zu Tausenden.*

✤ *Was für Barbaren! Napoleon Bonaparte findet die russische Hauptstadt menschenleer vor. Entsetzt schaut er zu, wie Moskaus Türme und Paläste vor seinen Augen verbrennen. Die Bewohner haben ihre Häuser selbst in Brand gesetzt. Holzstich nach einer Zeichnung von Mile Bayard.*

Doch der Zar ließ noch nicht ab von den Franzosen. Die russische Armee jagte sie weiter durch Polen, zurück über die Memel, hinaus aus dem Zarenreich. Aber auch das reichte dem Zaren noch nicht. Paris hieß sein neues Ziel. Inzwischen hatte Alexander ein Bündnis mit Preußen und Österreich geschlossen. Am 18. Oktober 1813 fand bei Leipzig die Entscheidungsschlacht statt. Am 14. März 1814 zog der russische Zar mit dem preußischen König schließlich in Paris ein, und es blieb Napoleon nichts Anderes übrig, als die Abdankungsurkunde zu unterschreiben. Aus dem »Friedensengel« Alexander war der »Retter Europas« geworden.

Der Frieden sowie eine neue europäische Ordnung wurden auf dem Wiener Kongress ausgehandelt. Alexander gründete mit Österreich und Preußen die Heilige Allianz, ein konservatives Bündnis, das sich zum Gottesgnadentum der Herrscher und zur christlichen Religion als Fundament der herrschenden politischen Ordnung bekannte. Sie verpflichtete zu gegenseitigem Beistand, zum Schutz dieser Ordnung vor allen bürgerlichen und nationalstaatlichen Bestrebungen. In der Folge traten bis auf Großbritannien, das Osmanische Reich und den Kirchenstaat alle europäischen Staaten der Heiligen Allianz bei.

✤ So vergeht der Ruhm der Welt: Alexander I. jagt die Franzosen bis nach Paris. Zusammen mit dem preußischen König zwingt er Napoleon zur Abdankung. Russland steigt zur größten Militärmacht auf. Zeitgenössische kolorierte Radierung.

✤ Der Wiener Kongress vom 18. September 1814 bis zum 9. Juni 1815 legt die Grenzen in Europa neu fest. Diese Karikatur zeigt die Vertreter der bedeutendsten Mächte Russland, England, Preußen, Österreich, Frankreich und des Kirchenstaats beim Abstecken ihrer Gebietsansprüche.

Die Dekabristen und das Ende des Traumes von Mitbestimmung

Das russische Zarenreich wurde für die folgenden vierzig Jahre zum Garanten des neuen Mächtegleichgewichts in Europa. Zu verdanken hatte Alexander seinen Sieg über Napoleon aber nicht unbedingt den strategischen Leistungen seiner Generäle, vielmehr der Weite des Landes, den Launen der Natur und vor allem dem aufopfernden Einsatz seiner Untertanen, der Bauern, für die dieser Krieg zum Vaterländischen wurde. Es ging um mehr als um den Sieg gegen ein anderes Heer. Es ging um die Zerstörung ihrer Heimat und Lebensgrundlage sowie um ihre Freiheit. Denn Abertausende von ihnen hegten die Hoffnung, der Zar werde sie nach ihrem Einsatz für das Vaterland aus der Leibeigenschaft befreien. Doch das passierte nicht. Am 30. August 1814 dankte Alexander I. seinen Untertanen für ihre heroischen Taten. Den Bauern verkündete er nur, dass sie »ihren Lohn von Gott« erhalten würden. Sie mussten zurück auf die Güter ihrer Herren und arbeiten wie zuvor.

Doch nicht nur die Bauern waren zutiefst enttäuscht von ihrem Zaren, der sich zunehmend in religiöse Träumereien flüchtete, sich selbst als Erleuchteten sah und seine Regierung fortan ausschließlich Gott und der Beförderung von dessen Ehre zu widmen gedachte. Auch die jungen, gut ausgebildeten und im Sinne der Aufklärung erzogenen Adligen konnten dem neuen Antlitz ihrer kaiserlichen Sphinx wenig abgewinnen. Vom Tisch waren alle Pläne für eine Verfassung, vorbei die Gedankenspiele für eine grundlegende und tief greifende Reform des Reiches. Stattdessen hielt Arakčev das innenpolitische Ruder in der Hand und setzte als willfähriges Werkzeug des Kaisers die restaurativen Tendenzen Alexanders I. durch.

Adel im Untergrund

So artikulierten sich die liberal gesinnten Adligen kaum noch in der Öffentlichkeit, sondern organisierten sich in geheimen Zirkeln, die sich schließlich zu lockeren überregionalen Bünden zusammenschlossen. Hier diskutierten die Enttäuschten eine bessere Staatsform und überlegten, wie sie ihre Visionen verwirklichen könnten. 1821 hatten sich zwei Gesellschaften, die »Nord«- und die »Südgesellschaft«, herauskristallisiert, die überwiegend aus Offizieren bestanden und für den Sommer 1826 einen Aufstand gegen den Zaren planten. Ihre Ziele waren einander jedoch teilweise diametral entgegengesetzt: Die Nordgesellschaft um Nikita Murav'ev plädierte für eine konstitutionelle Monarchie mit dem Zaren als oberstem Beamten, die Südgesellschaft um Pavel Pestel hingegen wollte aus dem Zarenreich eine Republik machen und dies mittels einer Übergangsdiktatur erreichen. Einig war man sich darin, dass die Autokratie durch eine militärische Aktion beendet werden sollte und dass wichtige Bereiche der Gesellschaft zu demokratisieren seien. Auch die Bauernfrage wollten beide lösen – wie das zu tun sei, wussten sie aber nicht. Zudem machten die Bauern ihnen Angst, da sie immer wieder zu Unruhen neigten, mit denen auch diese adligen Offiziere nicht umzugehen wussten. So wurde auf den konspirativen Treffen dieser Gesellschaften zwar viel und kontrovers diskutiert, nur gelangte man nicht zu einem konsensfähigen Programm.

✤ Am 14. Dezember 1825 verweigern liberale Aristokraten und Gardeoffiziere auf dem Senatsplatz in St. Petersburg den Eid auf den neuen Zaren Nikolaus I. Der Aufstand der Dekabristen gegen das autokratische Zarenregime wird niedergeschlagen – Darstellung von Wilhelm Georg Timm.

Doch plötzlich und unerwartet starb Alexander I. im November 1825 auf einer Reise in Taganrog, wohin er seine erkrankte Gemahlin begleitet hatte. Das Kaiserpaar hatte keine Kinder, und so ging man in St. Petersburg davon aus, dass der nächstjüngere Bruder des Zaren, Konstantin, ihm auf den Thron folgen würde. Doch Konstantin hatte bereits im Januar 1822 wegen der Scheidung von seiner ungeliebten ersten Frau und der darauf folgenden nicht standesgemäßen Ehe auf seinen Thronanspruch verzichtet. Alexander hatte dies für sich behalten und selbst den nächstjüngeren Bruder Nikolaus nicht eingeweiht. Als nun Konstantin, der in Warschau lebte, die Zarenkrone ablehnte und auch Nikolaus sich weigerte, sie anzunehmen, weil er auf keinen Fall seinen älteren Bruder übergehen wollte, kam es zu einem kurzen Interregnum, in dem die Truppen nicht eindeutig auf den künftigen Zaren eingeschworen waren.

Diesen Moment nutzten die adeligen Verschwörer, um den Umsturz in St. Petersburg zu wagen. Als sich die Truppen am 14. Dezember 1825 auf dem Senatsplatz in St. Petersburg versammelten, um Nikolaus als neuem Zaren den Eid zu schwören, brach ein Aufstand los. Doch die Kavallerie schlug die Aufständischen entschlossen und blutig nieder und bewies damit dem neuen Zaren sogleich ihre Treue. Die Verschwörer erhielten den Namen Dekabristen – nach dem Monat Dezember, in dem sie den Aufstand gewagt hatten.

Von Verschwörern zu Helden

Der neue Zar, Nikolaus I., ging mit aller Härte gegen die Dekabristen vor. Fünf Monate lang untersuchte eine kaiserliche Kommission die Vorfälle in allen Einzelheiten und hinterließ eine Atmosphäre der Angst und Unsicherheit, da weite Kreise der oberen Gesellschaft betroffen waren. Knapp sechshundert Personen wurden in das Verfahren einbezogen. Viele Dekabristen entstammten hoch angesehenen Familien mit engen Verbindungen zum Hof. Schließlich wurden 131 von ihnen vor Gericht gestellt, fünf von ihnen wurden im Juli 1826 hingerichtet, 121 weitere wurden zu Zwangsarbeit, *katorga,* und anschließender Verbannung nach Sibirien, *ssylka,* verurteilt.

Zwar hatte Nikolaus I. den Aufstand im Keim ersticken und die Dekabristen dauerhaft ausschalten können, es gelang im aber nicht, sie aus den Köpfen und Herzen der Menschen zu vertreiben. Die Dekabristen wurden gerade durch ihre Verbannung zu einem Symbol, ja zum Vorbild für viele, insbesondere liberale und revolutionäre Bewegungen in Russland. Einen großen Anteil daran hatten einige der Ehefrauen, darunter die beiden Fürstinnen Ekatarina Trubeckaja und Marija Volkonskaja, die ihren Männern in die Verbannung folgten und dafür auf sämtliche Adelsprivilegien und jeglichen Wohlstand verzichteten. Unter den armseligsten und primitivsten Verhältnissen verbrachten viele dieser Frauen den Rest ihres Lebens in Sibirien, schenkten dort Kindern das Leben und ertrugen jegliches Leid, jegliche Erniedrigung mit so viel Würde und Demut, dass sie als verklärte Vorbilder der Selbstaufopferung für ein besseres, gerechteres Russland in die Geschichte eingingen.

Aber auch die Dekabristen selbst ertrugen ihr Schicksal mit großer Würde, wie viele ihrer Briefe und Berichte von Zeitzeugen belegen. So schufen sie den Mythos vom edlen politischen Verbannten, der für eine bessere und gerechtere Zukunft seines Landes leidet und dafür vom einfachen Volk verehrt wird. Zugleich bildeten sie den Anfang einer ganzen Reihe politischer Verbannter, die von nun an dem Zarenreich keine Ruhe mehr ließ, bis es schließlich einer Revolution zum Opfer fiel, die ebenfalls von einem ehemaligen Verbannten angeführt wurde – Vladimir Ilič Uljanov, genannt Lenin.

✤ *Fünf Dekabristen werden hingerichtet, 121 verbannt. Einige der Ehefrauen verzichten auf ihr aristokratisches Leben und folgen ihren Männern nach Sibirien, darunter Aleksandra Murav'eva – hier im Porträt von Petr Sokolov.*

Autokratische Restauration unter Nikolaus I.

Die Herrschaft Nikolaus' I. begann blutig. Der knapp Dreißigjährige war nahezu unvorbereitet Zar geworden. Für den dritten Sohn Pauls I. – zwanzig Jahre jünger als sein ältester Bruder Alexander – war die Zarenkrone immer in weiter Ferne gewesen. Entsprechend gab sich Nikolaus seinen persönlichen Neigungen hin und dachte herzlich wenig an das Regierungsgeschäft. Auch hatte er das Glück einer standesgemäßen Liebesheirat und ein erfülltes Familienleben. Gleichzeitig fühlte sich Nikolaus, im Geiste seines Vaters zu militärischer Disziplin erzogen, zutiefst dem Militär verbunden. Als nun im Dezember 1825 die große Politik in dieses wohlgeordnete Leben einbrach und Nikolaus schließlich erkannte, dass er die Zarenkrone annehmen musste, ob er wollte oder nicht, zögerte er nicht länger, stellte mit militärischer Strenge die alte Ordnung wieder her und hielt – was für die kommenden Jahrzehnte viel entscheidender war – beharrlich an ihr fest.

Nikolaus I. war von ausgeprägtem Pflichtbewusstsein und einer starken Verantwortung gegenüber Gott und Vaterland beseelt. Gleiches erwartete er von seinen Untertanen. Unbedingter Gehorsam wurde zum obersten Gebot im Zarenreich, eine Störung der Ordnung wurde nicht geduldet. Dennoch war dem Zaren bei all den Verhören im Zusammenhang mit dem Dekabristenaufstand die Notwendigkeit von Reformen im Reich nicht verborgen geblieben. Auch war er Veränderungen gegenüber nicht grundsätzlich abgeneigt, glaubte allerdings: »… nicht von frechen Träumen her, die immer zerstörende Wirkung haben, sondern von oben werden die vaterländischen Einrichtungen allmählich vervollkommnet, werden Mängel beseitigt und Missbräuche abgeschafft.«

Nach dieser Ankündigung tat der Zar etwas, was von vielen als Zeichen seiner liberalen Gesinnung gedeutet wurde: Er entließ den allseits verhassten Arakčev und löste dessen lagerähnliche Militärkolonien auf. Auch setzte er Michail Speranskij wieder in Amt und Würden und beauftragte ihn, die Kodifizierung des geltenden russischen Rechtes fortzuführen, die seit 1812 liegengeblieben war. 1830 wurde schließlich die »Vollständige Sammlung der Gesetze des Russischen Reiches« in 45 Bänden veröffentlicht und damit die Voraussetzung für Rechtstaatlichkeit in Russland geschaffen.

Geheimpolizei und Denunziantentum

Da es dem Wesen Nikolaus' I. entsprach, stets die Zügel in der Hand zu halten, alles zu kontrollieren, ließ er seine Privatkanzlei erheblich ausbauen. So konnte er in

✤ *Sein wahres Gesicht wagt unter Nikolaus I. kaum jemand zu zeigen, denn ein Heer von Spitzeln, Polizisten und »Ehrenamtlichen« ist stets zum Denunzieren bereit. Adolf Ladurner zeigt »Nikolaus I. auf einem Maskenball«.*

Die Verbannung – ein Mittel zur Besiedlung Sibiriens

In Russland ist das Wort Verbannung, *ssylka,* aufs Engste mit Sibirien verknüpft. Obwohl es nicht die einzige Region war, in die Menschen verbannt wurden, wurde Sibirien für viele zum Synonym für Verbannung und Straflager, *katorga.* Seit dem ausgehenden 16. Jahrhundert schickte man Menschen zwangsweise nach Sibirien. Nicht für alle war es als Strafmaßnahme gedacht, zum Teil waren diese Verschickungen ein Mittel der Besiedlungspolitik im Zarenreich. So kam es, dass bereits 1662 mehr als zehn Prozent der russischen Bevölkerung Sibiriens Verbannte waren. Über die Jahrhunderte betrachtet spielten aber weder *ssylka* noch *katorga* eine bedeutende Rolle bei der Formierung der sibirischen Bevölkerung und sind darum in dieser Beziehung auch nicht mit den britischen Strafkolonien in Australien zu vergleichen.

So waren 1897 nur rund fünf Prozent der sibirischen Bevölkerung Verbannte, doch sie stellten siebzig Prozent der sibirischen Gefängnisinsassen. Die überwältigende Mehrheit der Verbannten waren einfache Menschen, die größtenteils wegen gewöhnlicher Verbrechen verurteilt worden waren. Dazu kam, dass etwa neun von zehn Verbannten Männer waren. Die meisten hatten keine Familie, die ihnen in den Osten nachfolgen konnte. Bindungs- und häufig arbeitslos, wurden sie schnell straffällig und füllten die sibirischen Gefängnisse. Für eine dauerhafte Besiedlung Sibiriens war die Verbannung deshalb ungeeignet. Nicht einmal zwei Prozent der Verbannten zählten zu den Politischen, aber gerade sie waren es, die durch die auch internationale Anteilnahme und ihre späteren Beschreibungen das Bild vom russischen Verbannungssystem prägten.

Allein im Laufe des 19. Jahrhunderts wurde rund eine Million Menschen nach Sibirien deportiert. Die »Unglücklichen«, wie das Volk sie nannte, bildeten vier große Gruppen: zunächst die *katoržniki,* zur Zwangsarbeit verurteilte Sträflinge, dann die *poselency,* Strafkolonisten. Die dritte Gruppe bildeten die *ssylnye,* die einfach Verbannten, die ohne Arbeit oder eine Aufgabe nach Sibirien geschickt wurden. Zu ihnen zählten Landstreicher oder einfache Leute, die per Gerichtsurteil von ihrer Dorfgemeinschaft oder per Verfügung des Innenministeriums verbannt worden waren. Die vierte Gruppe bildeten die *dobrovylnye,* jene – meist Frauen und Kinder – die ihren verbannten Ehemännern oder Eltern freiwillig nach Sibirien folgten.

Die Personen der ersten beiden Kategorien verloren mit ihrer Verurteilung alle bürgerlichen Rechte und mussten häufig auf Lebenszeit in Sibirien bleiben, es sei denn, ihre Strafe wandelte sich nach Verbüßung der *katorga* in eine einfache *ssylka* und sie wurden so zu Verbannten der dritten Kategorie. Diese nämlich behielten einige ihrer bürgerlichen Rechte und durften nach Ablauf ihrer Verbannungszeit ins europäische Russland zurückkehren. Den größten Teil des Weges nach Sibirien gingen die allermeisten Deportierten zu Fuß. Nur für Kinder unter zwölf Jahren, Greise und Kranke gab es manchmal die Möglichkeit, auf Karren mitzufahren.

Mit der stetigen Zunahme der Zahl an Verbannten seit den 1860er Jahren stieß die Verwaltung trotz erster Reformen an ihre Grenzen. Die Gefängnisse waren nicht auf so viele Menschen eingerichtet, und auch die Dörfer und Städte hatten nicht genügend Kapazitäten, so viele »Unglückliche« aufzunehmen, ihnen Arbeit zu geben und sie zu ernähren. So riefen die Zustände in den Gefängnissen und die Zumutungen für die sibirische Bevölkerung immer schärfere Kritik hervor. Die Regierung sah sich im Zugzwang, zumal man zugeben musste, dass die *ssylka* kein einziges Element strafrechtlicher Züchtigung enthielt: weder eine Besserung, noch eine Bestrafung der Verurteilten für das begangene Verbrechen. Auch das *katorga*-System ließ viel zu wünschen übrig, zumal es eine extrem hohe Sterberate unter den Gefangenen aufwies.

Seit Jahrhunderten war das Zarenreich daran gewöhnt, die *katorga*-Sträflinge für sich schuften zu lassen, sei es in den Erz- und Goldgruben Sibiriens, sei es beim Bau von St. Petersburg oder seit der Mitte des 19. Jahrhunderts bei der Verlegung von Eisenbahnschienen durch das gesamte Zarenreich. Ohne diese billigen Arbeitskräfte wären derart umfangreiche staatliche Unternehmungen wohl nicht finanzierbar gewesen. Doch das Leid, das die *katoržniki* zu erdulden hatten, war uner-

✤ *Die verbannten Revolutionäre müssen Zwangsarbeit leisten wie hier die »Dekabristen in Čita« auf dem Gemälde Aleksandr Moravovs von 1911. Trotzdem schaffen sie es, Kultur und Bildung in diesen abgelegenen Winkel des Landes zu bringen, wofür sie in Sibirien bis heute verehrt werden.*

träglich. In den ostsibirischen Kara-Bergwerken, in denen nach Gold geschürft wurde, mussten die Zwangsarbeiter zuerst einmal drei bis sechs Meter Lehm und Steine entfernen, bevor sie die goldhaltige Sandschicht erreichten. Den Sand wuschen sie dann in großen Eisentrichtern aus. Die abgehärteten Arbeiter der privaten Bergwerke verließen die Goldfelder bereits vor Ende September, da das Schürfen dann unmenschlich wurde. Doch die Zwangsarbeiter standen auch noch Anfang November mit Fußeisen und Ketten in Schnee und Eis und wuschen das Gold aus, während sich ihre Wächter um ein kleines Feuer drängten.

So berichtete es George Kennan, ein amerikanischer Journalist, dessen Buch »Und der Zar ist weit« der Weltöffentlichkeit vor Augen führte, wie im Zarenreich mit Gefangenen umgegangen wurde. Doch brauchte es seine Zeit, bis die Bemühungen von russischer und ausländischer Seite um eine Verbesserung des russischen Strafvollzugs Erfolg hatten. Am 12. Juni 1900 trat eine durchgreifende Reform in Kraft, mit der die Verbannung nach Sibirien abgeschafft wurde. Freilich nur so lange, bis sie spätestens von den Bolschewiki *(Bol'ševiki)* wiederentdeckt und unter Stalin in ihrer Grausamkeit noch gesteigert wurde.

deutlich mehr Entscheidungen und Verordnungen der verschiedenen Abteilungen eingreifen, als seine Vorgänger es getan hatten. Während die von Speranskij geleitete Zweite Abteilung allgemeinem Respekt genoss, war die Dritte schon bald berüchtigt und trug dazu bei, dass Nikolaus I. den Titel »Gendarm Europas« erhielt, denn sie war nichts Anderes als eine Geheimpolizei. Ihre Mitarbeiter hatten die Aufgabe, allen nonkonformen Strömungen nachzugehen und jegliche Aktivität, die auch nur einen Hauch von Revolution verbreitete, zu unterbinden. Dafür stand der Dritten Abteilung ein Heer von Spitzeln und Polizisten zur Verfügung sowie Hunderte, wenn nicht Tausende »Ehrenamtliche«, stets bereit zum Denunzieren.

Am meisten hatte das Bildungswesen unter dieser Einrichtung zu leiden, denn die freizügige, ja freigeistige Bildung war es, bei der Nikolaus die größte Gefahr für das Vaterland witterte. So scheute sich die Regierung nicht, den Bildungskanon immer stärker zu beschneiden, die Möglichkeiten des Auslandsstudiums wieder stark zu begrenzen sowie sämtliche Druckerzeugnisse – Bücher, Zeitschriften und sogar Noten – einer strengen Zensur zu unterwerfen. Mit dieser strengen Überwachung wollte der Zar seine Untertanen »rechtzeitig vor Irrtümern bewahren« und somit jegliche Wiederholung der Dekabristenbewegung verhindern. Doch das Gegenteil geschah: Die Überwachung der Bevölkerung, insbesondere der Eliten bis hinein in ihre Privatsphäre, ja bis zum Aushorchen ihrer Gedanken riss Gräben zwischen Zar und russischer Gesellschaft auf.

Infolge der Zensur entstanden literarische Werke, die mit ihrer Zweideutigkeit, ihrem doppelten Boden manchem russischen Schriftsteller Weltruhm verschafften, so Michail Lermontov, Nikolaj Gogol, Ivan Turgenev oder Fedor Dostoevskij. Der Dichter Aleksandr Puškin kam sogar zu der zweifelhaften Ehre, dass seine Werke vom Zaren persönlich zensiert wurden.

Auch die Universitäten wurden strengstens überwacht. Die Studenten, deren Zahl drastisch beschränkt wurde, standen unter ständiger Polizeiaufsicht. Die Vorlesungen der Professoren wurden zensiert, die Philosophie wurde gleich ganz verboten. Aber auch das reichte Nikolaus I. noch nicht. Ganze Themenbereiche wurden tabuisiert. In einem Manifest vom 2. Mai 1826 untersagte der Zar die öffentliche Erörterung der Leibeigenschaft. Auch die Erwähnung der zahlreichen Bauernunruhen fiel darunter, denn sie hätten das trügerische Bild von Ruhe und Ordnung trüben und Europa unliebsame Einblicke in das russische Innenleben gewähren können.

Wirtschaftliche Stagnation

Nicht nur das freie geistige Leben kam im Zarenreich zum Erliegen, auch die Wirtschaft stagnierte. Es fehlte ihr sowohl an Impulsen als auch an gesamtwirtschaftlichen Konzepten. Die Industrie hinkte dem westlichen Europa gut eine Generation hinterher, doch zu einer Förderung auch nur einzelner Produktionszweige wie etwa der einst florierenden Eisenindustrie sah die Regierung keine Veranlassung. 1829 unternahm Alexander von Humboldt auf Einladung des Zaren eine Forschungsreise in den mittleren und südlichen Ural und berichtete von dem »beklagenswerten Zustande«, in dem sich der russische Bergbau befinde. Was tausend Bergleute im sächsischen Freiberg schafften, erfordere in den Werken von Kolyvan' fünfzigtausend Leibeigene, die mangelhaft ausgebildet seien und unter erbärmlichen Umständen ihr Dasein fristeten. Doch das Schicksal einzelner Untertanen interessierte in Russland nicht – Nikolaus I. war da keine Ausnahme.

Nicht besser erging es den Arbeitern, die zum Bau der ersten Eisenbahnstrecken in Russland herangezogen wurden. Unter menschenunwürdigen Bedingungen legten sie Sümpfe trocken, holzten Wälder ab, kämpften im Sommer gegen Mücken und Fieber, im Winter gegen die erbarmungslose Kälte. Viele gingen daran zugrunde. Nikolaus I. hatte den Bau der ersten Eisenbahnstrecken in Russland zu seinem persönlichen Anliegen gemacht. Und so standen nicht wirtschaftliche Aspekte im Vordergrund, sondern militärische wie etwa die Möglichkeit rascher Truppentransporte durch die Weiten des Reiches. Der Zar bestand auch hier auf Ordnung und Disziplin: Die Strecke von Petersburg nach Moskau hatte genau der Linie zu folgen, die er auf einer Karte mit einem Lineal zwischen den beiden Hauptstädten gezogen hatte – ganz gleich, welche Hindernisse es dabei zu überwinden galt.

Doch nicht nur die Fronarbeit setzte der einfachen Bevölkerung zu, auch Seuchen machten ihr schwer zu schaffen. Bei einer der schlimmsten Epidemien, der Cholera-Epidemie des Jahres 1831, hatte die Regierung keine Hilfe zu bieten. Infrastrukturelle Maßnahmen wie eine Förderung des Städtewachstums zur Belebung des

Binnenmarktes wurden nicht umgesetzt, und so sammelten sich am Rande der Städte immer mehr entwurzelte Bauern, die ein leichtes Opfer von Seuchen wurden. Diese Elendsviertel wurden zum idealen Nährboden für immer tiefere soziale Unzufriedenheit, welche an den vom Minister für Volksaufklärung, Sergej Uvarov, propagierten Grundfesten des Reiches – Orthodoxie, Autokratie, Volkstum – nagte.

»Gewähre den Polen niemals Freiheit«

Aber noch kamen die revolutionären Ideen nicht aus den unteren Schichten des Volkes, sondern von den Rändern des Reiches oder aus den intellektuellen und sozialen Eliten. Eine Folge des Sieges Alexanders I. über Napoleon und des Wiener Kongresses war, dass Russland auch noch den letzten Rest Polens schluckte, der unter dem Namen »Königreich Polen« dem Zarenreich angegliedert wurde, indem der russische Zar zum erblichen König Polens erklärt wurde. Alexander I. gewährte dem Königreich eine Verfassung, welche die liberalste des damaligen Europas war: Sie garantierte die bürgerlichen Grundrechte und Freiheiten, und das Königreich erhielt weitreichende Autonomie innerhalb des Russischen Reiches, eine eigene Armee unter Führung polnischer Offiziere und eine Selbstverwaltung, in der nur Polen öffentliche Ämter bekleiden durften. Doch trotz all dieser Zugeständnisse gab es eine Reihe von Konfliktfeldern. Viele Polen waren enttäuscht, dass 1815 nur ein kleines Polen entstanden war, und nun erwarteten sie vom Zaren eine Wiedervereinigung sämtlicher einst polnischer Gebiete unter russischer Herr-

✤ Am 29. November 1830 verkünden die Polen das Ende der Romanov-Herrschaft und fordern ihre alten Gebiete zurück. Doch gegen Russland haben sie keine Chance. Nikolaus I. kündigt seinen Garden einen Krieg gegen Polen an – kolorierter Kupferstich von Johann Benedikt Wunder.

Die Literatur im Würgegriff der Zensur

Die russische Literatur, insbesondere jene des 19. Jahrhunderts, hat einen großen Beitrag zur Weltliteratur geleistet. Dichter und Schriftsteller wie Aleksandr Puškin, Michail Lermontov, Nikolaj Gogol, Ivan Turgenev, Fedor Dostoevskij, Lev Tolstoj oder Anton Čechov sind weit über ihre Heimat und ihre Zeit hinaus prägende Stimmen der Literatur geworden und haben die europäische Kultur um russische Themen bereichert.

Einen entscheidenden, wenn auch unfreiwilligen Beitrag zu dieser Entwicklung hat die strenge Zensur geleistet, die spätestens seit Nikolaus I. das russische literarische Leben im Würgegriff hielt. Um sich überhaupt äußern zu können, waren die Schriftsteller gezwungen, neue Stil- und Ausdrucksmittel zu entwickeln. Nur so konnten sie, etwa durch eine Mehrdeutigkeit ihrer Texte, indirekte Kritik an den bestehenden gesellschaftlichen Verhältnissen üben. Immer öfter verpackten die Schriftsteller ihre Anliegen hinter scheinbar harmlosen Naturbeschreibungen oder Liebesgeschichten. Bei diesem Versteckspiel wurde der Inhalt stets wichtiger genommen als die Form. Entscheidend war nicht, ob die Sätze wohlklingend waren, Hauptsache, sie trafen mit ihren Botschaften in die Herzen der Leser. Damit führten sie die Zensoren auf heikles Terrain, denn deuteten diese die Texte zu klar in eine Richtung, blamierten sie sich schnell in der gebildeten Gesellschaft, der sie selbst angehörten.

Dennoch blieb die Schönheit der russischen Sprache bei diesem Versteckspiel nicht auf der Strecke. Und das ist vor allem einem zu verdanken: Aleksandr Puškin. Seine Werke schenkten der russischen Literatur eine bis dahin unbekannte Eleganz und Leichtigkeit des Erzählens. Vielen gilt Puškin als Schöpfer der modernen russischen Sprache, die dem russischen Geistesleben ganz neue Möglichkeiten eröffnete, Gefühle und Gedanken auszudrücken und geistige Auseinandersetzungen zu führen. Aber auch dieser große Dichter entkam nicht der Zensur. Der Zar persönlich zensierte Puškins Werke. Zunächst erschien das diesem als besondere Ehre, ja auch als Chance, mit seinen Gedanken direkt zum Herrscher vorzudringen. Doch die Realität dieser Zensur war umso ernüchternder für den feinsinnigen Mann und belastete sein Gemüt schwer.

Um sich der drückenden Zensur zu entziehen, veröffentlichten viele Schriftsteller ihre Werke in sogenannten dicken Journalen, *tolstye žurnaly*. Das waren monatlich oder quartalsweise erscheinende Zeitschriften, die mindestens einen Umfang von zehn Druckbogen oder 160 Seiten hatten. Sie hatten den großen Vorteil, dass umfangreiche Veröffentlichungen weniger streng zensiert wurden. Unter den Zensoren ging man nämlich davon aus, dass die bloße Seitenzahl die weniger gebildeten Leser abschrecke und manche Gedanken so nie zu ihnen vordringen lasse. Auch Puškin selbst gründete eine solche Zeitschrift, den *sovremennik*, der schnell zu einer großen Bereicherung des literarischen und geistigen Lebens im Zarenreich wurde.

Der nicht weichende Druck der Regierung sowie die nahezu vollständige politische Unmündigkeit der russischen Bevölkerung verschafften der Literatur spätestens seit der zweiten Hälfte des 19. Jahrhunderts eine dominante Position im intellektuellen Leben Russlands. Gesellschaftspolitische Fragen ließen sich anhand literarischer Werke verklausuliert diskutieren, sodass die fehlende politische Teilhabe durch intellektuelle Diskurse wenigstens ansatzweise kompensiert wurde. In den letzten beiden Jahrzehnten des Zarenreiches – im sogenannten »Silbernen Zeitalter« – entfaltete sich das literarische Leben besonders breit. Verschiedene künstlerische und intellektuelle Strömungen existierten nebeneinander, bis dieses intellektuelle Stimmengewirr durch die nach dem Ersten Weltkrieg einsetzende neue Zensurwelle, nun veranlasst durch die Bolschewiki, zum Schweigen gebracht wurde.

✤ *Der berühmte Dichter Aleksandr Puškin, eng mit einigen Dekabristen befreundet, wird vom Zaren persönlich zensiert. Sein Porträt von Orest Kiprenskij ist in der Tretjakov-Gallerie in Moskau zu sehen.*

schaft. Aber das lag nicht im Interesse der russischen Regierung. Zugleich waren weite Teile der russischen Eliten nicht einverstanden, dass den Polen eine solche Sonderstellung innerhalb des Reiches zugebilligt wurde. So schwand der Konsens zwischen polnischer Elite und russischer Regierung zusehends. Die 1830 in Frankreich und Belgien ausgebrochenen Revolutionen entfachten auch in Polen den revolutionären Brand, sodass es dort im November 1830 zum Aufstand kam, dem sich schnell der Großteil der polnischen Oberschicht anschloss. Im Januar 1831 verkündete man die Absetzung Nikolaus' I. und der Romanov-Dynastie, womit der Krieg mit Russland geradezu herausgefordert wurde.

Die Polen hatten jedoch keine Chance, in einem solchen Krieg zu bestehen. Die Verfassung von 1815 wurde außer Kraft gesetzt, und Polen büßte seine begrenzte Autonomie vollends ein. Ein großer Teil der politischen, militärischen und geistigen polnischen Elite wanderte nach Westeuropa aus und versuchte die Befreiung Polens von dort aus zu fördern. Unter ihnen war auch Frédéric Chopin. Nikolaus I. ließ den ersten Restriktionen und den Beschneidungen der polnischen Autonomie eine massive Russifizierungspolitik folgen. Dazu ließ er das Königreich in Gouvernements gliedern und zwang es unter strenger russischer Führung zurück zu Ordnung und unbedingtem Gehorsam. Dem späteren Thronfolger schärfte der Zar bereits 1835 in einem Vermächtnis ein: »Gewähre den Polen niemals Freiheit.«

Aber nicht nur den Polen wurde die Freiheit immer mehr genommen, auch anderen Minderheiten setzte die zarische Russifizierungspolitik zu. Sie setzte estnische und lettische Bauern unter Druck, sich zur Orthodoxie zu bekennen, wenn sie ihre wirtschaftliche und soziale Situation verbessern wollten. Auch die Rumänen Bessarabiens waren von dem Russifizierungszwang betroffen, ebenso die Georgier.

Die Russen waren derweil in geistiger Starre gefangen. In den europäischen Staaten brodelte die Revolution weiter. Frankreich stürzte seinen Bürgerkönig Louis Philippe und rief die Republik aus. In den deutschen Staaten tobte die Märzrevolution, griff auf Preußen und Österreich über, tobte in Ungarn, Oberitalien

✤ *Der Preis der Gedankenfreiheit unter Nikolaus I.: Die Mitglieder des Petraševskij-Zirkels, darunter der junge Schriftsteller Fedor Dostoevskij, werden zum Tode verurteilt, mit verbundenen Augen zum Richtplatz gebracht – und schließlich zu Zwangsarbeit begnadigt.*

und Posen. In Russland hingegen herrschte Ruhe, und so sah sich der »Gendarm Europas«, Nikolaus I., in der Lage, seine Truppen den verbündeten Nachbarn zu Hilfe zu schicken.

Zwangsarbeit und Verbannung als Gnade

Die Ruhe in Russland war der strengen Hand des Herrschers geschuldet, nicht jedoch ein Spiegel der realen Verhältnisse im Land. Die Verelendung der bäuerlichen Massen nahm drastische Ausmaße an, ein Ende der Leibeigenschaft war nicht abzusehen. Nur heimlich, hinter verschlossenen Türen, in freigeistigen Geheimzirkeln diskutierten einzelne Mitglieder der Eliten des Landes Ideen europäischer Philosophen und utopische Gesellschaftsentwürfe. Der bekannteste dieser Zirkel in den vierziger Jahren war der Petraševskij-Zirkel, der sich um seinen Gründer Michail V. Butaševič-Petraševskij sammelte und sich mit dem utopischen Sozialismus von Charles Fourier und seiner Anwendbarkeit auf das Russische Reich auseinandersetzte. Als der Petraševskij-Zirkel ins Visier der Geheimpolizei des Zaren geriet, ließ sich an der überzogenen Reaktion Nikolaus I. ablesen, dass er kaum noch zwischen realen, potentiellen oder nur eingebildeten Gefahren zu unterscheiden vermochte. Denn die Mitglieder des Zirkels traf nach ihrer Aufdeckung die unbarmherzige Härte des Zaren. Hundertzweiundzwanzig Personen wurden verhaftet und verhört, einundzwanzig von ihnen schließlich zum Tode verurteilt, unter ihnen auch der junge Schriftsteller Fedor Dostoevskij. Der Zar nahm großen persönlichen Anteil an diesem Prozess und ließ es sich auch nicht nehmen, die Dramaturgie einer Begnadigung selbst zu entwickeln. Und diese war alles andere als gnädig. Die Verurteilten wurden am 22. Dezember 1849 auf den Semenov-Platz in St. Petersburg zu ihrer Hinrichtung gebracht. Man führte sie auf den Richtplatz, verband ihnen die Augen, und als sie die tödlichen Schüsse erwarteten, verkündete man ihnen des Zaren Begnadigung zu langjähriger Zwangsarbeit mit anschließender Verbannung.

Was Nikolaus I. für eine abschreckende erzieherische Maßnahme für seine ungehorsamen Untertanen halten mochte, drückte vielmehr die Unfähigkeit der Regierung aus, die Zeichen des Wandels im Russischen Reich zu erkennen. Statt die Intellektuellen konstruktiv in den notwendigen Reformprozess einzubinden, wurden sie ins Zwielicht revolutionärer Umtriebe gedrängt und so dem Staat entfremdet. Ein Umdenken an der Regierungsspitze in diese Richtung wurde erst unter dem Sohn und Nachfolger von Nikolaus, Alexander II., möglich, der als schwere Hypothek nicht nur eine zutiefst erstarrte Gesellschaft, sondern auch eine völlig zerrüttete und in ihrem Selbstverständnis erschütterte Armee übernahm, die im Begriff war, eine der größten Niederlagen ihrer Geschichte zu erleiden.

Der Krimkrieg

Der als Krimkrieg bekannte 10. Russisch-Türkische Krieg begann genauso wie seine Vorläufer: Das Russische Reich sah eine Gelegenheit, sich über den Bosporus Zugang zum Mittelmeer zu verschaffen und zugleich eine Vormachtstellung auf dem Balkan zu erringen. Das Osmanische Reich schwächelte schon seit Jahrzehnten, und so nahm die russische Regierung einen eher nebensächlichen Streit um die Nutzung der Kirche zum Heiligen Grab in Jerusalem zum Anlass, sich für die Interessen der orthodoxen Christen im Heiligen Land einzusetzen. Frankreich unterstützte die Interessen der dortigen Katholiken. Die Situation eskalierte, als Russland vom Sultan das Protektorat über sämtliche Christen im Osmanischen Reich verlangte, denn auch das Britische Empire sah die russischen Ansprüche als Gefahr für britische Wirtschaftsinteressen im Osmanischen Reich, das damals der Hauptabnehmer englischer Industrieprodukte war. Der englische

✤ *Eigentlich wollte Nikolaus I. Russland Zugang zum Mittelmeer über den Bosporus verschaffen – am Ende bekam er es nicht nur mit den Türken, sondern auch mit den Briten und Franzosen zu tun. Dem russischen Bären alias Nikolaus I. tut der Kopf weh – zeitgenössische Karikatur.*

"A BEAR WITH A SORE HEAD."

Export in die Türkei hatte sich zwischen 1825 und 1852 um über achthundert Prozent gesteigert. So bestärkte der britische Botschafter Stratford Canning die türkische Regierung darin, das russische Ansinnen zurückzuweisen. Wenige Wochen später, im Juni 1853, gingen die britische und die französische Mittelmeerflotte in der Nähe der Dardanellen vor Anker und setzten so ein deutliches Zeichen gegen russische Mittelmeerträume. Anfang Juli rückte eine achtzigtausend Mann starke russische Armee in die Donaufürstentümer Moldau und Walachei ein, die vom Osmanischen Reich verwaltet wurden. Die türkische Regierung, erneut von den Briten bestärkt, erklärte daraufhin Russland am 4. Oktober 1853 den Krieg. Nun überschritt die russische Armee die Donau und belagerte die türkische Festung Silistria. Einige Wochen später, im November 1853, zerstörte die russische Schwarzmeerflotte im Hafen von Sinope sämtliche dort liegenden osmanischen Schiffe. Das nahm die britisch-französische Flotte zum Anlass, ins Schwarze Meer einzulaufen. Nikolaus I. unterbreitete den beiden Westmächten Kompromissvorschläge, stieß aber auf taube Ohren. Stattdessen erklärten die beiden Mächte Russland im März 1854 den Krieg.

Sevastopol – der erste Stellungskrieg der Moderne

Das Russische Reich stand plötzlich einer neuen Dreier-Allianz gegenüber und musste feststellen, dass sich seine traditionellen Verbündeten Preußen und Österreich unerfreulich zurückhaltend verhielten. Während Preußen konsequent neutral blieb, griff Österreich zwar nicht unmittelbar in den Krieg ein, artikulierte sich aber deutlich als Gegner Russlands. Es nahm Stellung an der siebenbürgischen Flanke und erzwang so die Räumung der Donaufürstentümer durch Russland. So waren mit einem Schlag sämtliche russische Illusionen über den Zusammenhalt der Heiligen Allianz durch die militärischen Realitäten ad absurdum geführt, und das Russische Reich stand der feindlichen Allianz allein gegenüber.

Schnell konzentrierte sich der Konflikt auf die Krim, vor allem auf die russische Festung Sevastopol. Im September 1854 begannen die alliierten Truppen die Festung zu belagern, und der Krimkrieg entwickelte sich schnell zu einem Stellungskrieg – dem ersten der Moderne.

Das Russische Reich hatte in diesem Krieg aber mit mehr als nur der Belagerung Sevastopols zu kämpfen. Die viele Tausend Kilometer langen Grenzen des Reiches mussten bewacht werden und banden Truppen. An der Ostsee galt es Schweden in Schach zu halten. Zwar war das Königreich in diesem Konflikt neutral, verhehlte aber nicht seine Sympathie für die Briten. Auch auf die weitere Zurückhaltung Österreichs war kein Verlass. Kaum hatten die russischen Truppen die Donaufürstentümer geräumt, marschierten Österreicher dort ein. So konnte sich der Zar nicht weiter von der Donau zurückziehen, sondern musste Österreich Neutralität aufzwingen.

Auch in Polen waren viele russische Truppen gebunden. Seit der blutigen Niederschlagung des Aufstandes von 1830/31 ließen sich die polnischen Gouvernements nur noch durch Militärpräsenz regieren. Und im Kaukasus tobte seit gut zwei Jahrzehnten der Krieg gegen die kaukasischen Bergvölker, die nicht bereit waren, sich dem Zaren zu unterwerfen. Selbst im Fernen Osten war die Anwesenheit russischer Truppen erforderlich.

Ausgreifende Aktionen der britischen Kriegsmarine beunruhigten den Zaren im Frühjahr und Sommer 1854. So blieben Nikolaus I. von 1,8 Millionen unter

Waffen stehenden Soldaten nur ungefähr hunderttausend für die Auseinandersetzung auf der Krim. Damit war die quantitative russische Überlegenheit ausgehebelt. Die jahrzehntelange Vernachlässigung der Wirtschaft hatte dem Zarenreich zudem erheblichen Rückstand in der technischen Entwicklung, der Qualität der Rüstungsgüter und der Infrastruktur eingebracht. Auch fehlte dem Staat das Geld für die Unterhaltung seiner Armeen. Die Folge waren schlecht ausgebildete Truppen, veraltete Waffen und ein gravierender Mangel an Nahrung, Kleidung und Verbandsmaterial.

Diesen unzureichend ausgerüsteten Truppen standen in Sevastopol hunderttausend französische und fünfunddreißigtausend britische Soldaten gegenüber, bestens ausgerüstet. Über Monate zog sich der Stellungskrieg hin, den die russischen Verteidiger mit stoischer Standhaftigkeit ertrugen. Aber auch die alliierten Soldaten hatten unter der Unfähigkeit ihrer Führung zu leiden. Mehrmals wütete die Cholera unter den Truppen, deren medizinische Versorgung jämmerlich war. Anfang September 1855 endlich leiteten die alliierten Generäle den entscheidenden Sturmangriff auf Sevastopol ein. Die Verluste waren auf beiden Seiten so gewaltig, dass der russische Oberbefehlshaber Michail Gorčakov entschied, die übrig gebliebenen vierzigtausend Mann noch in derselben Nacht abzuziehen und die Festungsanlagen hinter sich zu sprengen. Bis zu diesem Zeitpunkt hatten bereits 73 000 russische, 70 000 französische und 22 000 britische Soldaten ihr Leben verloren. Im Kampf gefallen waren allerdings nur insgesamt 61 000 Mann, die übrigen 104 000 waren infolge von Krankheiten, Seuchen oder mangelhaft versorgten Wunden gestorben.

Auch Nikolaus I. lebte nicht mehr. Am 18. Februar 1855 war er den Folgen einer harmlosen Erkältung erlegen. Seinem Sohn Alexander II. hinterließ er ein tief verschuldetes, wirtschaftlich und gesellschaftlich gelähmtes, von einem schrecklichen Krieg zerrüttetes Reich, das außenpolitisch gedemütigt und ins Abseits gedrängt war.

✤ *Der erste industrielle Krieg der Moderne: Die Belagerung der russischen Festung Sevastopol am Schwarzen Meer durch französische und britische Truppen vom 28. Mai 1854 bis zum 10. September 1855. Holzstich.*

Als Alexander II. am 26. August 1856 zum Zaren gekrönt wird, befindet sich sein Land im Krimkrieg. Nach dessen Ende leitet der Zar notwendige Reformen ein und erhält dafür vom Volk den Titel »Befreier«. Die Zeichnung zeigt jubelnde Menschen bei der Krönungsfeier im Moskauer Kreml.

Von Reformen zu Revolutionen

1856–1904

Alexander II. führte das Zarenreich in die wichtigste Reformära seit Peter dem Großen. Gegen enormen Widerstand wurden die Bauern befreit, Armee, Justiz und viele Verwaltungen reformiert. Gleichzeitig wurden strategisch wichtige Gebiete in Asien erobert. Doch die Reformen kamen zu spät – im Land herrschte keine Ruhe. Revolutionärer Terror breitete sich aus, der Zar selbst fiel einem Attentat zum Opfer. Alexander II. ging als letzter »großer« Herrscher in Russlands Geschichte ein. Seine Nachfolger konnten die Revolution nicht mehr aufhalten.

Russland lernt aus seinen Fehlern

Der Krimkrieg, der erste Krieg, in dem allein materielle Überlegenheit zählte, ging zu Ende. Am 30. März 1856 musste Russland in Paris, dem Ort seines einstigen Triumphes gegen Napoleon, einen Friedensvertrag unterzeichnen, der in Wahrheit die vollständige militärische Niederlage des Reiches bedeutete.

Es war ein Schock für Russland, der eine völlige Neubewertung des Reiches und seiner Stellung in der Welt erzwang. Russlands Rolle als europäische Großmacht hatte schwersten Schaden genommen, die russische Armee, die lange als die stärkste in Europa gegolten hatte, war nicht einmal in der Lage gewesen, einen befestigten Stützpunkt im eigenen Land gegen die Eindringlinge zu verteidigen. Aber diese Schwäche war nicht etwa auf den mangelnden Mut und Einsatz der Soldaten zurückzuführen, die Ursachen lagen vielmehr in einer rückständigen Industrie, einer mangelhaften Infrastruktur des Reiches und einer prekären Finanzlage. Die Soldaten trugen noch immer alte Steinschlossmusketen mit einer Reichweite von nur hundertachtzig Metern, während die britischen und französischen Truppen moderne Gewehren hatten, die ihr Ziel noch in über neunhundert Meter Entfernung trafen. Um neue Gewehre herzustellen oder im Ausland zu kaufen,

✤ *Mit dem Pariser Kongress von 1856 ist der Krimkrieg beendet. Für Russland bedeutet dieser Frieden jedoch eine Niederlage. Besorgt und einsam stellt dieses zeitgenössische Gemälde Alexander II. – links am Tisch sitzend – dar.*

RÉJOUISSANCES PUBLIQUES A SAINT-PÉTERSBOURG, A L'OCCASION DE L'ABOLITION DU SERVAGE. — Page 131.

✤ *Die lang ersehnte Freiheit: Zwar ist das 1861 unterzeichnete Gesetz zur Abschaffung der Leibeigenschaft eine halbherzige Lösung, doch für das Volk ist es ein Grund zum Feiern. Ein Straßenfest in St. Petersburg.*

fehlte aber das Geld. Das, was man trotzdem an Proviant, Waffen und Ausrüstung zur Verfügung hatte, konnte auf den schlammigen Wegen und staubigen Poststraßen nicht schnell genug herangeführt werden. Eine Eisenbahnverbindung in das südliche Grenzgebiet gab es nicht.

Zudem hatte der Zar auch noch die Bauern endgültig gegen sich aufgebracht. Als man Aufrufe zur Mobilisierung der Landwehr an die Bevölkerung erließ, meldeten sich viel mehr Freiwillige, als die Armee gebrauchen konnte. Viele Bauern wurden bei der Rekrutierung zurückgewiesen und nach Hause geschickt. Sie waren empört, wollten sie doch ihrem Zaren in der Not beistehen, und viele von ihnen hofften wie schon 1812, nach Ableistung des Militärdienstes von der Leibeigenschaft befreit zu werden.

Alexander II. stand vor einem Scherbenhaufen. Er begriff schnell, dass er sein Reich nur durch tief greifende Reformen würde retten können, selbst wenn diese die Grundlagen seiner Macht zu erschüttern drohten. Die dringlichste aller Reformen, ja der Schlüssel zu allen weiteren war die Abschaffung der Leibeigenschaft.

Das Ende der Leibeigenschaft

Einem ausgewählten Kreis von Beratern trug der Zar auf, in einem Geheimausschuss das zentrale Problem der Leibeigenschaft zu lösen, nämlich die Bauern von der Fron zu befreien und ihnen eine selbstständige Existenz zu sichern, ohne dem Adel seine wirtschaftliche Existenzgrundlage zu rauben.

Russland war nicht der einzige Staat, der mit der überkommenen Fessel der Leibeigenschaft zu kämpfen hatte. Preußen hatte erst zu Beginn des 19. Jahrhunderts die Erbuntertänigkeit seiner Bauern aufgehoben und diese in die Freiheit entlassen – allerdings ohne Land. In den Vereinigten Staaten von Amerika tobte ein Bürgerkrieg, in dem die Abschaffung der Sklaverei ein Streitpunkt war. Es ging aber bei dieser Reform noch um mehr als nur um die persönliche Freiheit der Bauern. Es ging um die wirtschaftliche und staatliche Zukunft Russlands. Der industrialisierte Nationalstaat wurde in Europa zur Norm und zum Motor des Erfolgs. Wer nicht in dieses Schema hineinpasste, verlor an Macht. Russland musste also dringend den Anschluss an diese Entwicklung finden.

Am 19. Februar 1861 unterzeichnete Alexander II. schließlich das Manifest zur Befreiung der Bauern. Doch die erzwungene Lösung war halbherzig. Die Bauern waren zwar ab sofort persönlich frei und der Patrimonialgewalt der Gutsbesitzer entzogen, aber sie bekamen nur einen Bruchteil ihres Landes mit in die neue Freiheit. Zwar hatte jeder Bauer Anspruch auf das Haus, das er bewohnte, den Hof und den Anteil an Land, den er bisher in seiner Dorfgemeinde bewirtschaftet hatte, doch dafür musste er dem vormaligen Gutsbesitzer eine jeweils ermittelte Ablöse zahlen, die zwanzig Prozent des Wertes betrug und ihm über neunundvierzig Jahre zu fünf Prozent Zins und Tilgung gestundet wurde. Vorher durfte er sein Land weder verlassen noch verkaufen. Wollte er sich auf diese Abzahlung nicht einlassen, blieb ihm die Alternative, auf den Landkauf zu verzichten und sofort ein Viertel des ihm sonst zustehenden Besitzes zu erhalten, aber eben nicht mehr. Doch war ein Viertel des den Bauern zugestandenen Landes so wenig, dass es sie und ihre Familie an den Bettelstab bringen musste, weshalb dieser Anteil auch »Bettelanteil« genannt wurde.

Dem Adel hingegen zahlte der Staat achtzig Prozent des ermittelten Wertes seines Landes sofort in Form von Rentenpapieren aus, insgesamt an die 425 Millionen Rubel. Nahmen die Bauern nicht den Bettelanteil, sondern ließen sie sich auf die jahrzehntelange Abzahlung ein, banden sie sich damit erneut an ihre Scholle. Allerdings waren die vormaligen Gutsherren nun nicht mehr für sie verantwortlich, hatten keine Vorsorge für Hungersnöte zu treffen, sondern wollten einfach nur ihr Geld. Wuchs die Bauernfamilie, konnte sie sich kaum von dem wenigen Land ernähren, sondern musste für teures Geld weiteres dazupachten und sich damit in noch größere Abhängigkeit begeben. Eine einzige Missernte reichte schon aus, sie in den Ruin zu treiben. Deshalb waren die Bauern zutiefst enttäuscht, dass sie ohne ihr Land befreit wurden. Denn über Jahrhunderte hatte in ihrer Welt gegolten: »Wir gehören zwar dem Gutsherrn, aber das Land gehört uns.« Nun hatte sie der Zar eines Besseren belehrt. Entsprechend groß war die soziale Sprengkraft, welche die Bauernbefreiung barg.

Geistiges Erwachen und unabhängige Gerichte

Dennoch war die Abschaffung der Leibeigenschaft in Russland ein Meilenstein auf dem Weg zur dringend notwendigen Reform des Zarenreiches. Und der Zar war gewillt, weiter zu gehen. Bereits zu seinen Krönungsfeierlichkeiten hatte Alexander II. etliche Gnadenerlasse wie etwa eine Amnestie für politische Gefangene verkündet. So konnten viele Verbannte – auch einige noch lebende Dekabristen – aus Sibirien ins europäische Russland zurückkehren und ihre alten Rechte wieder wahrnehmen. Auch die Zensur wurde merklich gelockert, was die Intelligenzija aufatmen ließ. 1864 erließ der Zar neue Justizgesetze, die zu den modernsten in Europa gehörten. Prozesse mussten nun öffentlich vor unabhängigen Richtern geführt werden. Für Strafsachen wurden Schwurgerichte eingeführt, und auch Vertreter der unteren Bevölkerungsschichten wurden als Geschworene zugelassen. Angeklagten standen nun Verteidiger zu, sodass sich schnell Anwaltskammern bildeten. Auch waren sämtliche Gerichtsprotokolle von der Zensur ausgenommen, und Richter konnten nicht mehr einfach abgesetzt werden. Das neue Justizsystem kannte keine Standesunterschiede und fand umgehend großen Zuspruch im Volk.

Auch die Einführung einer ländlichen Selbstverwaltung, *zemstva,* die seit 1859 vorbereitet worden war und 1864 verkündet wurde, war eine wichtige Reform, die eine Dezentralisierung herbeiführte. Die *zemstva* erhielten ein Zensuswahlrecht, das Standesgrenzen weitgehend ignorierte und die Bauern auf Kreis- und Gouvernementsebene ebenso einbezog wie städtische Elemente. Vor allem erlangten die *zemstva* große Kompetenzen im Erziehungs- und Schulwesen, auch im Strafvollzug und im Gesundheitswesen, was mittelfristig zu einer regen lokalpolitischen Beteiligung verschiedener gesellschaftlicher Gruppen führte und die Herausbildung einer russischen Zivilgesellschaft förderte.

Die Intelligenzija – Russlands intellektuelle Elite

Titelseite von Dostoevskijs »Erniedrigte und Beleidigte«, erschienen bei Piper in München 1861. Das russische Original erschien im selben Jahr und war der erste Roman Dostoevskijs nach seiner achtjährigen Verbannung nach Sibirien.

Der schillernde Ausdruck Intelligenzija kam in Russland in den 1860er Jahren auf und bezeichnete im Wesentlichen eine gesellschaftliche Gruppe, die wegen ihrer Geisteshaltung große Achtung genoss. Die Angehörigen der Intelligenzija waren meist hoch gebildet, kreativ und phantasievoll, unabhängig in ihrem Denken und dabei geprägt von freiheitlichen Überzeugungen sowie einem Gefühl der moralischen Verantwortung gegenüber dem eigenen Land und seinen Menschen, aber auch darüber hinaus. Viele dieser *intelligenty,* wie sie genannt wurden, entstammten dem akademischen Milieu, waren Wissenschaftler, Literaten, Künstler, aber auch Ärzte, Geistliche oder Juristen. Man stand der Regierung kritisch gegenüber und sah den Zustand der Gesellschaft – insbesondere die Kluft zwischen der Oberschicht und der Masse des Volkes – mit großer Sorge. So war es der Intelligenzija ein Anliegen, diese Kluft zu überwinden und dem Volk die Möglichkeit zu eröffnen, ein menschenwürdiges und kultiviertes Leben zu führen.

Spätestens an diesem Punkt jedoch schieden sich die Geister innerhalb der Intelligenzija. Die einen, die als Slawophile in die russische Geistesgeschichte eingingen, sahen das Übel in der unter Peter I. herbeigeführten Spaltung der Gesellschaft in dienende Leute, *slušilye ljudi,* und in Landleute, *zemskie ljudi,* wodurch die alte Verbindung von Land und Staat zerstört worden sei. So sahen sie die organisch gewachsene, »wahrhaft russische« Monarchie der vorpetrinischen Zeit als ihr politisches Ideal. Deshalb wollten sie durchsetzen, dass der Zar die Landesversammlung, *zemskij sobor,* als reguläre Einrichtung zur Vertretung der verschiedenen Bevölkerungsschichten des Reiches wieder einberuft.

Zentrales Element der slavophilen Ideen war die *sobornost'*, ein Begriff, der den gemeinschaftlichen Charakter des Konziliarismus als besonderen Wert der russischen Kultur beschreibt. Die *sobornost'* spiegelte sich insbesondere in der ursprünglichen orthodoxen Kirche und in der russischen Dorfgemeinschaft wider, worin die Slawophilen auch den Kern einer erfolgreichen Verwirklichung der russischen Nation sahen.

Den Slawophilen teilweise diametral entgegensetzt waren die sogenannten Westler, die *sapadniki.* Ihnen war die Übertragung westlicher Gesellschaftsmodelle auf Russland seit Peter I. nicht konsequent genug erfolgt, um Früchte zu tragen. Die Gedankenwelt der Westler hatte allerdings wenig mit den damaligen realen Verhältnissen im Westen Europas gemein. Vielmehr ging es um Gedankenmodelle der westlichen Philosophie, seien es Ideen der französischen Aufklärung oder solche der neuen idealistischen Philosophie aus Deutschland, die sich in den 1820er Jahren in Russland ausbreiteten. Die Vorbilder reichten von Kant über Fichte, Schelling und Herder bis zu Hegel.

Aus diesen beiden Grundströmungen innerhalb der Intelligenzija entwickelten sich im Laufe des 19. Jahrhunderts weitere Denkschulen wie die des Panslawismus sowie verschiedene sozialistische Gruppierungen, etwa jene um Alexander Herzen, einen zutiefst aristokratisch geprägten Vertreter des Ideals individueller Freiheit, oder Michail Bakunin, einen feurigen Propheten des revolutionären Sozialismus und einen der bekanntesten russischen Anarchisten. Neben diesen eher politischen Aktivisten gab es auch eine Reihe von bedeutenden Vertretern der Intelligenzija, die eher durch künstlerisches Schaffen hervortraten. Zu ihnen zählten viele russische Schriftsteller des 19. Jahrhunderts wie Ivan Turgenev, Fedor Dostoevskij, Lev Tolstoj und Anton Čechov.

Die Intelligenzija blieb bis zum Untergang des Russischen Reiches eine innovative gesellschaftliche Kraft, wofür sie keineswegs nur geschätzt, sondern ebenso verteufelt wurde. Mit der Revolution vom Oktober 1917 setzte eine gewaltige Emigrationswelle aus dem ehemaligen Zarenreich ein, und ein überproportional großer Anteil der Intelligenzija verließ Russland. Die meisten kehrten nie zurück.

Die Einführung der allgemeinen Wehrpflicht

Eine weitere zentrale Reform unter Alexander II. war die Restrukturierung der Armee. Sie war notwendig, um das Russische Reich außenpolitisch wieder auf Augenhöhe mit den europäischen Nachbarn zu bringen. Betraut mit dieser Aufgabe wurde 1861 der zum Kriegsminister berufene General Dmitrij Miljutin, ein sachkundiger, moderner und liberaler Mann, dem es innerhalb von zwei Jahrzehnten gelang, gegen alle reaktionären Widerstände eine planmäßige und umfassende Reform des gesamten russischen Heeres zu verwirklichen. Die größte Herausforderung, die Miljutin zu bewältigen hatte, waren die horrenden Kosten des russischen Militärs. Die Aufwendungen beliefen sich im 18. Jahrhundert zeitweilig auf sechzig bis siebzig Prozent der gesamten Staatsausgaben; im Vaterländischen Krieg gegen Napoleon lagen sie trotz aller bis dahin schon vorgenommenen Einsparungen noch immer bei fünfzig bis sechzig Prozent. Das lag daran, dass das Russische Reich ein stehendes Heer unterhielt, das zwar jederzeit einsatzbereit, in Friedenszeiten aber nahezu genauso teuer war wie im Krieg.

Dieses Problems konnte man nur Herr werden, indem man eine nationale Armee im modernen Sinne schuf, wie sie seit der Französischen Revolution in Europa allgemein üblich geworden war – auf der Grundlage einer allgemeinen Wehrpflicht. Miljutin konzipierte eine Wehrpflicht, die mit einem hohen Bildungsanreiz gekoppelt war: Ihre Länge war je nach Bildungsgrad gestaffelt. Basis war eine sechs Jahre dauernde Wehrpflicht mit anschließender neunjähriger Reservistenzeit. Wer die Volksschule abgeschlossen hatte, musste nur vier Jahre aktiv dienen, wer das Gymnasium besucht hatte, nur zwei Jahre, Männer mit einem abgeschlossenen Hochschulstudium nur drei Monate.

1874 trat die allgemeine Wehrpflicht im Zarenreich in Kraft. Niemand konnte sich vom Dienst in der Armee freikaufen wie noch zu Zeiten der Zwangsrekrutierung, und so herrschte erstmals Gleichheit aller vor dem Anspruch des Staates auf den Dienst mit der Waffe. Das war die Voraussetzung für ein modernes Massenheer. Zugleich reorganisierte Miljutin die militärische Ausbildung, um die Professionalität der Offiziere zu erhöhen und Nichtadligen den Aufstieg in Offiziersränge zu erleichtern. Er gründete Militärschulen, die eine allgemeine gymnasiale Bildung vermittelten, sowie Junkerschulen, an denen nichtadlige Offiziersanwärter ausgebildet wurden. Trotz all dieser wohlüberlegten und sinnvollen Maßnahmen blieb ein Kernproblem ungelöst: Es fehlte der Armee auch weiterhin an ausreichenden finanziellen Mitteln, um mit den Armeen der hoch industrialisierten Nachbarstaaten Deutschland und England Schritt halten zu können.

Revolutionärer Terror und politische Stagnation

Alexander II. hatte in den ersten zehn Jahren seiner Regierung eine große Reformbewegung in Gang gesetzt und damit unter den aufgeklärten und gebildeten Bevölkerungsschichten sowie unter der großen Masse der Bauern viele Hoffnungen geweckt. Doch Mitte der 1860er Jahre machten drei kurz aufeinander folgende Ereignisse aus dem Zar *osvoboditel'*, dem Zar-Befreier, wie man Alexander II. im Überschwang nannte, einen vom Schicksal geschlagenen Mann – verbittert, schwach und nicht in der Lage, mit Widerständen fertig zu werden.

Die ersten Gespenster holten Alexander II. in Polen ein. Als er Ende 1860 Warschau besuchte, wurde er mit Pfiffen empfangen. Die Polen verstanden unter Befreiung etwas anderes als eine Demokratisierung der Verwaltung. Sie wollten Autonomie, am liebsten aber ihre nationale Unabhängigkeit zurück. Der polnische Brocken, den sich das Zarenreich unter Katharina II. ein-

✤ Ein Schritt vor und zwei zurück: Nachdem der Zar einem Attentat nur knapp entgangen war, beendet er seine Reformpolitik. Die Radierung zeigt Alexanders II. Widerstand gegen eine liberale Verfassung.

PUNCH, OR THE LONDON CHARIVARI.—May 3, 1879.

"AUT CÆSAR, AUT NIHIL!"

verleibt hatte, war nie richtig »russisch« geworden. Im Februar 1861 kam es in Warschau zu Unruhen. Alexander ließ sich – noch vom Reformgeist beseelt – zunächst von harten Gegenmaßnahmen abbringen und zur Zusammenarbeit mit dem polnischen Magnaten Alexander Wiepolski überreden. Aber die Unruhen ließen nicht nach. Auch der Bruder des Zaren, Großfürst Konstantin, der an der Bauernbefreiung mitgewirkt hatte, konnte als frisch eingesetzter Vizekönig die Situation nicht in den Griff bekommen. Im Sommer 1862 entgingen er und Wiepolski nur knapp einem Attentat. Am 22. Januar 1863 schließlich brach der Aufstand offen los. Schnell waren ganz Polen und Litauen in Aufruhr und hofften auf französische Hilfe. Doch die Franzosen hielten sich zurück. Stattdessen schickte der Zar Michail Nikolaevič Murav'ev, der sich innerhalb kürzester Zeit den Beinamen »der Henker« verschaffte. Im Namen des Zaren ordnete er Deportationen an, verhängte Gefängnisstrafen und Todesurteile. Zudem rückte die russische Armee mit achtzigtausend Mann gegen zehntausend schlecht bewaffnete und unzureichend ausgebildete polnische Kämpfer vor. Im Frühjahr 1864 war der Aufstand niedergeschlagen – die russische Vergeltungspolitik begann. Katholische und unierte Kirchen und Klöster wurden geschlossen, Polnisch als Amts- und Unterrichtssprache wurde zurückgedrängt, über eintausendsiebenhundert polnische Güter wurden konfisziert und teilweise Russen übereignet. Russifizierung war das Gebot der Stunde – Alexanders Bereitschaft zu Milde und zu Reformen in den polnischen Provinzen war erloschen.

Ein Jahr später traf den Zaren ein privater Schicksalsschlag. Sein ältester Sohn, der Thronfolger Nikolaj, starb überraschend im April 1865 in Nizza an einer unerkannten Tuberkulose. Alexanders zweitältester Sohn, der spätere Alexander III., wurde nun Thronfolger und ehelichte sogar die Verlobte seines verstorbenen Bruders.

✤ *Ball nach der Trauerfeier: Als Alexanders II. ältester Sohn Nikolaj 1865 an Tuberkulose erkrankt, wird er von seiner Verlobten Dagmar von Dänemark und seinem Bruder Alexander bis zum Tod gepflegt. Ein Jahr danach macht der künftige Alexander III. unter Tränen Dagmar einen Heiratsantrag. Der Hochzeitsball findet im St.-Georg-Saal des Winterpalastes statt.*

Das verhinderte Attentat

Ein Jahr später, am 4. April 1866, ereignete sich jener Zwischenfall, der wie ein Menetekel über dem weiteren Leben Alexanders II. hing. Während eines Spaziergangs im Sommergarten, den der Kaiser täglich unternahm, zog ein Mann eine Pistole aus der Tasche seines Überziehers und schoss auf den Zaren. Nur der Geistesgegenwart eines Bauern, der zufällig neben dem Attentäter stand und ihm blitzschnell in den Arm fiel, verdankte der Zar sein Leben. Der Attentäter, Karakosov, behauptete später, Bauer zu sein und aus Enttäuschung über die Befreiung der Bauern ohne ihr Land gehandelt zu haben. Tatsächlich aber war Karakosov kein Bauer, sondern Student und gehörte einer radikalisierten Gruppe an, die sich »Hölle« nannte und dessen Mitglieder auf ihren geheimen Treffen die Ermordung des Zaren diskutierten. Karakosov stiegen diese Diskussionen wohl zu Kopf und fanatisierten ihn. Er wurde zum Tode verurteilt und hingerichtet.

Der Zar aber zog sich infolge dieses nur knapp verhinderten Attentats innerlich von seiner Reformpolitik zurück. Dem Reich bescherte das eine Reihe restriktiver Maßnahmen und einen Austausch liberaler Be-

✤ Die Redaktion der literarischen Zeitschrift »Sovremennik«. Stehend von links nach rechts: Lev Tolstoj und Dmitrij Grigorovič. Sitzend: Ivan Gončarov, Ivan Turgenev, Aleksandr Družinin und Aleksandr Ostrovskij.

amter durch konservative. Am härtesten traf es Universitäten und Medien. Das zeitweilige Laisser-faire im Umgang mit dem gedruckten Wort hörte schlagartig auf, der Zugang zu den Universitäten wurde erschwert. 1884 – bereits unter Alexander III. – trat ein neues Hochschulgesetz in Kraft, das dem Ministerium für Volksbildung das Recht gab, Rektoren, Dekane und Professoren zu ernennen, anstatt sie frei von den Hochschulen wählen zu lassen. Das innenpolitische Reformtempo verlangsamte sich, manche Reformen wurden gar rückgängig gemacht. Die Unzufriedenheit in der Bevölkerung wuchs und nährte revolutionäre Tendenzen und Gruppierungen.

Die ewige Frage »Was tun?«

Fanatiker wie Karakosov waren unter den politischen Aktivisten des Zarenreiches in der zweiten Hälfte des 19. Jahrhunderts keine Ausnahme. Die Mehrheit der jungen Menschen, die sich entschieden, für ihre politischen Ziele aktiv zu werden, strebte jedoch keine Gewalt an. Viele von ihnen hatten Nikolaj Černyševskij, der als Redakteur für die Zeitschrift *sovremennik* arbeitete, zum Vorbild. Sohn eines Popen, hatte er selbst die Priesterausbildung durchlaufen und orthodoxe Tugenden wie Askese, Zielstrebigkeit und Selbstverleugnung verinnerlicht und mit seinen politischen Überzeugungen verknüpft. So übertrug er den Gedanken priesterlicher Seelsorge auf den sozialen und politischen Dienst am Volk. Černyševskij glaubte an die Idee der sozialen Revolution, die Menschen durch ihr persönliches Beispiel befördern sollten. Die Bauernbefreiung hatte auch ihn enttäuscht, in den Ideen von Alexander Herzen sah er aber nur einen inkonsequenten aristokratischen Sozialismus. So schien ihm eine »Revolution von unten« als der einzige Weg, die Zustände in Russland dauerhaft zu verbessern. Diese sei von langer Hand durch die Gebildeten vorzubereiten, indem sie sozialistische Ideen im Volk verbreiteten und selbst vorlebten.

Für den *sovremennik* schrieb Černyševskij lange philosophische und politische Traktate. Sein einflussreichstes Werk aber sollte sein Roman *Čto delat'*? (»Was tun?«) werden, der 1862 von der Zensur zugelassen wurde und ganz legal erschien. Mit der Hauptfigur Rachmetov schuf er einen Ideal-Revolutionär, der auf die folgenden Generationen Gleichgesinnter – darunter auch Lenin – enormen Einfluss hatte.

✤ *Ausgabe der Zeitung der Bewegung »Narodnaja volja« vom 15. November 1879 mit Porträts der Revolutionäre Soja Perovskaja, Aleksandr Željabov and Ivan Grinevickij. Letzterer wirft 1881 die tödliche Bombe auf Alexander II. und stirbt ebenfalls noch am selben Tag an seinen Wunden; die ersten beiden werden erhängt.*

Die Ermordung des Zaren

So entstand in den siebziger und achtziger Jahren des 19. Jahrhunderts eine Bewegung, deren Mitglieder sich *narodniki* nannten, was so viel wie »ins Volk Gehende« heißt. Über die Hälfte der jungen Menschen, die sich dieser Bewegung zugehörig fühlten, stammte aus dem Adel oder aus Popenfamilien – aus Kreisen also, die für ein Leben im Dienste des Staates oder der Kirche erzogen wurden. Ihre Entscheidung, sich gegen den vorgezeichneten Lebensentwurf zu wenden und zu den *narodniki* zu stoßen, begründete exemplarisch Dmitrij Klemenz mit den Worten: »Wir reden soviel vom Volk, aber wir kennen es nicht. Ich möchte das Leben des Volkes leben und für das Volk leiden.« Doch leider wollte das einfache Volk nicht unbedingt mit den *narodniki*

leben. Bei vielen Bauern stießen sie auf Unverständnis und wurden mit größtem Argwohn betrachtet. Viele *narodniki* wurden von den Bauern sogar bei den Behörden denunziert, denn in der bäuerlichen Welt war der Zar makellos. Nur die Beamten mochte man nicht – und deren Kinder waren es, die sich aufdringlich unter die einfachen Leute zu mischen versuchten. So blieb der Erfolg der Bewegung gering, sie brachte viele idealistische Aktivisten in Untersuchungshaft und an die eintausenddreihundert in die Verbannung.

Einige von ihnen wandten sich nach diesen frustrierenden Erfahrungen radikaleren Gruppen zu, die ihre Hoffnung auf terroristischen Aktionismus setzten. So entstand etwa eine Gruppe, die sich *zemlja i volja,* »Land und Freiheit«, nannte; eine andere bezeichnete sich als *narodnaja volja,* »Volkswille«.

Am 2. April 1879 feuerte ein Lehrer drei Schüsse auf Alexander II., verfehlte ihn jedoch. Der Attentäter wurde hingerichtet. Doch die Versuche, den Zaren umzubringen, hörten nicht auf. Auf den Eisenbahnzug des Zaren wurde ein Sprengstoffanschlag verübt, traf aber wegen einer Fahrplanänderung nur den Gepäckwagen. Am 5. Februar 1880 zerstörte eine von Terroristen gelegte Bombe einen ganzen Flügel des Winterpalais. Mehrere Gardesoldaten kamen dabei ums Leben, der Zar blieb jedoch unverletzt. Am 1. März 1881 schlug schließlich auch seine Stunde.

Als Alexander II. an jenem Nachmittag von der Wachablösung der Garde am Ingenieurpalais zum Winterpalais zurückfuhr, warf jemand eine Bombe unter seine Kutsche. Sie tötete zwei Männer der Begleitmannschaft. Offiziere ergriffen den Attentäter augenblicklich,

✤ *1. März 1881, 14.25 Uhr, Ufer des Katharinenkanals: An dem Tag, an dem Alexander II. einen Verfassungsentwurf seines Innenministers unterzeichnen will, wird er Opfer eines Bombenanschlags. Im Winterpalais erliegt er seinen Verletzungen.*

✤ *Dort, wo Alexander II. tödlich verwundet wurde, wird mit Spenden aus ganz Russland zwischen 1883 und 1907 die Bluterlöser-Kirche errichtet. Der Katharinenkanal trägt heute den Namen Gribojedow-Kanal.*

und der Zar stieg aus der Kutsche, um mit dem jungen Mann zu sprechen. Da detonierte direkt neben ihm eine zweite Bombe und verletzte ihn tödlich. Alexander II. starb noch am selben Tag, doch die Autokratie lebte weiter. Sein Sohn, Alexander III., bestieg den Thron und beendete umgehend das Zeitalter der Reformen. Dem Terrorismus konnte er allerdings genauso wenig ein Ende setzen wie sein Vater. Die radikalisierten Aktivisten führten ihren Kampf gegen das ihnen zutiefst verhasste autokratische Regime im Untergrund weiter und bereiteten so das Feld für jene, die nur eine Generation später die Macht an sich rissen.

Imperiale Expansion in Asien

In der zweiten Hälfte des 19. Jahrhunderts dehnte sich das Russische Reich noch einmal beträchtlich Richtung Osten, Südosten und Süden aus. Der Sprung über den Pazifik war bereits im 18. Jahrhundert erfolgt – über Kamtschatka und die Aleuten erreichte die russische Expansion die Alaska vorgelagerten Inseln Kodjak und Sitka, traditionell getrieben von der Gier nach Pelzen, vor allem jenen kostbaren der Seeotter. Man errichtete nach bewährter Manier überall Forts – auch an der Küste Alaskas –, um sich unter anderem gegen die den Eindringlingen nicht wohlgesinnten Einwohner zu wehren. 1799 wurde sogar eine Handelskompanie nach dem Vorbild der Britischen Hudson's Bay Company mit dem Namen Russisch-Amerikanische Kompanie gegründet. Ausgestattet mit einer Reihe von Privilegien, sollte sie die russischen Handels- und Expansionsinteressen in dieser Region vorantreiben. Bis in die 1830er Jahre ließen sich an die achthundert Russen in Alaska nieder. Doch die Versorgung der neuen Siedler mit Lebensmitteln war schwierig. So verlegte man sich darauf, Alaska von Kalifornien aus zu unterhalten, wo die Russisch-Amerikanische Kompanie schon 1812 ein Fort in der Bodega Bay hundert Kilometer nördlich von San Francisco errichtet hatte. Von Fort Ross aus unternah-

✤ Idealer Platz für eine Festung: Sitka oder Neu-Archangelsk wird 1799 von Aleksandr Baranov von der Russisch-Amerikanischen Gesellschaft gegründet. Der kolorierte Holzschnitt zeigt die damalige Hauptstadt von Alaska im Jahr 1869 nach dem Verkauf des Territoriums an die USA.

❖ *Bis nach Kalifornien dringen die Russen vor: Von Fort Ross 145 Kilometer nordwestlich von San Francisco betreibt die Russisch-Amerikanische Handelskompanie von 1812 bis 1841 die Pelzjagd und die Versorgung von Russisch-Alaska mit Lebensmitteln.*

men die Russen sogar Expeditionen nach Mexiko und Hawaii.

Das russische Vordringen traf jedoch bald auf britischen und amerikanischen Widerstand. Da das Zarenreich keine Möglichkeit sah, seine Ansprüche über solche Distanzen hinweg erfolgreich zu verteidigen, wurde Fort Ross 1841 verkauft. 1867 folgten Alaska und die Aleuten. Für 7,2 Millionen Dollar gingen die Gebiete an die Vereinigten Staaten – das war weniger, als die Briten dem Zaren geboten hatten. Doch seinem Erzfeind, der ihm im Krimkrieg schon genügend Demütigungen zugefügt hatte, wollte er die Pazifikstützpunkte auf keinen Fall überlassen.

Auch hatte sich für das Zarenreich inzwischen eine zweite Option am Pazifik ergeben, die weniger schwierig erschien. 1849 hatte der Seeoffizier Nevel'skoj vom Ochotskischen Meer aus die Mündung des Amur – der einzige Strom Sibiriens, der von West nach Ost und nicht von Süd nach Nord fließt – entdeckt und für das Russische Reich in Besitz genommen. Damit begann die für die russische Expansionsgeschichte einzigartige Annexion des Amurgebiets, das seit dem Vertrag von Nerčinsk im Jahre 1689 zu China gehörte. In enger Zusammenarbeit mit der Großen Sibirien-Expedition der Kaiserlich Russischen Geographischen Gesellschaft drang Generalgouverneur Nikolaj Murav'ev 1854 mit seinen Truppen zum Amur vor und nahm das Gebiet für das Russische Reich in Besitz. Zugleich ließ er das Terrain von den mitgereisten Geographen vermessen, Bodenanalysen für eine landwirtschaftliche Nutzung vornehmen und eine Flusskarte erstellen. 1858 schließlich musste das geschwächte China im Vertrag von Aigun den Gebietsverlust anerkennen. Das Zarenreich drang aber noch weiter in Richtung Südosten vor. 1853 hatte man bereits die Hälfte von Sachalin besetzt – 1875 wurde dann die ganze Insel von den Japanern gegen die Kurilen eingetauscht. 1860 gründete man an der Pazifikküste nahe der Grenze zu Korea die neue Hafenstadt Vladivostok.

So hatte das Russische Reich in nur wenigen Jahrzehnten und ohne große kriegerische Auseinandersetzungen seine Überseegebiete veräußern und stattdessen strategisch wichtige Bereiche der asiatischen Pazifikküste gewinnen können sowie das wirtschaftlich vielversprechende Amurgebiet. Damit hatte es eine gute Ausgangsbasis für weitere imperiale Ambitionen im Pazifikraum. Nun galt es die neuen Gebiete so schnell wie möglich wirtschaftlich und strategisch an das Zentrum des Russischen Reiches anzubinden. Dazu bedurfte es zum einen einer gezielten Siedlungspolitik, zum anderen eines massiven Ausbaus der Infrastruktur des Reiches.

Die Befriedung des Kaukasus und das Vordringen in die kasachische Steppe

Während die Annexion des Amurgebiets unter verhältnismäßig viel öffentlicher Anteilnahme, teilweise verbunden mit stark übertriebenen wirtschaftlichen Hoffnungen vonstatten ging, gelang im Süden des Reiches die Befriedung des Kaukasus, der Russland seit dem Ende des 18. Jahrhunderts mit kriegerischen Auseinandersetzungen in Atem gehalten hatte. Besonders heftig flammte der Widerstand der verschiedenen kaukasischen Bergvölker noch einmal unter der Führung des islamisch gebildeten Awaren Schamil auf, der die russischen Heere mit einem Guerillakrieg fünfundzwanzig Jahre lang in Schach hielt. Zehntausenden russischen Soldaten kostete der Kaukasus-Krieg das Leben und verschlang bis zu einem Sechstel der Staatseinnahmen. Er war eine schwelende Wunde, die man nicht zu heilen vermochte. Erst 1859 konnte Schamil gefangen genommen und damit der Widerstand gebrochen werden. Schamil wurde in St. Petersburg vom Zaren persönlich empfangen und anschließend in ein »Ehren«-Exil nach Kaluga verbannt. 1870 erlaubte man ihm sogar die Ausreise nach Medina, wo er 1871 starb. Das Russische Reich setzte sich endlich im Kaukasus fest – es gelang ihm jedoch nie, den Widerstand der Kaukasier dauerhaft zu brechen.

Deutlich ruhiger, wenn auch keineswegs gewaltfrei gestaltete sich das russische Vordringen in die kasachische Steppe. Bereits im 18. Jahrhundert hatten die Russen deren Grenze überschritten und waren in das

✤ Eine Episode aus der russischen Geschichte: Nach 25 Jahren Kaukasus-Krieg ergibt sich der dagestanische Widerstandskämpfer Imam Schamil 1859 dem russischen Feldmarschall Aleksandr Barjatinskij. Französisches Werbeplakat für Fleischextrakt.

Das Vielvölkerreich in Asien

Kaum war in Moskau der erste Zar gekrönt, dehnte sich das Zarenreich nach Osten aus und wandelte sich zu einem Vielvölkerreich. Mit den Chanaten von Kazan und Astrachan wurden Tataren, Tschuwaschen, Mordwinen, Tscheremissen und Wotjaken ins Reich eingegliedert. Der Vorstoß nach Nordasien und die Erschließung Sibiriens machten viele weitere Völker zu Untertanen des Zaren, unter ihnen die Burjaten, Jakuten, Tungusen, Samojeden, Jukagiren sowie – weiter am östlichsten Rand – die Tschukschen, Kamtschadalen und Korjaken. Seit der Mitte des 17. Jahrhunderts drangen die Russen verstärkt in die südlich und südöstlich gelegenen Steppengebiete vor und machten auch die dort lebenden Nomadenvölker der Baschkiren, Nogai-Tataren und Kalmücken zu abgabepflichtigen Untertanen. Ende des 18. Jahrhunderts fiel schließlich die Krim und mit ihr die Krim-Tataren an die russische Zarin. All diese Eroberungen werden häufig unter dem Begriff »Sammeln der Länder der Goldenen Horde« zusammengefasst, da Russland mit der Herrschaft über diese Gebiete der unangefochtene Erbe des eurasischen Großreiches der Goldenen Horde geworden war.

Mit den Gebieten übernahmen die Russen zunächst viele der Herrschaftspraktiken der Goldenen Horde wie etwa das Abgabesystem des *jasak*. Auch respektierten sie weitgehend den Status quo in den eroberten Gebieten sowie die jeweilige rechtliche Ordnung, den Landbesitz, die Wertesysteme und ausgeübten Religionen. Viele der neuen Untertanen waren Moslems oder Animisten.

Das Zarenreich dehnte sich auch nach Südosten aus, und so kamen immer mehr Völker unterschiedlicher kultureller und religiöser Prägung unter russische Herrschaft. Vor allem im frühen 19. Jahrhundert drangen die Russen immer tiefer nach Transkaukasien und in den Kaukasus ein, verdrängten das Osmanische Reich und Persien aus dieser Bergregion und verstrickten sich zugleich in ethnische Konflikte, die Russland bis heute in Atem halten. Im Laufe des 19. Jahrhunderts fiel Mittelasien unter russische Herrschaft und damit die Kasachen, Turkmenen und Kirgisen, um nur die drei großen dort lebenden Nomadenvölker zu nennen.

Seit dem 18. Jahrhundert strebte man von St. Petersburg aus nach stärkerer Systematisierung und Vereinheitlichung der Verhältnisse im Reich, um es für die zentralistische Autokratie beherrschbarer zu machen. Dieser Prozess war sehr komplex, zumal die verschiedenen Völker unterschiedliche Lebensformen pflegten – von Ackerbauern über Nomaden hin zu Jägern und Sammlern. In der russischen Wahrnehmung zeichnete sich mehr und mehr eine Rangordnung von Sesshaften über Steppen-Nomaden zu Jägern ab. So wurde nur die Oberschicht der als ebenbürtig eingestuften sesshaften Völker – etwa der Kazaner Tataren, der christlichen Georgier und Armenier – in den Stand des erblichen Adels aufgenommen, den Oberschichten der nomadischen Baschkiren, Nogaier oder Kalmücken dagegen blieb dieser Stand meistens verwehrt, den Anführern der sibirischen Sippen und Stämmen durchweg.

Ende des 18., Anfang des 19. Jahrhunderts etablierte sich für jene Untertanen des Zarenreiches, die keine sesshaften Staatsbürger russisch-orthodoxen Glaubens waren, zunehmend der Begriff *inorodcy,* Fremdstämmige. Sie galten als zivilisatorisch rückständig, genossen zwar einen gewissen Schutz, wurden aber als Bürger zweiter Klasse behandelt. Im Zuge des in der zweiten Hälfte des 19. Jahrhunderts zunehmenden Nationalismus führte das zu einer pejorativen Abgrenzung des Staatsvolkes der Russen von den »Fremden« innerhalb des Zarenreiches. Hinzu kam, dass auch die Lebensräume der *inorodcy* von den Interessen St. Petersburgs immer stärker bedroht wurden. Die Jagdgründe der sibirischen Taiga wurden geplündert, um die Gier nach Pelzen, später auch nach Gold und anderen Metallen zu befriedigen. Die Steppen füllten sich – von St. Petersburg forciert – zusehends mit zugewanderten Ackerbauern, die den viehzüchtenden Nomaden die Lebensgrundlage nahmen. So wandte sich die Herrschaftspraxis der russischen Zaren unter wirtschaftlichem Druck zusehends repressiven Methoden zu, die das Konfliktpotential im zarischen Vielvölkerreich zunehmen ließen.

✤ *Nikolaus II. schickt den in Deutschland ausgebildeten Fotografen Sergej Prokudin-Gorskij auf eine Reise durch das Russische Reich. Er soll Fotos in naturgetreuen Farben mitbringen, die zusammen ein Porträt des Landes ergeben. 1911 entstand dieses Foto Alim Chans, des letzten Emirs von Buchara.*

riesige Gebiet der Kasachen eingedrungen. Es erstreckte sich über nahezu dreitausend Kilometer zwischen dem südlichen Ural und dem Kaspischen Meer im Westen und den Gebirgen Altai und Tienschan im Osten, sowie über gut tausendfünfhundert Kilometer zwischen Südsibirien und den Oasen Mittelasiens. Mit den Festungen Omsk und Semipalatinsk wurden in den Sommerweidegebieten der Kasachen Stützpunkte installiert, die später durch eine Befestigungslinie, die Orenburger Linie, verbunden wurden. Im 18. Jahrhundert und in der ersten Hälfte des 19. Jahrhunderts dominierten Handelsinteressen in Asien das Verhältnis zu dem Nomadenvolk. Trotz ihres Treueids galten die Kasachen noch nicht als zum Russischen Reich gehörig.

In der zweiten Hälfte des 19. Jahrhunderts nahm der russische Druck zu. Die Steppe wurde annektiert, mit Festungen überzogen und kurz darauf auch administrativ aufgeteilt. Ziel der russischen Politik war es, die Nomaden sesshaft zu machen – nicht zuletzt deshalb, weil darin eine zivilisatorisch höherwertige Entwicklung gesehen wurde. Gleichzeitig wurden die Kasachen systematisch zurückgedrängt: Seit den 1860er Jahren verschob sich die Grenze des Ackerbaus immer weiter nach Süden, und Hunderttausende Siedler drangen vom europäischen Russland aus ins nördliche Kasachstan ein. 1891 beschränkte das Steppen-Statut den Landbesitz der Kasachen drastisch und entzog ihnen damit auf längere Sicht die Lebensgrundlage als Nomaden. Einige Kasachen wurden notgedrungen sesshaft, die Mehrheit aber setzte den Eindringlingen Widerstand entgegen, der sich schließlich 1916 in einem großen Aufstand entlud.

An der Seidenstrasse – Buchara, Chiwa und Taschkent

Nachdem das Russische Reich die Kasachensteppe fest in der Hand hatte, stand ihm der Weg zu den Chanaten Mittelasiens offen. Diese Gebiete waren bis zur Mitte des 19. Jahrhunderts für Russland abgelegen und wenig bekannt. Sie repräsentierten mit ihren berühmten Islam-Schulen und ihrer muslimischen Hochkultur das exotische Asien. Die Niederlage des Zarenreiches im Krimkrieg und der neue direkte Zugang gaben Mittelasien nun neue Bedeutung – wirtschaftlich, strategisch und politisch. Schon 1857 sagte der Asienexperte und Diplomat Nikolaj Ignat'ev: »Nur in Asien können wir den Kampf gegen England mit gewissen Erfolgschancen aufnehmen.«

Tatsächlich grenzten die mittelasiatischen Chanate mehr oder minder direkt an britische Einflusszonen wie etwa Afghanistan. Diese geopolitische Lage mag einen nicht unwesentlichen Einfluss auf die Art und Weise gehabt haben, wie das Russische Reich mit den Chanaten Mittelasiens verfuhr. Entgegen seiner herkömmlichen Vorgehensweise inkorporierte Russland in Mittelasien nicht das ganze eroberte Gebiet: Das Emirat von Buchara und das Chanat von Chiwa – beide wichtige Knotenpunkte an der Seidenstraße – kamen lediglich unter russisches Protektorat, blieben staatsrechtlich jedoch unabhängig. Die Eroberung selbst lief mehr oder weniger im Konquistadorenstil ab, indem einzelne militärische Führer ihre Truppen – ohne oder sogar gegen Anweisungen aus St. Petersburg – gegen die einzelnen Chanate ins Feld führten. Bis 1867 war so das Chanat von Kokant für das Russische Reich gewonnen – es wurde später zum Generalgouvernement Turkestan mit der Hauptstadt Taschkent. 1873 folgte das Chanat von Chiwa, 1881 fiel die Festung von Gök-Tepe in russische Hände, 1884 auch die Oase von Merw und 1885 Kuschka.

Die neuen, als Protektorat verstandenen Gebiete mussten dem Russischen Reich weitgehende Konzessionen machen. Die Oasenstädte Buchara und Chiwa mussten sich den russischen Kaufleuten öffnen und später ins russische Zollgebiet eingliedern lassen. Auch hatten sie hohe Kriegsreparationen zu zahlen. Chan und Emir herrschten aber weiter ohne Einschränkungen über ihre Untertanen, der Islam blieb die Grundlage ihrer Gesellschaft und Kultur. Diese mittelasiatischen Gebiete waren die einzigen im Russischen Reich, in denen eine indirekte Herrschaft ausgeübt wurde, was wohl vor allem aus Rücksicht auf das Britische Empire und auf die Reputation von Buchara in der islamischen Welt geschah. Die Menschen in Mittelasien allerdings wurden nicht als vollwertige Bürger Russlands anerkannt, sondern erhielten nur den Status von Fremdstämmigen, *inorodcy,* unabhängig davon, ob sie Nomaden oder Sesshafte waren. Damit wurde auch die mittelasiatische Oberschicht sozial nicht in den Adelsstand des Reiches integriert. Tatsächlich stand die Integration der mittelasiatischen Völker nicht im Mittelpunkt der russischen Interessen. Man strebte eine kolonial geprägte Ausbeutung an und richtete dabei den Blick auf die Baumwollproduktion Mittelasiens.

Wirtschaftlicher Aufschwung und industrielle Revolution

Der Krimkrieg hatte nicht nur die ökonomischen Probleme des Zarenreiches offenbart, sondern Russland tatsächlich an den Rand des Bankrotts geführt. Der Staat hatte auswärtige Schulden von nahezu einer halben Milliarde Silberrubel, und das Papiergeld, das sich in Umlauf befand, war 1858 nur zu ungefähr sechzehn Prozent durch staatliche Gold- und Silberreserven gedeckt, 1865 sogar nur noch zu acht Prozent. Um die Wirtschaft anzukurbeln und die Staatseinnahmen zu steigern, mussten neue Lösungen gefunden werden, denn weder ließ sich die Steuerlast der einfachen Bevölkerung weiter erhöhen, noch eine Aufhebung der adligen Steuerfreiheit durchsetzen. Die Einfuhrzölle ließen sich ebenfalls nicht anheben, da das Reich für die Sanierung und den Ausbau der eigenen Industrie auf Industrieimporte dringend angewiesen war. So ging man verstärkt daran, ausländische Staatsanleihen aufzunehmen. Damit sollte der russische Eisenbahnbau vorangetrieben werden, welcher der Motor der industriellen und infrastrukturellen Entwicklung im Zarenreich war und auch militärstrategisch große Bedeutung hatte. Die Eisenbahn wurde damit für die Autokratie zu einem Mittel, im Inland zu überleben und im Ausland weiterhin als Großmacht zu gelten.

Es war aber nicht leicht für das Zarenreich, an ausländisches Geld heranzukommen. Innere Krisen wie der polnische Aufstand, das Aufkeimen revolutionären Gedankenguts in bestimmten Bevölkerungsschichten und die Attentate auf den Zaren ließen Russland als unsicheren Ort für Kapitalanlagen erscheinen. Hinzu kam, dass Teile des russischen Adels, kaum hatten sie Geld für ihr Land erhalten, dieses ins Ausland schafften, statt es in Russland zu investieren. Zwischen 1861 und 1866 flossen mehr als hundertsiebzig Millionen Rubel ins Ausland ab. Damit demonstrierten die besitzenden Klassen nur zu deutlich, wie gering ihr Vertrauen in den russischen Staat war. Es war allerdings auch das erste Mal in der Geschichte des Zarenreiches, dass der Adel über große Mengen mobilen Vermögens

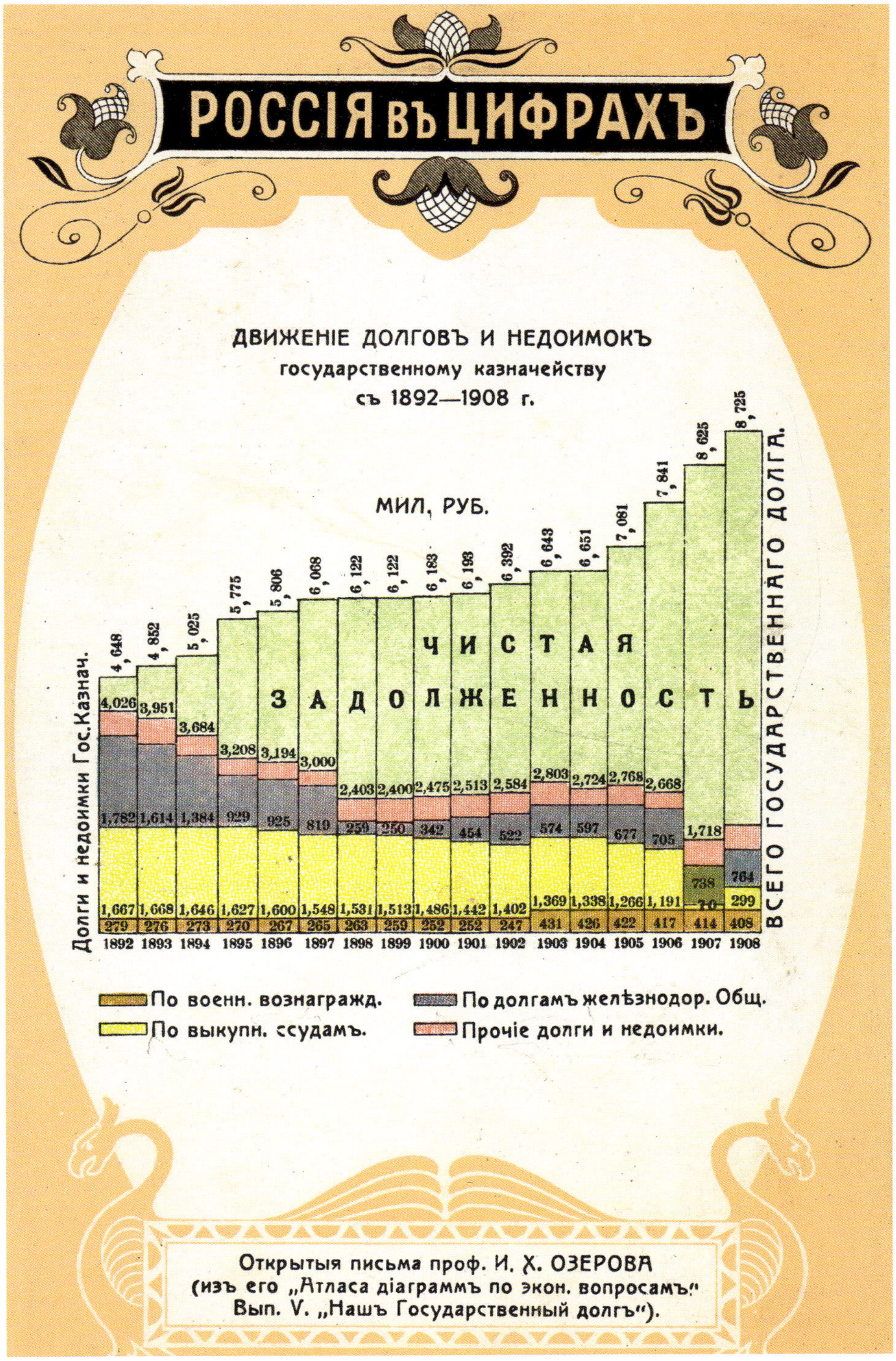

✤ *Vermögen und Verschuldung Russlands von 1892 bis 1908 in Millionen Rubeln: Der grüne Bereich zeigt die Nettoverschuldung, der gelbe die Kreditaufnahme, lila sind die Investitionen in die Eisenbahn, braun die Militärausgaben. Aus dem Wirtschaftsatlas des Professors Ivan Oserov.*

❖ Ein Instrument zur Erhaltung der Autokratie: Russland verschuldet sich immer mehr, um den Eisenbahnbau voranzutreiben. Frisch verlegte Gleise entlang des sibirischen Flusses Angara, aufgenommen im August 1890.

verfügte und dieses außerhalb Russlands anlegen konnte. Mit der Befreiung der Bauern hatte der Zar seinen Adel zugleich aus der finanziellen Abhängigkeit vom Land und der damit verbundenen Verantwortung entlassen.

Die Folgen kamen den Staat teuer zu stehen. 1862 musste Russland eine Anleihe in Höhe von fünfzehn Millionen Pfund aufnehmen, was sechsundneunzig Millionen Rubel entsprach. 1864 lieh sich der Zar weitere achtunddreißig Millionen Rubel über eine englisch-holländische Anleihe. Nur so war der Eisenbahnbau zu bewerkstelligen.

Zwischen 1850 und 1900 baute das Zarenreich über 56 000 Schienenkilometer. Bis 1910 stieg diese Zahl auf 76 946 Kilometer, nachdem die Transsibirische Eisenbahn und die Schienen durch die Mandschurei fertig gestellt worden waren. So gewaltig diese Zahl auch erscheinen mochte, im internationalen Vergleich war sie eher Mittelmaß. Deutschland etwa verfügte im Jahr 1900 über 51 391 Schienenkilometer, Frankreich über 42 827, und die USA, der einzige Staat, der sich von seiner Größe her mit dem Russischen Reich vergleichen ließ, über 311 094.

Die deutsch-russische Kooperation und der Berliner Kongress

Trotzdem brachte das vergrößerte Eisenbahnnetz dem Russischen Reich einen enormen wirtschaftlichen Aufschwung. Allein zwischen 1860 und 1877 nahm die

✤ *Bismarck und Alexander II. auf dem Berliner Kongress: »Ick soll Ihnen wegen der Reformen in Russland raten? Det is wohl ganz einfach: Jeben Sie die Freiheit wie in Preußen!«, so Bismarck. Der Zar: »Geniale Idee!« Karikatur aus »Humoristische Blätter« vom 2. März 1884.*

Kohleförderung um knapp fünfhundert Prozent zu, der Maschinenbau um über zweihundertfünfzig Prozent und die Eisen- und Stahlproduktion zusammen um rund siebenundsechzig Prozent. Auch die Ausfuhr stieg enorm an, insbesondere der Getreideexport. Das war der Abschaffung der Leibeigenschaft zu verdanken: Um ihre Schulden zu bezahlen, waren die Bauern gezwungen, ihr Getreide zu verkaufen, statt es selbst zu verbrauchen. Trotz der enormen industriellen Fortschritte, die das Reich in der zweiten Hälfte des 19. Jahrhunderts machte, blieb Russland ein Agrarland. Hundert Millionen Bauern standen drei Millionen Arbeitern gegenüber. So resultierte die wirtschaftliche Stärke des Reiches auch weiterhin aus der Landwirtschaft – mit deren Gewinnen musste der Aufbau der Industrie finanziert werden.

Die Wirtschaft des Zarenreiches brauchte jedoch weiterhin ausländisches Geld. In den 1870er Jahren wurde Deutschland zum Hauptgläubiger des Zaren. Zwischen 1865 und 1875 war es mit cirka neunhundert Millionen Mark – etwa vierhundertsiebzehn Millionen Rubel – am russischen Eisenbahnbau beteiligt. Zugleich war das Deutsche Reich der größte Abnehmer russischen Getreides geworden und begann mit seinen Industrieprodukten den russischen Markt zu erobern. Doch der 8. Russisch-Türkische Krieg und der darauf folgende Berliner Kongress sollten dieser Kooperation ein Ende bereiten. Nur widerstrebend hatte sich der Zar in diesen Krieg begeben, und auch Finanzminister Reutern war der Ansicht, dieser Krieg werde »selbst im Falle eines Sieges Russland auf lange Zeit ruinieren«.

Obwohl Russland den Krieg tatsächlich gewann, konnte es die Früchte des Sieges nicht ernten und den gemäß Präliminarfrieden von San Stefano gewonnenen Zugang zum Mittelmeer nicht nutzen, da sich England und Frankreich querstellten. Da das deutsche Kaiserreich auf dem Balkan keine Interessen hatte, bot sich Berlin als Verhandlungsort an – und Bismarck als der »ehrliche Makler«. Doch mit dem Resultat war Russland unzufrieden, der Zar fühlte sich zutiefst gedemütigt, und das Russische Reich suchte langfristig eine außenpolitische Neuorientierung. Alexander III. richtete Russland außenpolitisch stärker auf Frankreich aus und begann einen Zollkrieg mit Deutschland, welcher der russischen Wirtschaft, insbesondere der Landwirtschaft teuer zu stehen kam.

In Frankreich fand das Zarenreich neue Gläubiger für gewaltige Anleihen, mit denen der nächste große Ausbauschub des russischen Eisenbahnnetzes, insbesondere der Bau der Transsibirischen Eisenbahn finanziert werden konnte.

Das Elend der Arbeiter

Die rasch wachsende russische Industrie belastete die arbeitenden Menschen mit allem, was das Frühstadium industrieller Entwicklung mit sich brachte. Die Arbeitsbedingungen waren schlecht. Vor allem an- oder ungelernte Arbeiter mussten schmutzige, zermürbende und auch gefährliche Arbeiten verrichten, für die sie häufig nur unzureichend ausgestattet waren. Oft verbrachten die Leute weit über zwölf Stunden in den Fabriken oder Bergwerken. Frauen- und Kinderarbeit war an der Tagesordnung. Zur Schule gingen solche Kinder nicht. Auch konnten die Arbeiter kaum einem Familienleben nachgehen, zumal die Wohnverhältnisse katastrophal waren. Viele hatten nicht einmal ein eigenes Bett, sondern mieteten sich einen Schlafplatz, den sie mit jemand anderem teilten, der in einer anderen Schicht arbeitete. Auch wurde der Lohn nicht regelmäßig gezahlt, und eine medizinische Versorgung war die Ausnahme. Die Arbeiter lebten insgesamt unter so prekären Bedingungen – namentlich in den beiden jeweils über eine Millionen Einwohner zählenden Hauptstädten –, dass sich die Regierung bereits in den 1880er Jahren genötigt sah, über eine Gesetzgebung zum Arbeiterschutz nachzudenken. Allerdings kam das Vorhaben nur zögerlich voran und wurde noch dazu durch den Widerstand der Unternehmer gebremst. 1897 wurde die tägliche Arbeitszeit endlich auf elfeinhalb Stunden begrenzt. Gewerkschaften waren verboten, und so waren die Arbeiterorganisationen, die sich dennoch bildeten, von Anfang an illegal. Bis zu ihrer Politisierung, teilweise auch Radikalisierung war es dann nur noch ein kleiner Schritt.

Der Russisch-Japanische Krieg

Während im russischen Kernland unter dem Druck forcierter Industrialisierung die sozialen Spannungen zunahmen, konzentrierten sich die imperialistischen Anstrengungen des Russischen Reiches verstärkt auf den Fernen Osten, insbesondere die Mandschurei, die im Rahmen des Ausbaus der Transsibirischen Eisenbahn im russischen Interesse durch die Schiene erschlossen wurde. Damit verschärften sich die Konflikte zwischen dem Zarenreich und dem Japanischen Kaiserreich, das seine Expansionsbestrebungen auf Korea, damals ein Vasallenstaat Chinas, gerichtet hatte. 1894 besetzte Russland zur Unterstützung Chinas im ersten Japanisch-Chinesischen Krieg den Hafen von Port Arthur am Gelben Meer, an dem auch Japan größtes Interesse hatte. 1898 konnte das Zarenreich schließlich den Hafen und den südlichen Teil der Halbinsel Liaodong auf fünfundzwanzig Jahre von China pachten, um dort einen eisfreien Marinestützpunkt für seine Pazifikflotte aufzubauen. Das japanisch-russische Verhältnis verschlechterte sich weiter, als Russland sein militärisches Engagement in China verstärkte und sich weigerte, seine rund hunderttausend Soldaten aus der Mandschurei

abzuziehen, die es im Juli 1900 zur Niederschlagung des Boxeraufstandes dorthin entsandt hatte.

Hinter diesem imperialistischen Auftreten gegenüber China stand die Notwendigkeit, Gewinn aus den gewaltigen staatlichen Investitionen von über einer Milliarde Rubel zu ziehen, die Finanzminister Vitte zwischen 1897 und 1902 in diese Region hatte fließen lassen. So verlangte Russland über die Mandschurei hinaus auch für Sinkiang und die Mongolei das Exklusivrecht auf Eisenbahnbau, Rohstoffe und Industrieanlagen sowie die Zustimmung zum Bau einer Zweigbahn nach Peking. Doch diese Fülle an Forderungen wurde nicht nur von den Chinesen, sondern von allen in China engagierten Mächten als überzogen empfunden, und so kam es hinter dem Rücken Petersburgs schnell zu einer Annäherung zwischen Tokyo und London, die schließlich zu einem britisch-japanischen Bündnis führte und das Zarenreich Ende Januar 1902 in die Isolation trieb.

Anstatt sich in dieser Situation auf nüchterne Kompromisse insbesondere mit Japan einzulassen, hielt die russische Seite an ihrem Vorhaben, neue Märkte zu erschließen und Gewinne zu erzielen, verbissen fest. Schließlich forderten die Japaner am 12. August 1903 den Abzug der russischen Truppen aus der Mandschurei und die russische Anerkennung der politischen Vorherrschaft Japans in Korea. Der Zar, Nikolaus II., war jedoch lediglich bereit, den Status quo anzuerkennen – eine für Japan unbefriedigende Situation, da es Port Arthur als Bedrohung seiner Interessen in Korea empfand.

In St. Petersburg hingegen vertraute man in Regierungskreisen darauf, dass Japan sich nicht trauen würde, gegen Russland einen Krieg zu entfachen. Und falls doch, so war zumindest Innenminister Pleve der Ansicht, dass »ein kleiner siegreicher Krieg« von den innenpolitischen Problemen des Zarenreiches ablenken würde. Es kam anders.

»Von Petrograd bis Vladivostok 6500 Meilen«: Die Karte von Don Last zeigt den Verlauf der Eisenbahn und die wichtigsten Bahnstationen des Zarenreiches kurz vor seinem Untergang.

Eine schnelle, verheerende Niederlage

In der Nacht vom 8. auf den 9. Februar 1904 griffen japanische Torpedoboote russische Schlachtschiffe in Port Arthur ohne vorherige Kriegserklärung an. Zwar hatte die russische Führung vor Ort mit einem solchen Angriff gerechnet, allein schon wegen der jüngsten Spannungen zwischen beiden Staaten, trotzdem traf sie nur unzureichende Vorbereitungen und verweigerte den zur Wache eingeteilten russischen Booten sogar den Feuerbefehl. Den Kommandanten der im Hafen liegenden Schiffe wurde die Abdunkelung untersagt. So bemerkten die russischen Seeleute zwar die sich nähernden Torpedoboote, konnten aber keine Gegenmaßnahmen mehr einleiten. In der Nähe des koreanischen Hafens von Tschemulpo gerieten am Morgen des 9. Februar zwei weitere russische Kriegsschiffe unter japanisches Feuer, als die japanische Flotte in der Nähe des Hafens eine Armee für die Invasion der Mandschurei absetzte. Das Gefecht dauerte etwa eine Stunde. Den Russen blieb hinterher nichts anderes übrig, als mit ihren schwer beschädigten Schiffen in den Hafen zurückzukehren und diese dort zu versenken. Am Mittag des 9. Februar griff die japanische Flotte von See aus die Festung von Port Arthur an. Nach vierzig Minuten war das Gefecht vorbei. Es hatte neunzig Japanern Tod oder Verwundung gebracht, aber keines ihrer Schiffe ernstlich beschädigt. Auf russischer Seite waren hundertfünzig Matrosen getötet oder verwundet und vier Schiffe zum Teil schwer beschädigt worden. Am 10. Februar reichten die Japaner die Kriegserklärung nach. Am 11. Februar verlor die russische Flotte durch eigene Minen zwei weitere Schiffe. Damit war die russische Pazifikflotte einen Tag nach der japanischen Kriegserklärung weitgehend ausgeschaltet, und die japanischen Truppen konnten nahezu ungehindert in die Mandschurei eindringen.

✤ In der Nacht vom 8. auf den 9. Februar 1904 greifen japanische Schiffe ohne vorherige Kriegserklärung die russische Flotte vor Port Arthur an, jener Siedlung am Gelben Meer, die Russland von China gepachtet und an der Japan ebenfalls Interesse hatte. Darstellung aus »Le Petit Parisien«.

Nach weiteren verheerenden Gefechten ging das restliche russische Pazifikgeschwader dazu über, Geschütze aus den verbliebenen Schiffen auszubauen und zur Verstärkung der Festung von Port Arthur einzusetzen, die inzwischen von japanischen Landstreitkräften belagert wurde. Bald erwuchs daraus ein erbitterter Stellungskrieg um einen militärisch wichtigen Hügel, der 58 000 Japanern und 38 000 Russen das Leben kostete, bevor Port Arthur nach 154-tägiger Belagerung am 2. Januar 1905 an die Japaner übergeben wurde. Weder die groß angelegte russische Oktober-Offensive noch die zur Unterstützung in den Pazifik gesandte Ostseeflotte hatten der Stadt noch helfen können. Mehr als 18 000 Seemeilen hatte das russische Geschwader, das aus sechsunddreißig Kampfschiffen bestand, bereits zurückgelegt, als es am Morgen des 27. Mai 1905 in der Koreastraße in der Nähe der Insel Tsushima von den Japanern gesichtet und kurz darauf angegriffen wurde. Bis zum folgenden Morgen wurde die russische Flotte nahezu vollständig vernichtet, über fünftausend russische Seeleute fielen und weitere sechstausend gerieten

in japanische Gefangenschaft. Die Japaner hatten hundertsechzig Mann verloren.

Auch die Feldschlachten in der Mandschurei bereiteten der russischen Armee große Verluste, vor allem aber demoralisierten sie die gesamte Armee und ließen die sozialen und politischen Unruhen in den russischen Kerngebieten immer wieder heftig aufflackern. So blieb Zar Nikolaus II. schließlich nichts anders übrig, als ein Vermittlungsangebot des amerikanischen Präsidenten Theodor Roosevelt anzunehmen und am 5. September den Vertrag von Portsmouth zu unterzeichnen. Das Russische Reich verlor Liaoyang und Port Arthur, räumte die Mandschurei und trat die südliche Hälfte von Sachalin an Japan ab.

Damit hatte der russische Unterhändler Sergej Vitte, einer der wichtigsten Architekten der russischen Kolonialpolitik im Fernen Osten, vergleichsweise milde Bedingungen für Russland aushandeln und auch die geforderten Reparationszahlungen an Japan vermeiden können. Die inzwischen in Russland tobende Revolution ließ sich jedoch, wie sich noch zeigen sollte, nicht so einfach aufhalten.

Der letzte Zarensommer: Nikolaus II. genießt den Urlaub mit seinen Töchtern Tatjana, Olga and Maria in der Sommerresidenz Livadia auf der Krim. Wenig später töten die Bolschewiki den entmachteten Zaren, seine Frau und seine fünf Kinder aus Furcht vor deren Symbolkraft.

Der Untergang des Zarenreiches

1905–1917

Es ist fraglich, ob es einem anderen Herrscher gelungen wäre, Russland vor Revolution und Krieg zu bewahren. Nikolaus II. aber wirkte in seiner halsstarrigen Art wie Öl in einem Schwelbrand. Sobald sie nicht seiner Vorstellung von zarischer Macht entsprach, mied der letzte russische Zar jegliche Möglichkeit einer inneren Befriedung seines Reiches. Der Preis dieser Engstirnigkeit war hoch – für seine Familie wie für die fast vierhundert Jahre Zarenherrschaft.

Die Revolution von 1905

Am 9. Januar 1905 machten sich mehr als hunderttausend Arbeiter in Petersburg auf, um dem Zaren persönlich ihre Nöte und Forderungen vorzutragen. Geleitet von religiösem Glauben und naivem Vertrauen in den Zaren versammelten sich die Menschen in eisiger Kälte vor dem Winterpalais – eine friedliche, unbewaffnete Menge. In Sprechchören baten sie ihren Zaren um Hilfe, um Brot.

Der Zar, von dem sie Hilfe erwarteten, war Nikolaus II. Im Alter von sechsundzwanzig Jahren war er 1894 auf den Thron gelangt, nachdem sein Vater Alexander III. unerwartet einem Nierenversagen erlegen war. Der junge Monarch hatte kein politisches Programm für sein Land, als er die Herrschaft übernahm, und war schlecht auf diese Aufgabe vorbereitet. Nur in einem war er sich sicher: Die autokratische Macht sollte um jeden Preis erhalten bleiben.

Nikolaus' formale Bildung wies keine Mängel auf: Er beherrschte vier Sprachen, hatte die Werke Karamzins und Solov'evs zur russischen Geschichte studiert und wurde im Alter von siebzehn Jahren von einigen der führenden politischen, militärischen und akademischen Köpfen des Reiches in die Kunst des Regierens eingewiesen. Dabei wuchs der älteste Sohn Alexanders III. in einem für einen künftigen Monarchen völlig untypischen und auch ungeeigneten Familienidyll bürgerlicher Prägung auf, war umgeben von liebenden und fürsorglichen Eltern, einem Vater, der für kind-

✤ *Als sich am 9. Januar 1905 Menschen vor dem Winterpalast versammeln, um dem Zaren ihre Sorgen vorzutragen, gibt Nikolaus II. Schießbefehl. Der Tag geht als »Blutsonntag« in die Geschichte ein. Nachgestellte Filmszene.*

liche Scherze zu haben war und sich auch mal einen Eimer Wasser über den Kopf gießen ließ, Schneeballschlachten mit seinen Kindern veranstaltete oder ihnen zeigte, wie man Holz sägt. Zugleich vermittelten die kaiserlichen Eltern ihren Kindern auch ihre tiefe Abneigung gegenüber dem höfischen Leben und ihren Repräsentationspflichten. Alexander III. und seine Frau interessierten sich zudem wenig für das intellektuelle Leben und konnten auch bei ihren Kindern kein Interesse für Kunst und Kultur wecken – ein unverzeihlicher Mangel für einen Aristokraten.

Außerhalb seiner Familie hatte Nikolaus so gut wie keinen Kontakt zu Gleichaltrigen und vor allem Gleichgestellten. Damit entging ihm die Chance zu lernen, sich mit anderen direkt auseinanderzusetzen und sich auch durchzusetzen. So wuchs Nikolaus zwar in liebevoller Umgebung und wohlbehütet auf, doch ohne selbstverständlichen Kontakt zu jener Gruppe, mit der ein künftiger russischer Zar täglich umgehen musste – der Aristokratie. Diese lernte er erst mit neunzehn Jahren kennen, als er für wenige Jahre zu den Gardeoffizieren kam, um den letzten gesellschaftlichen Schliff verliehen zu bekommen. Er schätzte diese Erfahrung, das erste Mal außerhalb der Familie und des Hofes zu sein, sehr. Die Armee mit ihren Traditionen und Uniformen faszinierte Nikolaus. Doch am meisten genoss er dort die einfache Welt von Befehl und Gehorsam. Die Welt, die den jungen Herrscher erwartete, war allerdings weitaus komplizierter geworden.

Ein Exot auf dem Thron – der bourgeoise Autokrat

Als Zwölfjähriger musste Nikolaus mit ansehen, wie sein Großvater Alexander II. von einem Terroristen tödlich verletzt wurde und starb. Seitdem hatte sich an der miserablen Lage der einfachen Bevölkerung kaum

✤ Nikolaus II. wächst in einem Familienidyll auf. Vater Alexander III. zeigt seinen Kindern Nikolaj, Ksenia und Georgi, wie man Holz sägt, jedoch nicht, wie man regiert. Weder er noch seine Frau Maria interessieren sich für Kultur – unverzeihlich für Aristokraten. Foto von 1873.

✤ *Olga, Maria, Zar Nikolaus, Zarin Alexandra, Anastasija, Aleksej und Tatjana Romanov (v. l. n. r.) auf der Krim 1913.*

✤ *Glanz einer untergehenden Epoche: das letzte russische Zarenpaar Nikolaus II. und Aleksandra Feodorovna geborene von Hessen-Darmstadt im Gewand der Vorfahren.*

etwas geändert – die Ideen von Terror und Revolution lebten weiter. Zwar hatte Alexander III. mit strenger Hand und einer effektiven Geheimpolizei die Wogen glätten können, aber eine Lösung für die inneren sozialen und politischen Spannungen des Reiches hatte er nicht gefunden. Vielmehr waren unter seiner Herrschaft einige Maßnahmen Alexanders II. wieder rückgängig gemacht worden, wodurch sich der Druck auf die Bevölkerung erhöht hatte.

Überhaupt machte Alexander III. kein Hehl aus der Ablehnung seines Vaters, der über Jahre eine Geliebte an seiner Seite gehabt hatte, die er nach dem Tod der Zarin morganatisch heiratete. Nikolaus hatte eheliche Treue als oberstes Gebot kennengelernt und lebte danach. Er ging eine Liebesheirat mit einer Prinzessin aus deutschem Hause ein, traf damit allerdings eine tragische Wahl für die Dynastie der Romanovs, denn seine Frau Alice von Hessen-Darmstadt, Enkelin der britischen Königin Victoria, vererbte die Bluterkrankheit, die Hämophilie, an ihren einzigen Sohn Aleksej. Dieses Schicksal isolierte den Zaren und seine Frau von der Außenwelt und ließ sie ihr Glück im engsten Familienkreis ihrer fünf Kinder suchen und damit das bürgerlich geprägte Familienleben aus Nikolaus Kindheit fortsetzen. So hatte das Russische Reich einen wahrlich exotischen Autokraten bekommen: einen von bürgerlichen Idealen beseelten Herrscher für ein Reich, das gar kein ausgeprägtes Bürgertum hatte, da es dessen Entwicklung nie zugelassen hatte.

Der Petersburger Blutsonntag

Als Nikolaus die Regierungsgeschäfte übernahm, konnte er höchstens auf eine oberflächliche Einarbeitungszeit zurückblicken. Von noch größerem Nachteil war aber, dass er auch die Menschen kaum kannte, die unter seinem Vater die Politik mitbestimmt hatten, unter denen er nun seine Mitarbeiter finden musste. Schnell erwies sich der junge Zar als unfähig, sachlich zu argumentieren oder über politische Fragen zu diskutieren. Auch vermied er es meistens, seinen Ministern direkt zu widersprechen. Unter Selbstherrschaft schien er zu verstehen, allen in Einzelaudienzen möglichst freundlich zuzuhören und hinterher schriftlich seinen Willen kundzutun. Damit machte er seine Minister zu reinen Befehlsempfängern und eine abgestimmte Vorgehensweise und koordinierte Politik unmöglich.

Die Maxime seiner Entscheidungen war sein Gewissen. Und die Maxime seines Handelns war, nichts von seiner autokratischen Macht abzugeben. Das ging so weit, dass der Zar nicht einmal einen Privatsekretär haben wollte, sondern seine Briefe selbst mit dem kaiserlichen Siegel verschloss, das er auch noch in einer Schublade seines privaten Arbeitszimmers aufbewahrte. So verlor die zarische Regierung schnell ihre Linie und die letzten Konstanten, für die Alexander III. noch gestanden hatte. Nikolaus II. verkannte in zunehmendem Maße die Wirklichkeit in seinem Reich, so auch die explosive Situation am 9. Januar 1905 vor dem Winterpalais. Statt den Menschen Gelegenheit zu geben, ihre Anliegen vorzutragen und damit den uralten Mythos der Nähe des Zaren zum einfachen Volk wiederzubeleben, ließen kopflose Armeeoffiziere, die mit der polizeilichen Kontrolle einer friedlichen Menge heillos überfordert waren, auf die Menge schießen. Weit über hundert Tote und mehr als tausend Verletzte gaben dem Blutsonntag seinen Namen und läuteten eine Welle von Streiks und Protestkundgebungen ein, die Russland in eine Revolution trieb.

Vom Februar-Manifest zu den Oktober-Streiks

»Ich glaube an die ehrlichen Gefühle der arbeitenden Menschen und an ihre unerschütterliche Ergebenheit mir gegenüber, und deshalb vergebe ich ihnen ihre Schuld.« Mit dieser hastig verfassten Erklärung empfing der Zar kurz nach dem Blutbad eine Delegation von Arbeitern. Nikolaus II. wollte betonen, dass das einfache Volk zarentreu war und einige wenige sich von der städtischen Intelligenz hatten verführen lassen. Doch mit dieser realitätsfremden Haltung goss er erst recht Öl ins Feuer des Protestes. Wenige Wochen später wurde der Generalgouverneur von Moskau, Großfürst Sergej Aleksandrovič, ein reaktionärer und antisemitisch gesinnter Onkel des Zaren, ermordet. Nun packte Nikolaus die Angst. Am 18. Februar 1905 versprach er die Einberufung einer gewählten beratenden Versammlung und erlies zugleich ein Manifest, das die Bevölkerung dazu aufrief, den Zaren über ihre Nöte zu

✤ Die erste Revolution 1905: Nach der Niederlage im Russisch-Japanischen Krieg, welche die Inkompetenz der Regierung offenbarte, strömen Menschen auf die Straße. Sie tragen Fahnen mit den Aufschriften »Weg mit der Monarchie« und »Proletarier aller Länder, vereinigt euch!«. Aufnahme vom Oktober 1905.

Die Revolution in der Kunst – die Avantgarde

Die rasanten Veränderungen, die im frühen 20. Jahrhundert in Russland stattfanden, spiegelten sich auch in der künstlerischen Entwicklung des Landes. Russische Künstler suchten nach neuen Wegen, ihrem veränderten Bild der Welt Ausdruck zu geben. So begann ab 1910 in der bildenden Kunst eine Bewegung, die bezeichnend für eine ganze Kunstepoche wurde – die Avantgarde. Ihre wichtigsten Vertreter in der russischen Malerei waren Kazimir Malevič und Marc Chagall. Beeinflusst von der französischen Moderne um Cézanne und Gauguin, vom Kubismus Picassos, dem italienischen Futurismus Marinettis, aber auch von der russischen Volkskunst des *lubok* und der Ikonenmalerei, verabschiedeten sich die avantgardistischen Maler von der Wiedergabe des Sichtbaren und des Realen. Stattdessen übten sie sich in multipler Perspektivstruktur, in der Farbe, Linie, Form und Faktur neue Bedeutung erhielten.

Schnell wurde die Avantgarde zu einer Erscheinung, die auch Literatur, Musik, Theater, Film und Fotografie in ihren Bann schlug und Ansätze zu einem die Gattungen übergreifenden Gesamtkunstwerk zeigte. Für verschiedene Künstlergruppen wie den *bubnovyj valet,* »Karo-Bube«, oder den *oslinnyj chvost,* »Eselsschwanz«, war die Avantgarde regelrecht ein Gattungsoberbegriff geworden und sie deren »Vorhut« beziehungsweise fortschrittlichste Strömung. Man begriff die Kunst als Mittel der Erkenntnis in Konkurrenz zur Wissenschaft sowie als Instrument zur Umgestaltung des Lebens. *Byt,* der Alltag, opponierte mit *žizn',* dem Leben.

Die radikale Erweiterung des Kunstbegriffs wurde kennzeichnend für die Avantgarde und spiegelte sich auch im Repertoire der künstlerischen Verfahren. So gewannen die Betonung der Materialität des Kunstwerkes, *faktura,* sowie die Verfremdung und das »Neue Sehen«, *novoe videnie,* stilprägende Bedeutung.

Frühe Vertreter der Avantgarde in der russischen Literatur waren Vladimir Majakovskij, Velemir Chlebnikov, Aleksej Kručenych und David Burljuk, die mit ihrem 1912 veröffentlichten Manifest »Eine Ohrfeige des öffentlichen Geschmacks« einen radikalen Traditionsbruch und eine Konzentration auf das Lautmalerische forderten.

✤ *Einflüsse der Ikonenmalerei und der russischen Volkskunst: Kazimir Malevičs »Kopf eines Bauern« vor dem roten Kreuz, entstanden 1928/29, zu sehen im Russischen Museum St. Petersburg.*

Im Gegensatz zu anderen kulturellen Bewegungen in Russland bedeuteten die Revolutionen von 1917 nicht das Ende der Avantgarde. Trotzdem markierten sie einen tiefen Einschnitt in die von dieser vertretene Theorie und Praxis. Statt der bisher dominierenden Analyse und Zergliederung stand nun eine Aufbauphase im Vordergrund, die versuchte, die gewonnenen Erkenntnisse anzuwenden. Von der bolschewikischen Kulturpolitik wurde diese Entwicklung anfangs gefördert. Der Suprematismus, den Malevič entwickelte, diente für eine kurze Zeit nach der Oktoberrevolution von 1917 als eine Art Massenagitationsmittel. Malevič wurde sogar auf einen Lehrstuhl der Moskauer Kunsthochschule berufen. Viele Avantgardisten ergriffen nach 1917 Partei für die Revolution und wirkten intensiv mit, eine neue, revolutionäre, proletarische oder sozialistische Kunst zu schaffen. Mit Stalins Machtübernahme wurde jedoch bald das Ende der Avantgarde eingeläutet, und die Künstler wurden mit Ausstellungs- und Publikationsverboten belegt. Einige emigrierten, andere arrangierten sich mit der neuen, zentral gesteuerten Agitationskunst, dem Sozialistischen Realismus.

✤ *Erster Regierungschef Russlands: Für seine brillante Verhandlungsführung nach dem Ende des Russisch-Japanischen Krieges beauftragt Nikolaus II. Sergej Vitte mit der Kabinettsbildung. Als Vittes Reformen dem Zaren zu weit gehen, zwingt er ihn zum Rücktritt. Undatiertes Foto.*

informieren. Damit hatte er seinem Volk das Recht verliehen, Petitionen an ihn zu richten. Das kam faktisch der Pressefreiheit gleich, obwohl der Zar es gar nicht so meinte.

Sofort nutzte die oppositionelle Bewegung dieses Recht, ihren politischen Wünschen Ausdruck zu verleihen. Versammlungen und Streiks nahmen zu, Arbeiterräte entstanden, in den Randgebieten des Reiches artikulierten sich die Interessen der verschiedenen Nationalitäten immer stärker und flossen in die revolutionäre Bewegung ein. Die verheerenden Frontnachrichten aus Fernost heizten die Stimmung weiter an. Auch rechtsradikale und konservative Gruppierungen rückten immer dichter zusammen, an vielen Orten waren Juden heftigen Pogromen ausgesetzt, die viele Opfer forderten.

Im Oktober 1905 gipfelte die revolutionäre Bewegung in einem Generalstreik der Eisenbahner, der das Reich weitgehend lahmlegte. Der Zar kam mit seiner Politik der halbherzigen Konzessionen nicht weiter, und es wurde offensichtlich, dass er entweder die Revolution mit Gewalt niederringen oder sein Versprechen vom Februar einlösen und bürgerliche Freiheiten sowie eine gewählte Legislative gewähren musste.

Sergej Vitte, der ungeliebte Retter

Der Mann der Stunde, der ihm diese Alternative klar vor Augen führte, war Sergej Vitte, sein ehemaliger Finanzminister, Motor der industriellen Revolution und zuletzt erfolgreicher Unterhändler im russisch-japanischen Frieden. Nikolaus II. misstraute Vitte zutiefst, hatte aber keine Alternative. So wurde eine Art konstitutionelles Kabinett gebildet mit Vitte als Ministerpräsident, und am 17. Oktober versprach ein neues Manifest des Zaren seinen Untertanen ohne Unterschied des Standes die Grundrechte freier Bürger: Unverletzbarkeit der Person, Freiheit des Gewissens, der Rede, der Versammlung und der Korporation. Darüber hinaus garantierte das Manifest eine gewählte Versammlung mit gesetzgebenden Vollmachten, eine Ausdehnung des Wahlrechts und die zumindest indirekte Gleichstellung der Religionen und Nationalitäten des Russischen Reiches.

Doch die erhoffte Ruhe im Land trat nicht ein. Vielmehr kam es zu schweren Zusammenstößen zwischen Loyalisten und Revolutionären, die Judenpogrome nahmen an Zahl zu wie auch Anschläge auf Vertreter der Intelligenzija. Im November folgten Bauernunruhen. Das Reich bebte, und der Zar forderte härteres Vorgehen von seinem Ministerpräsidenten. Doch die Regierung sah sich gezwungen, entgegen den Anweisungen des Zaren vor der revolutionären Bewegung zurückzuweichen. Schließlich schlug der Landwirtschaftsminister auf dem Höhepunkt der Bauernunruhen ein Projekt vor, das eine weitgehende Enteignung der Gutsbesitzer vorsah. Mit diesem Vorschlag ließ er sich auf die Forderung vieler Gruppen im Reich ein – der Liberalen, der Sozialisten bis hin zu den Bauern. Der Zar weigerte sich, über so ein Projekt auch nur nachzudenken und setzte damit einen Schlussstrich unter seine Reform- und Konzessionsbereitschaft.

Im Dezember schlug die Armee einen bewaffneten Aufstand in Moskau nieder. Im Anschluss legte die Regierung die Versprechungen des Oktobermanifests immer enger aus. Doch ganz konnte der Zar von seinen Versprechen nicht mehr zurücktreten.

Russlands erste Verfassung

Im April 1906 erließ die Regierung ein Grundgesetz. Es war die erste Verfassung in der russischen Geschichte. Allerdings schränkte sie die Kompetenzen der neu zu schaffenden Duma als Legislative stark ein: Außenpolitik und Militär blieben ihrer Verfügung entzogen, und der Zar – in der Verfassung als *samoderžec,* Selbstherrscher, bezeichnet – hatte ein absolutes Vetorecht. Außerdem konnte er Gesetze erlassen, wenn die Duma nicht tagte, und er konnte die Duma auch auflösen, wenn sie ihm nicht passte. So hatte Nikolaus II. einen zahnlosen Tiger geschaffen, der ihm in seiner Mittellosigkeit sogar noch gefährlicher wurde. Kaum war die Verfassung verabschiedet und eine weitere riesige Auslandsanleihe unter Vittes Regie abgeschlossen, entledigte sich Nikolaus II. seines inzwischen zutiefst verhassten Ministerpräsidenten. Denn dass es zu einer Verfassung gekommen war, war in den Augen des Zaren Vittes Schuld. Nach seiner Auffassung war das Eingeständnis einer Verfassung eine Schmach, denn sie besudelte sein heiliges autokratisches Erbe. Dabei erwies sich Nikolaus II. als so kleinlich, dass er dem entlassenen Minister das in solchen Fällen übliche Geldgeschenk vorenthielt.

Die parlamentarische Autokratie

Am 27. April 1906 empfing der Zar die Deputierten der gewählten ersten Staatsduma. Es war das erste Mal seit dem 17. Jahrhundert, dass ein Zar Repräsentanten seines gesamten Volkes gegenüberstand. Doch er wurde nicht mit Jubel und Ehrfurcht begrüßt, sondern mit kühler Zurückhaltung, ja fast mit verdrossener Gleichgültigkeit.

Mit der neu gewählten gesetzgebenden Versammlung, der Duma, und einem reformierten Staatsrat, die zusammen ein Zweikammersystem bildeten, hatte Russland sich eine neue Staatsform gegeben, die den paradoxen Namen parlamentarische Autokratie führte. Denn eine Autokratie kann von ihrem Selbstverständnis her keine von ihr unabhängige Legislative dulden.

Ein Autokrat im Parlament: Bei der Eröffnung der ersten Staatsduma am 10. Mai 1906 hält Nikolaus II. eine feierliche Rede – die Deputierten reagieren äußerst zurückhaltend.

Um dieses Kunststück trotzdem hinzubekommen, hatte ihr Architekt Sergej Vitte einige für die Duma kaum überwindbare Hürden eingebaut. So hatte der Staatsrat ebenfalls das Recht, Gesetze einzubringen, zu ergänzen oder Einspruch gegen Vorlagen zu erheben. Er setzte sich zur Hälfte aus jährlich vom Zaren persönlich ernannten Mitgliedern zusammen, konnte also entsprechend den Wünschen des Monarchen geformt werden. Auch war in der weiteren Sitzverteilung dafür gesorgt, dass der landbesitzende Adel die klare Mehrheit stellte.

Die Regierung wiederum hatte das Recht, gemäß Artikel 87 der Verfassung Notstandsgesetze zu erlassen, denen allerdings zu einem späteren Zeitpunkt beide Kammern zustimmen mussten. Die Regierung wurde vom Zaren ernannt, auch wählte er die Minister aus. Allerdings gab es nun einen Vorsitzenden des Ministerrats, einen Ministerpräsidenten, der die Regierungspolitik zu koordinieren hatte und damit das vormalige Recht des Zaren einschränkte, willkürlich in einen Ministerbereich einzugreifen.

Doch Nikolaus II. hielt unbeirrt, geradezu naiv an seiner »Selbstherrschaft« fest und ließ das Wort in der Verfassung verankern, obwohl er dieser zufolge nicht mehr über die volle legislative Gewalt verfügte und damit eine konstitutionelle Monarchie geschaffen hatte. Und genau dafür, dass er nämlich das ihm heiligste Erbe, die Autokratie, nach einem knappen Dutzend Jahre als Zar hatte aufgeben müssen, hasste der Zar Vitte und jene Teile seines Volkes, die dies in der Revolution von 1905 ertrotzt hatten.

Nun stand er Duma-Deputierten gegenüber und fühlte sich durch den kühlen Empfang verletzt. Entsprechend war die Arbeit mit der ersten Duma nicht von Konstruktivität, sondern von Konfrontation geprägt. Dabei war diese Duma in ihrer Zusammensetzung gemäßigt und wurde im Wesentlichen von der Partei der Konstitutionellen Demokraten, den sogenannten Kadetten, und den *trudoviki,* der Partei der Werktätigen, dominiert. Die sozialistischen Parteien, die Liberalen und die Radikalliberalen, hatten die Wahl nämlich boykottiert. Doch insgesamt war die erste Duma auf Opposition gegen die Regierung ausgerichtet, und so verstanden sich auch ihre Forderungen. Die Regierung sollte der Duma statt dem Zaren verantwortlich sein, es sollte allgemeines Wahlrecht gelten, eine allgemeine und kostenlose Volksschulbildung eingerichtet werden, die Todesstrafe abgeschafft und eine

✤ Ein überzeugter Monarchist, der die Notwendigkeit von Reformen erkennt und sie auch durchsetzt: Innenminister und Ministerpräsident Petr Stolypin auf einem undatierten Foto.

Amnestie für politische Gefangene erlassen werden. Vor allem aber forderte die Duma die Enteignung der Ländereien von Staat, Kirche und Gutsbesitzern zugunsten derer, die das Land bearbeiteten: der Bauern.

Garantiertes Privateigentum als russisches Novum

Genau an diesem Punkt, an dem der Zar vielleicht zu der traditionellen Eintracht mit seinem Volk hätte zurückfinden können, versagte Nikolaus. Anstatt eine Landreform zugunsten der Bauern in Aussicht zu stellen, beharrte der Zar auf seiner Ablehnung der Zwangsenteignung, die er bereits im Winter 1905/06 äußerte, als sein Innenminister Kutler die Pläne vorstellte. Ausdrücklich bestand er darauf, dass Privateigentum unverletzlich sein müsse. Damit ging der bürgerlich geprägte Nikolaus weit über alles hinaus, was je ein Zar in Russland in Bezug auf das Privateigentum seiner Untertanen gesagt hatte. Denn er stellte ein generelles Recht auf Privateigentum in Aussicht. Das jedoch wi-

dersprach dem Wesen der Autokratie. Nicht ohne Grund hatte Ivan IV. die Bojaren weit reichend enteignet und den von ihm abhängigen Dienstadel gestärkt. Peter der Große hatte den Besitz an die Dienstpflicht gekoppelt. Katharina II. und Alexander II. hatten das nur für den privilegierten Adel getan. Mit dem generellen Recht auf Privateigentum rückten der Zar und seine Regierung vom Patrimonialstaat ab, der über Jahrhunderte das Russische Reich geprägt hatte. Allerdings ignorierten Zar und Regierung damit all jene Untertanen, die bereits unterprivilegiert waren, und verschärften damit noch einmal den sozioökonomischen Interessengegensatz im Reich.

Die neue Doktrin verstieß zutiefst gegen die traditionelle russische Auffassung, dass das Land Eigentum der Gemeinde und damit derjenigen war, die es brauchten und bearbeiteten. Sie zeigte, wie wenig Verständnis Nikolaus II. für die aus der Tradition erwachsenen Realitäten seines Reiches und seiner Untertanen hatte. So scheiterte die Zusammenarbeit mit der ersten Duma schließlich an der Agrarfrage. Am 9. Juli löste sie der Zar auf und ordnete Neuwahlen an.

Die Reformen Stolypins

Zugleich berief Nikolaus II. seinen bisherigen Innenminister Petr Stolypin zum Ministerpräsidenten, einen energischen und tüchtigen Mann, der ihn bereits durch sein rücksichtsloses Vorgehen gegen Revolutionäre und Terroristen beeindruckt hatte. Die Regierung brauchte dringend jemanden, der den immer stärker um sich greifenden revolutionären Terror zu bändigen wusste. Die Zahl der Attentate stieg seit 1906 in die Hunderte – mit Tausenden Opfern. Auch gab es inzwischen mehrere organisierte revolutionäre Parteien, die für einen bewaffneten Aufstand gegen die Staatsmacht eintraten. Entsprechend wurde der neue Ministerpräsident in seinem Amt begrüßt: Am 12. August 1906 entkam Stolypin nur knapp einem Attentat in seinem eigenen Haus. Zweiunddreißig Menschen starben dabei, zweiundzwanzig wurden verletzt, unter ihnen sein Sohn und seine Tochter.

Die Antwort Stolypins folgte schnell. Am 19. August wurde ein Gesetz erlassen, das die Einrichtung von Militärtribunalen erlaubte, die im ganzen Reich eine

✤ Für sein hartes Vorgehen gegen die Opposition wird Stolypin von vielen gehasst: 1906 zerstört eine Bombe sein Haus und tötet zweiunddreißig Menschen; seine Kinder werden verletzt. Fünf Jahre später wird er in Kiev beim Opernbesuch von einem Sozialrevolutionär tödlich verwundet.

rigorose Standgerichtsbarkeit eröffneten. Zudem wurden gegenrevolutionäre Aktionen von rechtsextremistischer Seite wie etwa die schwarzen Hundertschaften nicht mehr nur geduldet, sondern gefördert. So neigte sich die Waagschale in den revolutionären Kämpfen mehr und mehr in Richtung der Staatsmacht. 1907 waren auch die letzten Ausläufer der Revolution beseitigt.

Trotz seines harten Durchgreifens war Stolypin gewillt, die neue Verfassung zu respektieren und auf ihrer Grundlage zusammen mit der Duma und dem Staatsrat das Russische Reich zu modernisieren. Das Kernstück dessen war seine Agrarreform, die auf dem neuen Prinzip des Privateigentums beruhte und von Enteignungen Abstand nahm. Stattdessen wollte er die Bauern aus ihrer bindenden Gemeinschaft, *obščina,* lösen und ihnen ermöglichen – durch Flurbereinigung und günstige Kredite zum Landkauf –, selbstständig große eigene Landflächen zu bewirtschaften. Damit sollten sie zu unabhängigen Klein- oder Mittelbauern werden. Auch wollte er Anreize schaffen, dass Bauern aus übervölkerten Gebieten abwanderten und stattdessen in den inzwischen durch die Transsibirische Eisenahn zugänglich gewordenen Steppen Sibiriens siedelten. Doch in der im Februar 1907 gewählten zweiten Duma fand der Ministerpräsident keine Mehrheit für seine Reform. Die zweite Duma war radikaler als die erste, da sich die sozialistischen Parteien diesmal an der Wahl beteiligt hatten. Mit ihnen war keine Reform zu machen, die nicht die Enteignung der Gutsbesitzer vorsah. Auch waren die Deputierten entsetzt über die von Stolypin eingesetzten Militärtribunale, welche die Prinzipien der Rechtsstaatlichkeit mit Füßen traten. Stolypin konnte mit dieser Duma nicht arbeiten, und auch der Zar fand an ihr kein Gefallen. Am 3. Juni 1907 löste Nikolaus II. auch die zweite Duma auf.

Per Staatsstreich zur 3. Duma

Zugleich erließ der Zar ein neues Wahlrecht. Diese Aktion kam einem Staatsstreich gleich, da ein neues Wahlrecht von der Duma hätte erlassen werden müsse. Doch genau das wollten der Zar und sein Ministerpräsident umgehen, denn das neue Wahlgesetz stellte durch eine geradezu willkürliche Verteilung der Wahlmännerstimmen auf die verschiedenen Bevölkerungsgruppen eine konservative Mehrheit in der Duma sicher und reduzierte die Anzahl der Nationalitäten-Vertreter drastisch. In der dritten Duma, die von November 1907 bis Juni 1912 bestand, sowie später in der vierten Duma, die von November 1912 bis Februar 1917 zusammentrat, konnten die liberale und die sozialistische Opposition zusammen nur etwa ein Viertel der Abgeordneten stellen – zu wenig, um der Regierung ernstlich in den Arm zu fallen.

Die nach dem neuen Wahlgesetz gewählte dritte Duma bestätigte schließlich Stolypins Agrarreform, die er mittels Artikel 87 des Grundgesetzes bereits zuvor hatte einführen lassen. Die Agrarreform zeigte schon bald erste Erfolge. Langsam setzte sich eine soziale Differenzierung auf dem Land durch und förderte die Entstehung der *kulaki,* einer Schicht wohlhabender Bauern. Mit Hilfe der staatlichen Bauernbank ging durch privaten Verkauf reichlich adeliges Land in Bauernhände über, und auch der durchschnittliche Ertrag an Getreide stieg spürbar an.

Doch Stolypin sollte diese Erfolge kaum noch genießen dürfen. Der Zar war mit seinem Ministerpräsidenten nicht mehr zufrieden. Stolypin wollte nämlich auch in den westlichen Provinzen des Reiches *zemstva* nach dem Vorbild der russischen Provinzen einführen, um den dortigen Einfluss des polnischen Adels zugunsten der Bauern zurückzuschrauben. Damit sollte die Russifizierung vorangetrieben werden. Das Gesetz passierte die Duma, aber der Staatsrat stellte sich quer. Hier war man nicht bereit, die traditionelle Hegemonie des Adels in der Lokalverwaltung aufzugeben. Und Nikolaus II. hatte den von ihm ernannten Staatsratsmitgliedern deutlich zu verstehen gegeben, dass es ihn nicht stören würde, stimmten sie gegen Stolypins Gesetz.

So war keine Politik zu machen. Stolypin drohte mit Rücktritt und zwang den Zaren, kurzerhand beide Kammern für drei Tage nach Hause zu schicken und sein Gesetz nach Artikel 87 durchzubringen. Das verzieh ihm der Zar nicht – er sah in Stolypin eine ernste Gefahr für seine autokratische Macht. Auch in der Duma verlor der Ministerpräsident durch diesen Schritt die meisten seiner Verbündeten und stand nun isoliert da.

Innerlich war Nikolaus II. wohl schon entschlossen, den Ministerpräsidenten zu entlassen, doch das Schicksal kam ihm zuvor. Am 1. September 1911 wurde während einer Festvorstellung in der Kiever Oper auf Stolypin ein Attentat verübt. Tödlich verletzt, starb er fünf Tage später. Sein Mörder war ein Doppelagent, der zugleich der Revolution und der Staatspolizei diente. Der Zar persönlich verhinderte eine gerichtliche Untersuchung gegen die beteiligten Polizeibeamten. Danach achtete Nikolaus II. eifersüchtig darauf, dass kein Ministerpräsident mehr soviel Statur gewinnen konnte, wie Stolypin es geschafft hatte. Nie wieder sollte jemand den Zaren in den Hintergrund drängen und seinen Entscheidungsspielraum einschränken.

Damit gab es ab 1911 niemanden mehr, der das Regierungsruder im Russischen Reich fest in der Hand hielt und ein gesundes Gegengewicht schuf zu dem verbohrten Zaren, der mehr und mehr unter den Einfluss seiner Frau und des von ihr angebeteten sibirischen Wanderpropheten Rasputin geriet.

Rasputin – ein Scharlatan berät den Zaren

Der aus einem sibirischen Dorf aus der Gegend von Tobol'sk stammende Bauer Grigorij Rasputin genoss hohes Ansehen bei dem Zarenpaar, da er offenbar in der Lage war, die Blutungen des unheilbar an Hämophilie erkrankten einzigen Sohnes und Thronfolgers Aleksej zu stoppen. Während viele Rasputin für einen intelligenten und begabten Schwindler hielten, verehrte die Zarin ihn als Heiligen. Alexandra, die als Konvertitin zu einer exaltierten Mystik neigte, war zutiefst davon überzeugt, dass an diesem Mann das Leben ihres Sohnes und damit die Zukunft des Russischen Reiches hing. Damit nahm die unheilvolle Allianz zwischen einem spiritistischen Quacksalber und einem durch Isolierung und Selbstabkapselung wirklichkeitsfremden Herrscherpaar ihren Lauf.

Seit 1911 hatte sich Rasputin derart fest am Fuße des Zarenthrones eingenistet, dass er nicht mehr zu entfernen war. Gemeinsam mit der Zarin suggerierte er Nikolaus II., dass ihm die größte Gefahr von seinen Ministern und anderen Politikern drohe, das einfache Volk aber, als dessen wahre Stimme Rasputin sich höchstpersönlich verstand, ihn liebe und verehre. Bald fiel kaum eine Entscheidung des Zaren mehr ohne den Rat Rasputins. Der hatte zwar kein politisches Konzept, nutzte aber seinen Einfluss, um hohe Posten an Menschen nach seinem Gutdünken vergeben zu lassen: Die Betreffenden mussten reaktionär und politisch unfähig sein. Daraus ergaben sich groteske Zustände in der Regierung – die Ministerpräsidenten waren machtlos.

N. IVANOV: CARICATURE OF RASPUTIN, "RUSSIA'S RULING HOUSE"

✤ *Nikolaus II. und seine Frau Aleksandra auf dem Schoß von Grigorij Rasputin. Karikatur auf die Hörigkeit des Zarenpaares gegenüber dem Scharlatan, der sich als Heiliger ausgibt und am Hof einnistet.*

Hinzu kam, dass Rasputin – so wurde erzählt – ein ausschweifendes Liebesleben pflegte. Frau und Kinder, die er in Sibirien zurückgelassen hatte, hinderten ihn nicht daran, zahlreiche sexuelle Abenteuer zu haben. Die Frauen sollen ihm reihenweise verfallen sein, aus welcher Gesellschaftsschicht sie auch stammten. Selbst die Zarin, der man zwar nicht direkt eine sexuelle Beziehung zu Rasputin unterstellte, schrieb ihm verfängliche Telegramme: »Ich sehne mich furchtbar nach dir«. Ihre Hörigkeit gab der inzwischen von der Zensur weniger bedrängten Presse Nahrung für wilde Gerüchte. Nicht nur beim eigenen Volk verlor der Zar an Ansehen, auch im Ausland nahm man ihn inzwischen kaum noch ernst.

Im Dezember 1916 schließlich tötete ein junger, hochadliger Mann aus dem konservativen Lager Rasputin. Der Legende nach soll er ihn zuerst mit Zyankali vergiftet, dann erschossen und schließlich – weil der »heilige Mann« immer noch nicht tot war – in einem Eisloch der Newa ertränkt haben. Der Schaden am Prestige des Monarchen war jedoch nicht mehr abzuwenden.

Der Erste Weltkrieg

Zusammen mit der Zarenkrone hatte Alexander III. seinem Sohn auch eine neue außenpolitische Orientierung des Russischen Reiches vererbt. Die alten Bündnisse wurden aufgelöst, Russland trieb in neues politisches Fahrwasser. Die in der ersten Hälfte des 19. Jahrhunderts unter Alexander I. geschmiedete Heilige Allianz mit Österreich hatte Russland an Mitteleuropa gebunden. Alexander II. setzte diese Tendenz mit dem Drei-Kaiser-Bündnis fort. Weil aber die Resultate des Berliner Kongresses den russischen Monarchen so stark verärgerten, zerbrach das Bündnis. Nur die geschickte Politik Bismarcks schaffte es noch einige Jahre, Russland durch den geheimen Rückversicherungsvertrag an der Seite der Mittelmächte zu halten. Doch Alexander III. war für solche diplomatischen Winkelzüge nicht zu haben: Er verweigerte eine Verlängerung des Rückversicherungsvertrages.

Mit dem sogenannten Zweiverband von 1894 näherte sich Russland immer stärker Frankreich an. Die neue politische Konstellation wurde durch wirtschaftliche Zusammenarbeit unterstützt. Nach seiner Niederlage gegen Deutschland 1871 suchte Frankreich einen starken Partner gegen den östlichen Nachbarn, der übermächtig zu werden drohte – und fand ihn in Russland. Diese Freundschaft ließ sich Frankreich in den folgenden Jahrzehnten einiges kosten: Es wurde bald zum größten Finanzier der russischen Industrialisierung. Die Anleihen stiegen in schwindelerregende Höhen – im April 1906 konnte der russische Finanzminister Kokovcov in Paris sogar das Abkommen über eine französische Anleihe in Höhe von über zwei Milliarden Francs unterzeichnen.

Militärisch profitierte Frankreich stärker von dieser Allianz als Russland. So konnte das Zarenreich im Konfliktfall mit Österreich nicht automatisch Beistand aus Paris erwarten, wie beispielsweise 1908/09 in der bosnischen Annexionskrise deutlich wurde. St. Petersburg jedoch wurde in jede Zuspitzung des deutsch-französischen Verhältnisses unmittelbar hineingezogen, ohne wirklich eine Chance zu haben, den Konfliktverlauf wirksam zu steuern. So wohnte diesem Bündnis ein faktisches Ungleichgewicht inne, das Ausdruck russischer Schwäche war und sich nur durch eine verstärkte russische Aufrüstung in eine Balance bringen ließ.

Aber Russland blieben kaum andere Optionen. Zu Deutschland war das Verhältnis zwar nicht vollends abgekühlt, zumal das Kaiserreich der wichtigste russische Wirtschaftspartner blieb und die deutsche Industrie erheblich am russischen Aufbau mitwirkte. Doch zu einem erneuerten deutsch-russischen Bündnis reichte es selbst nach dem Russisch-Japanischen Krieg nicht mehr – da half auch die Besuchsdiplomatie Kaiser Wilhelms II. nicht. Eher noch fanden Russland und England trotz ihrer Interessenkonflikte in Mittelasien und Fernost zusammen und konnten 1907 in St. Petersburg gemeinsam mit Frankreich das Militärbündnis der Triple Entente schließen. In dieser Konstellation zogen sie schließlich auch in den Ersten Weltkrieg.

Der grosse Bruder aller Slawen

Das russische Verhältnis zu Österreich-Ungarn hatte sich schon seit dem Krimkrieg deutlich abgekühlt, und die verschiedenen Interessen, die beide Kaiserreiche auf dem Balkan verfolgten, sorgten spätestens seit Anfang des 20. Jahrhunderts für zahlreiche neue Konflikte. Das Zarenreich hatte sich zur Schutzmacht der orthodoxen Balkanvölker – allen voran Serbien – aufgeschwungen, eine Rolle, die keinesfalls neu war. Schon der Anspruch, Schutzmacht der orthodoxen Christen im Osmanischen Reich zu sein, bescherte Russland zahlreiche Kriege. Genau an dieser Lunte sollte auch der Brand des Ersten Weltkrieges im Juli 1914 entzündet werden. Die Ermordung des österreichischen Thronfolgers am 28. Juni 1914 in Sarajevo, die einem serbischen Attentäter zugeschrieben wurde, löste eine vierwöchige Krise aus, welche die Mittelmächte auf der einen und die Triple Entente auf der anderen Seite geradewegs in den Ersten Weltkrieg führte. Am 28. Juli 1914 erklärte Österreich-Ungarn nach einem verstrichenen Ultimatum Serbien den Krieg. Am 30. Juli befahl Nikolaus II.

die Generalmobilmachung der russischen Armee zur Unterstützung Serbiens. Als Bündnispartner Österreich-Ungarns erklärte das Deutsche Reich Russland am 1. August den Krieg.

Eine Patriotismus-Welle hilft dem Zaren

Es ist durchaus zu bezweifeln, dass sich Nikolaus II. des vollen Umfanges seiner Entscheidung bewusst war, als er die Generalmobilmachung befahl. Seine Generäle hatten ihn dazu gedrängt mit der Begründung, eine Teilmobilmachung wäre kaum zu realisieren und brächte Russland im Zweifelsfall zeitliche Nachteile, sollte Deutschland in den Krieg eingreifen. Dass Deutschland aber genau das tun musste, wenn Russland mobilmachte, war den Generälen recht, hofften sie doch wegen eines zu erwartenden deutschen Angriffs auf Frankreich auf eine geschwächte und darum bezwingbare deutsche Front in Ostpreußen.

Als der Zar begriff, was er getan hatte, versuchte er die Generalmobilmachung wieder zu stoppen, aber es war schon zu spät. Getröstet haben mag ihn, dass Russland im August umgehend in einen berauschten Patriotismus verfiel, der die zahlreichen anderen Probleme des Reiches gnädig überdeckte. Sogar die Duma stimmte ihrer Vertagung auf unbestimmte Zeit zu, da man nahezu einhellig der Meinung war, sich besser direkt an den Kriegsanstrengungen zu beteiligen, als im Parlament Reden zu halten. Sogar der Name der Hauptstadt wurde russifiziert in Petrograd, um ihm den deutschen Klang zu nehmen. Die Euphorie wich allerdings der harten Realität, noch bevor der August 1914 vorüber war.

Zunächst verlief alles nach den Vorstellungen des russischen Generalstabs. Infolge des Schlieffen-Plans zogen die Deutschen sämtliche Streitkräfte an die Westfront und ließen nur die 8. Armee in Ostpreußen zurück.

✤ *Der Anfang vom Ende: Am 2. August 1914 erscheint Nikolaus II. auf dem Balkon des Winterpalastes, um den Beginn des Krieges zu verkünden, der als Erster Weltkrieg in die Geschichte eingeht und das Zarenreich kollabieren lässt.*

✤ *Aufwallender Patriotismus und blinder Glaube an den guten Zaren: Im August 1914 verabschiedet Nikolaus II. die abrückenden Soldaten und nimmt an einem Feldgottesdienst teil.*

Die russische Njemen-Armee fiel bereits in der Nacht nach der deutschen Kriegserklärung in Ostpreußen ein. Von Süden her wurde sie von der Narev-Armee unter Führung von Aleksandr Samsonov unterstützt. So standen in Ostpreußen 153 000 deutsche rund 191 000 russischen Soldaten gegenüber. Am 19. August erzielten die Russen in der Schlacht von Gumbinnen ihren ersten Erfolg. Überzeugt, dass sich die Deutschen nun über die Weichsel zurückziehen, teilten sich die beiden russischen Armeen und zogen in verschiedene Richtungen ab. Damit gaben sie den Weg frei für General Ludendorffs siegreiche Taktik, die als Schlacht von Tannenberg in die Geschichte einging.

Vom 26. bis 30. August wüteten die Kämpfe, welche die russische Seite rund dreißigtausend Tote und Verwundete kosteten, fast fünfundneunzigtausend Russen in deutsche Gefangenschaft führten und damit die Narev-Armee nahezu vollständig vernichteten. Die deutschen Verluste beliefen sich auf knapp 11 000 Tote und Verwundete.

Schmerzhafte Einsichten

Dieser Niederlage, die auch in den folgenden Monaten und Jahren nicht wettgemacht werden konnte, folgte die Einsicht, dass das Russische Reich entgegen den Behauptungen von Kriegsminister Suchomlinov nicht nur militärisch, sondern auch wirtschaftlich und politisch diesem Krieg nicht gewachsen war. Zwar waren einige Reformen bei der Armee durchgeführt worden, aber die höhere militärische Führung war auf ihre Aufgaben schlecht vorbereitet, und nur in Ausnahmefällen gelangten die richtigen Männer an die richtigen Stellen. Hinzu kam, dass die russische Armee mangels Ausrüstung notgedrungen auf den Masseneinsatz von Menschen angewiesen war, was zu hohen Verlusten auch unter den Offizieren führte. Und die ließen sich in Russland schwer ausgleichen, denn die gebildete Schicht, aus der sich der Offiziersstand ausschließlich speiste, war klein. Häufig entstammten die Offiziere nicht dem nationalbewussten, loyalen Bürgertum, sondern der radikalen Intelligenzija. Doch selbst konservativen Patrioten verging angesichts der innenpolitischen Entwicklung der Glaube an das herrschende Regime. Viele von ihnen trieb es verbittert in die Opposition. Die einfachen Soldaten waren zum allergrößten Teil Bauern und erlebten in der Armee eine Neuauflage des alten sozialen Konflikts zwischen Herren und Bauern – nur im militärischen Gewand. In schlecht geführten Einheiten eilten sie von Niederlage zu Niederlage und wurden dabei leichtfertig verheizt. Das schürte Defaitismus und Kriegsmüdigkeit sowie die Bereitschaft, der revolutionären Agitation Glauben zu schenken. Die Soldaten hatten nicht nur mit hohen Materialverlusten fertig zu werden, sondern auch mit einem eklatanten Mangel an Nachschub. Die eigene Industrie kam nicht mehr hinterher.

Materielle Unterstützung seitens der Alliierten konnte die Armee nur während der Sommermonate erwarten, wenn die Häfen von Archangels'k und Vladivostok eisfrei waren. Aber auch dann mussten die Güter auf Schienen noch riesige Distanzen durch das Reich überwinden – spätestens da rächte sich, dass die Eisenbahn aus Sparsamkeitsgründen technisch vernachlässigt worden war. Den erhöhten Kriegsanforderungen war sie nicht gewachsen. So waren beispielsweise von den zwanzigtausend Lokomotiven, über die Russland 1914 verfügte, 1917 nur noch neuntausend betriebsfähig. Solche Engpässe wirkten sich auch auf die Kriegsindustrie aus, der es mehr und mehr an Rohstoffen mangelte, sowie auf die städtische Bevölkerung, die unter Hunger und mangelnder medizinischer Versorgung litt.

✤ *Keine Helden mehr: Der erste vollständig industrialisierte Krieg verändert auch das Bild des Soldaten. Aus Rittern werden Krüppel. Viele gehen daran zugrunde oder greifen ihre Kameraden an, wie der russische Soldat auf dem Foto.*

Die Städte – auf ewig vom Zaren abhängig

Eine entscheidende Rolle bei der Formierung der bürgerlichen Gesellschaft und des Mittelstandes spielten in der Geschichte Europas die Städte. Innerhalb ihrer Mauern existierte ein Schmelztiegel, der aus den Bewohnern unterschiedlichster Herkunft eine aufs Engste miteinander verbundene Gemeinschaft schuf, die eine eigenständige wirtschaftliche Macht repräsentierte. Damit aber Städte diese Funktion übernehmen und Menschen Gemeinschaften, ja sogar Nationen schmieden konnten, durften sie sich nicht einfach nur in ihrer Größe von Dörfern unterscheiden. Sie brauchten unabhängige Institutionen und Privilegien, die ihnen Selbstverwaltung und einen Sonderstatus garantierten. Auch brauchten sie freie Bürger, die sich unabhängig von irgendeinem Dienstherren für die Belange der Stadt engagieren konnten. So galt für die deutschen Städte der Grundsatz »Stadtluft macht frei«.

Die russischen Städte nahmen eine andere Entwicklung. Der Zuzug in die Städte machte die Menschen nicht frei von ihren alten Abhängigkeiten, und die Städte selbst mochten zwar über einen gewissen Reichtum und Kultur verfügen, doch hatten sie keine unabhängigen Institutionen. Selbst ihre kaufmännische Oberschicht setzte sich entweder aus Dienstleuten oder aus abhängigen Klienten der Staatsmacht zusammen. Bis zu Beginn des 19. Jahrhunderts waren die meisten Städte des Russischen Reiches kaum mehr als eine Mischung aus Bauerndorf, Handwerkervorstadt und Residenz der Macht – frei von städtischen Körperschaften und wenig geeignet für die Herausbildung einer bürgerlichen Mittelschicht. Vielmehr waren sie eine Institution des Reiches, die der bäuerlichen Gesellschaft aufgepfropft war. Die russische Stadt mit ihren Einwohnern hatte im Wesentlichen die gleichen Funktionen zu erfüllen wie das Dorf: Sie stellte Soldaten, zahlte Steuern und leistete andere Dienste für den Staat – administrativ, kommerziell, militärisch oder industriell.

Sowohl Peter I. als auch Katharina II. waren sich der Schwächen der städtischen Institutionen durchaus bewusst. Beide bemühten sich um Reformen, welche die Städte aus ihrem Dornröschenschlaf wecken sollten. Peter I. schuf Gilden in der Hoffnung, dass sie eine Stütze des Wirtschaftslebens und der Stadtverwaltung sein würden, allerdings versäumte er es, ihnen die dafür notwendigen Freiheiten einzuräumen. Katharina II. erließ 1785 eine Gnadenurkunde, um die Bildung eines Mittelstands einzuleiten. So beurkundete sie, dass die Stadt eine Gemeinschaft sei, die aus der ganzen Einwohnerschaft und nicht nur aus Einzelpersonen bestehe, und definierte Pflichten und Rechte der Städter. Aber auch sie unterließ es, den städtischen Körperschaften wirtschaftliche Privilegien als Ausgleich für ihre Pflichten zu gewähren, da diese den Interessen des Adels und der Bauernschaft entgegengestanden hätten. So blieb auch ihre Gnadenurkunde ein zögerlicher Versuch.

In Wirklichkeit lagen sämtliche wirtschaftlichen Privilegien in Russland in Händen des Zaren. Bis zum Ende des 18. Jahrhunderts wurden nämlich in der Regel alle Gewerbe, deren Bedeutung über den lokalen Rahmen hinausging, zu Monopolen der Krone erklärt, zum Beispiel der Handel mit Pelzen, Getreide, Farbstoffen, Leder, Holz, Wodka und Salz. Die Verwalter der Monopole waren zugleich Unternehmer und kamen oft aus dem städtischen Milieu. Hatten sie dem Zaren das geforderte Soll an Einnahmen gezahlt, wirtschafteten sie in die eigene Tasche. Viele von ihnen gelangten zu fantastischem Reichtum. Allerdings waren sie auf Gedeih und Verderb vom Zaren abhängig, der sie, verloren sie seine Gunst, ruinieren konnte.

Kritisch konnte es auch für Städter werden, die sich von der rudimentären Stadtverwaltung in die Pflicht nehmen ließen. Liefen nämlich städtische und staatliche Interessen auseinander, kam es oft vor, dass der Staat gegen solcherart engagierte Städter vorging. Da-

✤ *Kaum Voraussetzungen für die Herausbildung einer bürgerlichen Mittelschicht: Die russischen Städte waren stets vom Zaren abhängig. Eine Straßenszene im Moskau Katharinas der Großen.*

rum waren erfolgreiche Unternehmer aus dem städtischen Milieu bestrebt, in den Adel aufzusteigen, sich ein Landgut zu kaufen und ihre Tätigkeit in Handel und Gewerbe einzuschränken.

Erst im Zuge der großen Reformen von 1870 unter Alexander II. erhielten die meisten russischen Städte einen Status, der es ihnen ermöglichte, eine funktionierende städtische Selbstverwaltung ins Leben zu rufen. Nun hatte man zwar die formalen Voraussetzungen für eine städtische Selbstverwaltung, doch überängstliche staatliche Beschränkungen behinderten auch weiterhin eine selbstbewusste Entwicklung der Städte.

Zivilgesellschaftliche Organisationen übernehmen die Truppenversorgung

Als im Frühjahr 1915 weitere Niederlagen die russische Westfront immer weiter nach Osten verschoben, breiteten sich die Zweifel an der Kompetenz der Regierung wie ein Flächenbrand aus. Die totale Unfähigkeit des Regierungsapparats, die dringend notwendigen wirtschaftlichen Organisationsaufgaben auch nur zu erkennen, führte zu zivilgesellschaftlichen Initiativen. So bildete sich ein Kriegsindustrie-Komitee, getragen von Industriellen, *zemstva* und Städten, das 1916 die Versorgungskrise der kämpfenden Truppen vorübergehend überwinden konnte. Die Regierung beobachtete diese Initiativen mit tiefstem Misstrauen, duldete sie nur notgedrungen und suchte sie nicht selten sogar zu hemmen. Aus dem Bund der *zemstva* mit den Stadtverwaltungen war eine neue Organisation namens *zemgor* entstanden, die sich um Transport und medizinische Versorgung von Verwundeten und Kranken von der Front kümmerte. Sie war auch bei der Beschaffung von Arbeitskräften und der Lieferung von Kriegsmaterial behilflich und musste als eines ihrer größten Hindernisse immer wieder die eigene Regierung erkennen.

In der Duma und im Staatsrat fanden die zivilgesellschaftlichen Initiativen Unterstützung. Die gemäßigten Parteien schlossen sich im August 1915 zu einem sogenannten Progressiven Block zusammen und forderten die Bildung einer »Regierung des öffentlichen Vertrauens«. Der Block veröffentlichte ein Reformprogramm, das volle Bürgerrechte für Bauern vorsah sowie die Beseitigung jeglicher ethnischer oder religiöser Diskriminierung. Auch forderte man eine Amnestie für politische oder aus religiösen Gründen Gefangene, garantierte Arbeiterrechte und die Legalisierung von Gewerkschaften. Alles in allem waren das Minimalforderungen für eine bürgerliche Gesellschaft, doch der Zar verweigerte sich dem Programm, vertagte kurzerhand die Duma und entließ jene Minister, die den Progressiven Block unterstützt hatten.

Damit vergab Nikolaus II. seine letzte Chance, mit dem Volk an einem Strang zu ziehen. Doch das erkannte er nicht. Vielmehr glaubte er, seine Truppen nach mittelalterlichem Vorbild persönlich zum Sieg führen zu müssen, und so verkündete er, von nun an die Armee selbst zu befehligen. Vielleicht waren es aber auch nur die Eifersucht auf die Popularität seinen bisherigen Oberbefehlshabers und Onkels, Großfürst Nikolaj Nikolaevič, und seine Frau, die ihn zu der Abreise nach Mogilov am Dnepr ins Hauptquartier der Armee drängte.

Für die innenpolitische Entwicklung war die Abwesenheit des Zaren von der Hauptstadt jedoch fatal. Der unmittelbare Kontakt zu seinen Ministern fehlte, die Staatsgeschäfte gerieten aus dem Ruder. Schließlich hatte es Nikolaus II. seit der Entlassung Stolypins gründlich vermieden, seinen Ministern Handlungskompetenzen zuzugestehen. Genauso wenig hatte er den Informationsfluss unter den einzelnen Ministerien verbessert. So gaben die Minister einander die Klinke in die Hand, und der Einfluss der Zarin und ihres sibirischen Scharlatans war nicht zu übersehen. So stand mitten im Krieg niemand mehr hinter der Regierung. Aber auch die Duma konnte sich nicht wirklich auf das Volk berufen, denn dieses litt Not und verlor seine Söhne in einem Krieg, den es zum Teufel wünschte.

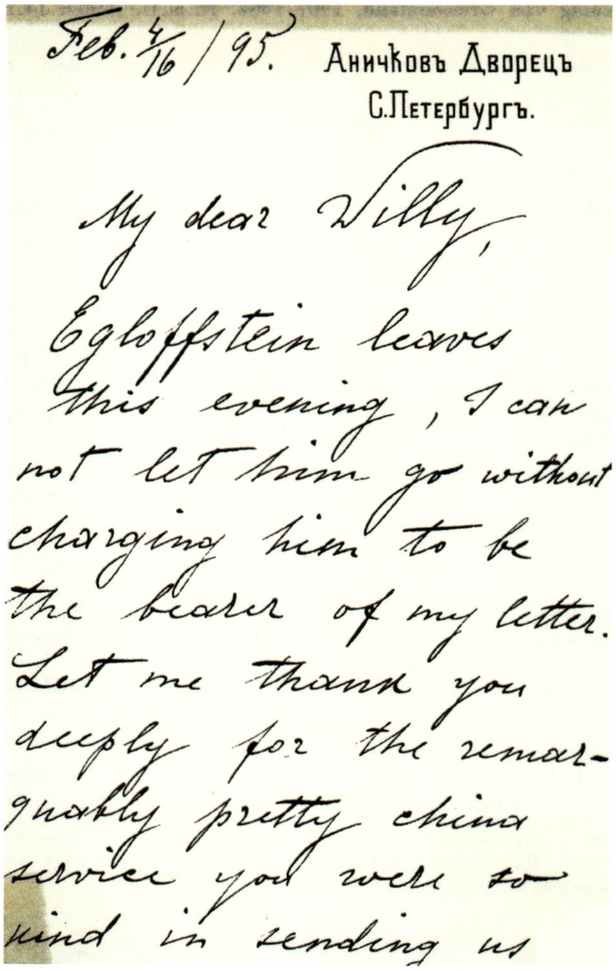
Feb. 4/16 / 95. Аничковъ Дворецъ
С.Петербургъ.

My dear Willy,
Egloffstein leaves this evening, I can not let him go without charging him to be the bearer of my letter. Let me thank you deeply for the remarquably pretty china service you were so kind in sending us

✤ *Die scheinbar heile Welt des Zaren: »Mein lieber Willy«, schreibt Nikolaus im Februar 1895 eigenhändig in englischer Sprache an den deutschen Kaiser Wilhelm II., »ich danke Dir vielmals für das bemerkenswert schöne Porzellanservice«.*

Februar 1917

Im dritten Kriegswinter wurde die Versorgungslage nahezu unerträglich. Vor allem der Mangel an Feuerholz und an Mehl ließ die Menschen frieren und hungern. Stundenlang mussten sie um Brot anstehen. Schon in der Nacht bildeten sich Schlangen vor den Bäckereien, und immer häufiger mussten die Leute mit leeren Händen und Mägen wieder abziehen. Am 23. Februar 1917, dem Internationalen Tag der Frau, riss den Textilarbeiterinnen im Vyborg-Bezirk der Geduldsfaden, und sie gingen streikend auf die Straße. Schnell schlossen sich ihnen Arbeiter aus nahe gelegenen Fabriken an. Lauthals »Brot« fordernd, bewegte sich der Menschenstrom auf das Stadtzentrum zu, und immer mehr Menschen schlossen sich ihm an. Nicht nur Arbeiter, auch ganz normale Städter, Fußgänger, Schaulustige, Taxifahrer zogen mit, bis am Nachmittag etwa hunderttausend Menschen den Nevskij Prospekt, die Prachtstraße der russischen Hauptstadt, füllten. Von der Polizei, welche die Brücken sperrte, um die Leute zurückzudrängen, zeigten sie sich unbeeindruckt. Tausende gingen einfach über die zugefrorene Neva. Am folgenden Tag wiederholte sich das Spektakel, nur waren schon fast hundertfünfzigtausend Menschen auf den Beinen, forderten Brot, skandierten »Nieder mit dem Zaren« oder »Nieder mit dem Krieg«.

Die Massen waren noch nicht organisiert, und die über Nacht nach Petrograd verlegten Kosaken- und Polizeieinheiten hielten sich zurück. Am Samstag, dem 25. Februar waren zweihunderttausend Menschen auf den Straßen der Hauptstadt unterwegs und zogen an geschlossenen Geschäften vorbei. Die Straßenbahnen standen still, Taxis ebenso. Die Menschenmenge wurde immer bunter: Angestellte, Frauen und Kinder, auch elegant gekleidete Leute waren mehr und mehr zwischen den Arbeitern zu erkennen, von denen sich einige schon mit Werkzeugen, manche auch mit Messern bewaffnet hatten. An diesem Tag gab es die ersten Todesopfer, und die Minister sowie der für die Hauptstadt zuständige General informierten endlich den Zaren über die Zustände auf den Straßen Petrograds. Nikolaus II. befand sich – immer noch nichts ahnend – im Hauptquartier der Armee in Mogilov. Am Abend telegrafierte der Zar seinen Ministern: »Wir befehlen, schon morgen die Unruhen in der Hauptstadt zu liquidieren.«

Noch in der Nacht wurden einige mutmaßliche Anführer verhaftet und zusätzliche Truppen ins Stadtzentrum verlegt. Am nächsten Tag, dem 26. Februar, gehorchten die meisten Soldaten dem Schießbefehl.

✤ Die Februarrevolte von 1917 breitet sich wie ein Lauffeuer über ganz Russland aus: Auch im sibirischen Irkutsk gehen Menschen auf die Straße und fordern Brot und das Ende des Krieges.

❖ *Glorifizierung des Putsches der Bolschewiki: Matrosen und Soldaten strömen am 25. Oktober 1917 zum Winterpalais in Petrograd, um die Übergangsregierung zu stürzen. Ausschnitt aus einem sowjetischen Panoramagemälde. Alljährlich wird an diesem Tag in der Sowjetunion die Oktoberrevolution gefeiert.*

Hunderte starben an diesem Sonntag durch die Gewehrsalven der Soldaten. Siegessicher ließ der Zar die Duma vertagen. Den dringenden Appell des Dumapräsidenten, umgehend der Duma verantwortliche Minister zu berufen, um so vielleicht die Katastrophe in letzter Minute noch abzuwenden, würdigte er noch nicht einmal einer Antwort.

In der folgenden Nacht zum 27. Februar kippte die Stimmung. Die Soldaten der Petrograder Garnision, wütend und beschämt, auf die eigenen Landsleute geschossen zu haben, meuterten und machten von nun an gemeinsame Sache mit den demonstrierenden Arbeitern. Damit hatte die Revolution gesiegt. Zwar hatte sie weder einen Anführer noch ein klares Ziel, doch immer lauter forderten die Demonstranten Brot, das Ende des Krieges und auch Land. Die meisten Soldaten waren schließlich Bauern, die ihre Hauptforderung noch keineswegs vergessen hatten. Auf den Straßen Petrograds versammelten sich bewaffnete Revolutionäre. Die meuternden Soldaten hatten die Waffenkammern ihrer Kasernen gestürmt, und auch mehrere Waffenfabriken fielen bald in die Hände der Revolutionäre. Wilde Schießereien und Straßenschlachten folgten, denn die Petrograder Polizei war dem Zaren weiterhin loyal ergeben. Die Revolutionäre erstürmten den Justizpalast, mehrere Polizeiwachen und auch die Gefängnisse der Hauptstadt. Etwa achttausend Gefangene kamen auf freien Fuß.

Von der Strasse auf die Abgeordnetenbank

Unter den Freigelassenen waren auch Mitglieder der Arbeitergruppe des zentralen Kriegsindustrie-Komitees. In Windeseile organisierten sie zusammen mit den sozialistischen Duma-Abgeordneten ein »Provisorisches Exekutivkomitee des Sowjets der Arbeiterdeputierten«. Zwar gab es diesen »Sowjet der Arbeiterdeputierten«

✤ *Zurück aus dem Exil: Lenin und Trotzki. 1903 gründet Lenin eine eigene Fraktion in der Sozialdemokratischen Arbeiterpartei Russlands – die der Bolschewiki, aus der später die Kommunistische Partei entsteht. Nachdem diese 1917 die Macht erlangt haben, baut Trotzki die Rote Armee auf.*

noch gar nicht, aber binnen Kurzem entstand er, nannte sich nun aber infolge der neuen Situation »Sowjet der Arbeiter- und Soldatendeputierten«. Und die Soldaten hatten mit zweitausend der rund dreitausend Mitglieder, die sich am Abend des 28. Februar im Katharinensaal im linken Flügel des Taurischen Palais versammelten, eine deutliche Mehrheit. Im rechten Flügel des Palais versammelten sich zur gleichen Zeit die restlichen Mitglieder der Duma und stellten ein Provisorisches Dumakomitee auf, das als Übergangsregierung fungieren sollte, bis eine Konstituierende Versammlung eine legitime Regierung würde wählen können.

So standen Provisorisches Exekutivkomitee und Provisorisches Dumakomitee einander gegenüber und versuchten beide, das auf den Straßen herrschende Chaos zu ordnen und das Machtvakuum zu füllen. Die ganze Nacht über liefen die Verhandlungen zwischen den beiden Flügeln des Taurischen Palais. Am Morgen des 1. März einigte man sich schließlich, die Macht zwischen Duma und Sowjet zu teilen. Die Duma sollte die Provisorische Regierung stellen, der Sowjet sollte diese überwachen. Für die Armee allerdings erklärte sich der Sowjet mit seinem noch am selben Tag erlassenen Befehl Nr. 1 für zuständig und verhinderte damit, dass die Provisorische Regierung ein zuverlässiges Machtmittel in der Hand hatte.

Und dann war da noch der Zar in Mogilov. Man hatte ihn keineswegs vergessen, aber auch keine Aufgabe mehr für ihn. Nikolaus II. versuchte an diesem Tag Carskoe Selo zu erreichen, doch die Revolutionäre kontrollierten bereits die Bahnlinien nach Petrograd und leiteten seinen Zug kurzerhand nach Pskov um, zweihundertfünfzig Kilometer südlich der Hauptstadt. Der Kommandeur der Nordfront, General Russkij, hatte am folgenden Morgen, dem 2. März 1917, dem Zaren den Vorschlag des Oberkommandierenden der russischen Streitkräfte, General Michail Alekseev, und einiger führender Mitglieder der Duma zu unterbreiten: Nikolaus II. solle zugunsten seines Sohnes Aleksej zurücktreten. Bis zum frühen Nachmittag hatten sich sämtliche Frontkommandeure per Telegramm für diesen Vorschlag ihres Oberkommandierenden ausgesprochen. Der Zar hatte seinen letzten Rückhalt verloren, die Armee. Noch am selben Tag unterzeichnete Nikolaus II. seine Abdankungsurkunde zugunsten seines jüngeren Bruders Großfürst Michail Aleksandrovič. Als dieser am nächsten Morgen über die Entscheidung seines Bruders unterrichtet wurde, verzichtete er angesichts der politischen Lage auf den Thron, womit Russland nach dreihundertsiebzig Jahren Zarenherrschaft zur Republik wurde.

✤ Zimmer im Haus des Ingenieurs Ipatjev in Ekaterinburg, in dem die Zarenfamilie am frühen Morgen des 17. Juli 1918 ermordet wird. Die Leichen verscharren die Čeka-Offiziere im Wald. Erst 1979 werden die Überreste gefunden und 1998 in der Peter-und-Pauls-Kathedrale in St. Petersburg beigesetzt.

Epilog

Nikolaus II., der als junger Mann ausgiebig die russische Geschichte studiert hatte, hätte es wissen können: Noch nie hatte ein russischer Zar seine Entmachtung lange überlebt. Auch dem letzten Romanov-Herrscher sollte es nicht anders ergehen.

Während der ehemalige Zar mit seiner Familie unter Hausarrest in Carskoe Selo weilte, ausgiebige Spaziergänge im Schlosspark unternahm, gärtnerte oder Romane las, versuchte die Provisorische Regierung vergeblich, die Revolution unter ihre Kontrolle zu bringen. Ebenso wenig gelang es ihr, eine funktionierende neue Ordnung zu errichten – dazu fehlten ihr einfach die Machtmittel. Das Militär unterstand ihr nicht, die Polizei gab es nicht mehr, und die neu geschaffene Miliz war unzuverlässig und nicht in der Lage, staatliche Ordnungsaufgaben zu übernehmen. Vor allem aber scheiterte die Provisorische Regierung daran, dass sie die dringenden Probleme des Landes nicht anging. Weder machte sie sich daran, das Land aufzuteilen – sie wollte das auf einen späteren Zeitpunkt verschieben, wenn erst einmal eine konstituierende Versammlung gewählt war –, noch schenkte sie den Nöten der Minderheiten ausreichend Gehör. Vor allem aber beendete sie den verhassten Krieg nicht. Da sich in dem allgemeinen Chaos die Versorgungslage nur noch verschlechterte, ging es den Soldaten an der Front immer schlechter. Viele desertierten, kehrten nach Hause in ihre Dörfer zurück, und dort begannen die Bauern sich das Land zu nehmen, das man ihnen stets vorenthalten hatte.

Bis zum 25. Oktober 1917, als die Bolschewiki gewaltsam die Macht übernahmen, hatte die Provisorische Regierung schon nahezu jegliche Unterstützung seitens der Bevölkerung verloren. Den Bürgerkrieg, der in der Folge der Oktoberrevolution im Land ausbrach und zwischen »Weißen« und »Roten« wütete, hatte die Provisorische Regierung bereits hinter sich gelassen – ihre ehemaligen Mitglieder weilten zum großen Teil schon im Exil.

Die Zarenfamilie musste Petrograd bereits im August 1917 verlassen und wurde nach Tobol'sk in Westsibirien gebracht. Die Bolschewiki schließlich deportierten ihre Gefangenen nach Ekatarinburg im Ural und hielten sie dort in einem Wohnhaus gefangen. Die Angst, dass die näherrückenden »Weißen« sich der Zarenfamilie bemächtigen könnten, saß den neuen Herrschern Russlands im Nacken. Nach einigem Zögern entschlossen sie sich schließlich, das zu tun, was in der russischen Geschichte mit entmachteten Zaren stets getan worden war – sie zu töten. Die Grausamkeit aber, mit der in der Nacht des 17. Juli 1918 der Zar und seine gesamte Familie in einem Kellerraum des Ekatarinburger Wohnhauses massakriert und anschließend in den umliegenden Wäldern verscharrt wurden, stellte die neuen »roten Zaren« in Moskau in eine direkte Traditionslinie zum ersten russischen Zaren – Ivan dem Schrecklichen.

Weiterführende Literatur

Alexander, Manfred; Stökl, Günther, Russische Geschichte. Von den Anfängen bis zur Gegenwart, Stuttgart 2009.

Beil, Ralf (Hrsg.), Russland 1900. Kunst und Kultur im Reich des letzten Zaren, Darmstadt 2008.

Dahlmann, Dittmar, Sibirien. Vom 16. Jahrhundert bis zur Gegenwart, Paderborn u. a. 2009.

Donnert, Erich, Iwan »Grozny«, der Schreckliche, Berlin 1978.

Donnert, Erich, Peter der Große, Leipzig 1988.

Ein Deutscher am Zarenhof. Heinrich Graf Ostermann und seine Zeit. 1687–1747, Essen 2001.

Figes, Orlando, Nataschas Tanz. Eine Kulturgeschichte Russlands, Darmstadt 2003.

Figes, Orlando, Die Tragödie eines Volkes. Die Epoche der Russischen Revolution von 1891 bis 1924, Berlin 1998.

Franz, Norbert (Hrsg.), Lexikon der russischen Kultur, Darmstadt 2002.

Geyer, Dietrich, Der russische Imperialismus. Studien über den Zusammenhang von innerer und auswärtiger Politik 1860–1914, Göttingen 1977.

Haumann, Heiko, Geschichte Russlands, Zürich 2003.

Hellmann, Manfred (Hrsg.), Handbuch der Geschichte Russlands, Bde. 1–6, Stuttgart 1981–2004.

Hosking, Geoffrey, Russland. Nation und Imperium, 1552–1917, Berlin 2000.

Kaczynska, Elzbieta, Das größte Gefängnis der Welt. Sibirien als Strafkolonie zur Zarenzeit, Frankfurt u. a. 1994.

Kappeler, Andreas, Rußland als Vielvölkerreich. Entstehung, Geschichte, Zerfall, München 1992.

Kappeler, Andreas (Hrsg.), Die Geschichte Russlands im 16. Und 17. Jahrhundert aus der Perspektive seiner Regionen, Wiesbaden 2004.

Löwe, Heinz-Dietrich, Die Lage der Bauern in Russland 1880–1905. Wirtschaftliche und soziale Veränderungen der ländlichen Gesellschaft des Zarenreiches, St. Katharinen 1987.

Lulinska, Agnieska (Hrsg.), Russlands Seele. Ikonen, Gemälde, Zeichnungen aus der Staatlichen Tretjakow-Galerie Moskau, München 2007.

Lotman, Jurij, Russlands Adel. Eine Kulturgeschichte von Peter I. bis Niklaus I., Köln u. a. 1997.

Neumann-Hoditz, Reinhold, Iwan der Schreckliche, Peter der Große, Hamburg 1994.

Nolte, Hans-Heinrich, Kleine Geschichte Russlands, Stuttgart 2008.

Scharf, Claus (Hrsg.), Katharina II., Russland und Europa. Beiträge zur internationalen Forschung, Mainz 2001.

Skrynnikow, Ruslan G., Iwan der Schreckliche und seine Zeit, München 1992.

Torke, Hans-Joachim, Die russischen Zaren. 1547–1917, München 1999.

Torke, Hans-Joachim, Einführung in die Geschichte Russlands, München 1997.

Weiss, Claudia, Wie Sibirien »unser« wurde. Die Russische Geographische Gesellschaft und ihr Einfluss auf die Bilder und Vorstellungen von Sibirien im 19. Jahrhundert, Göttingen 2007.

Ziegler, Gudrun, Die Romanows. Geschichte und Vermächtnis der russischen Zaren, München 1995.

Die Moskauer Grossfürsten und Zaren – ein Überblick

	Titel	Regierungszeit
Ivan I., der Geldsack *1288 – †1341	Großfürst	1328–1341
Simeon der Stolze *1316 – †1353	Großfürst	1341–1353
Ivan II., der Schöne *1326 – †1359	Großfürst	1353–1359
Dimitrij Donskoj *1350 – †1389	Großfürst	1359–1389
Vasilij I. *1371 – †1425	Großfürst	1389–1425
Vasilij II., der Blinde *1415 – †1462	Großfürst	1425–1462
Ivan III., der Große *1440 – †1505	Großfürst	1462–1505
Vasilij III. *1479 – †1533	Großfürst	1505–1533
Ivan IV., der Schreckliche *1530 – †1584	Zar	1633–1684
Fedor I. *1557 – †1598	Zar	1584–1598
Boris Godunov *1552 – †1605	Zar	1598–1605
Fedor II. *1589 – †1605	Zar	1605
Pseudodemitrius *unbekannt – †1606	Zar	1605–1606
Vasilij IV. *1552 – †1612	Zar	1606–1610
Vladislav IV. Vasa *1595 – †1648	–	1610–1613
Michail I. *1596 – †1645	Zar	1613–1645

	Titel	Regierungszeit
Aleksej I., der Sanftmütige *1629 – †1676	Zar	1645–1676
Fedor III. *1661 – †1682	Zar	1676–1682
Sofija Aleksejevna *1657 – †1704	Regentin	1682–1698
Ivan V. *1666 – †1696	Zar	1682–1696
Peter I., der Große *1672 – †1725	Zar	1682–1725
Katharina I. *1684 – †1727	Kaiserin	1725–1727
Peter II. *1715 – †1730	Kaiser	1727–1730
Anna *1693 – †1740	Kaiserin	1730–1740
Ivan VI. *1740 – †1764	Kaiser	1740–1741
Elisabeth *1709 – †1761	Kaiserin	1741–1761
Peter III. *1728 – †1762	Kaiser	1762
Katharina II., die Große *1729 – †1796	Kaiserin	1762–1796
Paul I. *1754 – †1801	Kaiser	1796–1801
Alexander I. *1777 – †1825	Kaiser	1801–1825
Nikolaus I. *1796 – †1855	Kaiser	1825–1855
Alexander II. *1818 – †1881	Kaiser	1855–1881
Alexander III., der Friedensstifter *1845 – †1894	Kaiser	1881–1894
Nikolaus II. *1868 – †1918	Kaiser	1894–1917

Register

Bildnachweis

Alia Begisheva: S. 130; Bpk/Kunstbibliothek, SMB: 101 o.; INTERFOTO/Alamy: 16, 121; Mary Evans Picture Library/Alamy: 119; North Wind Picture Archives/Alamy: 14; picture-alliance/akg-images: 4, 10, 12, 17 li., 25, 32, 33, 34, 35, 36, 38, 42, 43 u., 46, 47, 48, 49, 54, 56, 62, 66, 67 u., 68, 70, 75, 80, 81, 85, 86, 88, 92, 96, 100, 101 u., 102, 105, 106, 109, 111, 115, 116, 117, 126, 127, 131, 137, 141, 148, 149, 151, 152, 153, 157, 158, 162, 167; picture-alliance/akg-images/Erich Lessing: 118; picture-alliance/akg-images/North Wind Picture Archives: 95, 129, 161; picture-alliance/akg-images/RIA Nowosti: 59, 61, 67 o., 79, 104, 112, 144; picture-alliance/akg-images/Russian Picture Service: 65, 97; picture-alliance/Bildagentur Huber: 128; picture-alliance/dpa: 20, 64, 69, 136, 146, 150; picture alliance/imagestate/HIP: 93, 159; picture-alliance/imagestate/HIP/Ann Ronan Picture Library: 30, 43 o.; picture-alliance/imagestate/HIP/ArtMedia: 90; picture-alliance/imagestate/HIP/The British Library: 58; picture-alliance/IMAGNO/Austrian Archives: 77, 125, 147; picture-alliance/KPA/AQUILA: 89; picture-alliance/Mary Evans Picture Library: 23, 27, 37, 41, 53, 55, 82, 98/99, 114, 123, 131, 135, 145, 154; picture-alliance/Mary Evans Picture Library/ALEXA: 163; picture-alliance/maxppp©Jemolo/Leemage: 29; picture-alliance/Russian Picture Service/akg-images: 11, 17 re., 44/45, 164/165; picture-alliance/united archives: 166; RIA Novosti/Alamy: 91; Russische Nationalbibliothek, St. Petersburg: 7; The Art Archive/Alamy: 13; The Art Gallery Collection/Alamy: 2/3, 19, 26; ullstein bild – AISA: 142; ullstein bild – Granger Collection: 50, 52, 73; ullstein bild - Lebrecht Music & Arts Photo Library: 74; ullstein bild – Nowosti: 39; ullstein bild – TopFoto: 124, 139; Wikimedia Commons: 63

Die Schreibweise russischer Namen, Orte und Ausdrücke folgt der wissenschaftlichen Transliteration, von einigen wenigen, bereits im Deutschen üblichen Ausnahmen und den Namen der Zaren abgesehen.

Die Deutsche Nationalbibliothek verzeichnet diese Publikation in der Deutschen Nationalbibliografie; detaillierte bibliografische Daten sind im Internet über http://dnb.d-nb.de abrufbar.

Die Herausgabe des Werkes wurde durch die Vereinsmitglieder der WBG ermöglicht.
Projektleitung: Melanie Ippach, Theiss Verlag, Stuttgart
Herstellungsleitung: Julia Kamenik, Theiss Verlag, Stuttgart
Redaktion: Alia Begisheva, Frankfurt
Lektorat: Thomas Theise, Regensburg
Kartographie: Astrid Fischer-Leitl, München
Layout und Satz: DOPPELPUNKT, Stuttgart
Druck und Bindung: Himmer AG, Augsburg
Gedruckt auf säurefreiem und alterungsbeständigem Papier
Printed in Germany

Besuchen Sie uns im Internet: www.theiss.de
ISBN: 978-3-8062-2267-8

Lizenzausgabe für die WBG (Wissenschaftliche Buchgesellschaft), Darmstadt
Bestellnummer: 978-3-534-23217-8
www.wbg-wissenverbindet.de